한 권으로 떠나는 한 도시 이야기

파리 갈까?

파리 갈까?

ⓒ 장용준, 2018

초판 1쇄 발행일 2018년 2월 26일
초판 2쇄 발행일 2019년 5월 10일

지은이 장용준
펴낸이 김혜선   펴낸곳 서유재   등록 제2015-000217호
주소 (우)04091 서울 마포구 잔다리로 7길 18(서교동 377-20) 403호
전화 070-5135-1866   팩스 0505-116-1866   대표메일 outdoorlamp@hanmail.net
종이 엔페이퍼   인쇄 성광인쇄

ISBN 979-11-957648-0-8 03920

이 도서의 국립중앙도서관 출판예정도서목록(CIP)은 서지정보유통지원시스템 홈페이지(http://seoji.nl.go.kr)와
국가자료공동목록시스템(http://www.nl.go.kr/kolisnet)에서 이용하실 수 있습니다.
(CIP제어번호: CIP2018003937)

한 권으로 떠나는 한 도시 이야기

파리 갈까?

장용준 지음

서유재

• **일러두기**

1. 표기는 국립국어원의 외래어표기법을 기준으로 하되 인명, 지명 등은 포털 사이트에 등재된 백과사전과 기존의 표기 관행을 두루 참고하였다.

2. 영화, 연극, 미술작품은 〈 〉, 잡지와 신문을 비롯한 책의 제목은 『 』, 시와 단편소설, 기사의 제목은 「 」으로 구분하여 표기하였다.

3. 인명의 경우 원문 표기와 생몰연도는 첫 등장 시 괄호 안에 병기하되 재등장 시 필요할 경우에 한하여 재병기하였다.

4. 수록된 사진은 모두 저자에게 저작권이 있다. 단, 대부분의 미술작품은 퍼블릭 이미지를 사용하였다.

함께 파리 여행을 떠나 주어 고맙습니다.

바람은 없습니다.

그저 여러분이 파리를 사랑할 수 있게 된다면 좋겠습니다.

조금 과장해서 설명하자면,

이 책은 파리 지식 백과사전입니다.

프랑스의 수도 파리와 관련된 역사를 큰 줄기 삼아

문화와 예술을 씨줄날줄로 엮었습니다.

다만 너무 다양한 이야기를 모으고 모아

축약하여 서술하다 보니, 저 또한 소화하지 못한 채

책 속에 담은 것들이 더러 있습니다.

그런 부족함은 여러분이 함께 보완해 주십시오.

이 책을 통해 파리가 좀 더

여러분 가슴 깊이 들어가면 좋겠습니다.

즐겁고 행복한 파리 기행이 되길 바랍니다.

차례

프롤로그 5

1day 퐁 뇌프에서 카페 드 플로르까지 11

센 강-퐁 뇌프-앙리 4세 기마상-시테 섬-최고법원단지-콩시에르주리-
생트샤펠-국사원-노트르담 대성당-요한 23세 광장-샤를마뉴 기마상-푸
앵 제로-오텔디외 종합병원&고고학 박물관-생루이 섬-셰익스피어 앤드 컴
퍼니-클뤼니 박물관-소르본 대학-팡테옹&생에티엔뒤몽 성당-뤽상부르 공
원-레 되 마고&카페 드 플로르

2day 루브르 박물관에서 샹젤리제 거리까지 101

루브르 박물관-카루젤 개선문-에투알 개선문-신개선문-튀일리 정원-오랑
주리 미술관-콩코르드 광장-클레망소 광장-샹젤리제 거리

3day 샤요 궁전에서 알마 광장까지 193

샤요 궁전-에펠탑-샹드마르스 공원-조프르 광장&구 육군사관학교-쟁발리
드-로댕 미술관-하수도박물관-알마 광장

4day

아베스 지하철역에서 물랭 루즈, 오르세 미술관까지 241

아베스 지하철역 – 장 릭튀 공원 – 몽마르트르 – 사크레쾨르 대성당 – 테르트르 광장 – 오 라팽 아질 – 갈레트 풍차 – 세탁선 – 빈센트 반 고흐의 집 – 몽마르트르 묘지 – 물랭 루주 – 오르세 미술관

5day 플랑테 산책로에서 생자크 탑까지 303

플랑테 산책로 – 바스티유 오페라 극장 – 바스티유 광장 – 보주 광장 – 빅토르 위고의 집 – 카르나발레 박물관&피카소 미술관 – 생폴 생루이 성당 – 파리 시청 – 퐁피두센터 – 스트라빈스키 광장 – 생자크 탑

6day

오페라 가르니에에서 마들렌 성당, 몽파르나스 묘지까지 333

오페라 가르니에 – 방돔 광장 – 마들렌 성당 – 몽파르나스 타워 – 아틀랑티크 정원 – 몽파르나스 묘지

7day 페르 라셰즈 묘지에서 마르모탕 미술관까지 351

파리에서 지하철 타기 – 페르 라셰즈 묘지 – 생마르탱 운하 – 베르시 공원 – 뱅센 숲 – 불로뉴 숲 – 마르모탕 미술관

에필로그 370
참조한 책들 372

Part 1

폼 뇌프에서
카페 드 플로르까지

1day

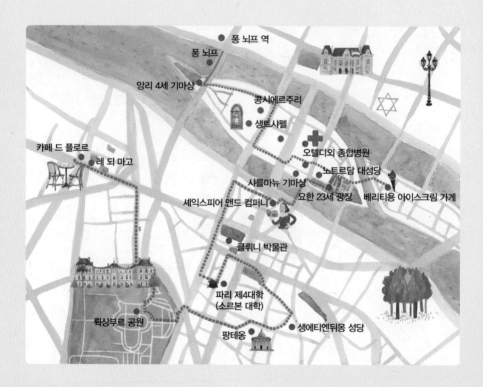

프랑스의 역사가 흐르는
센 강 Seine River

대한민국 수도 서울에 한강이 있다면 프랑스의 수도 파리에는 센 강이 있다. 차이가 있다면 한강은 성채와 같은 아파트들을 강의 좌우에 장수처럼 거느리고 당당하게 서울을 가로지르고 있는 반면, 센 강은 고풍스런 건물들과 노트르담 대성당, 루브르 박물관, 오르세 미술관, 에펠탑과 같은 역사 유적지들을 올망졸망 거느리며 느릿느릿 파리 시내를 관통한다는 점이다.

센 강의 전체 길이는 776킬로미터로 프랑스에서 세 번째로 긴 강이다. 프랑스 북동부에 있는 도시 디종(Dijon) 근처의 몽타셀로 산에서 발원하여 파리 시가 있는 일 드 프랑스(Ile-de-France) 지역에서 강폭이 크게 넓어져 강다운 모습을 갖춘 뒤 노르망디 지역으로 흘러내려 바다와 만난다.

강의 이름이 '센'으로 붙여진 배경에는 센 신부가 있다. 베네딕트 수도원 소속의 이 신부가 6세기경 강의 발원지인 몽타셀로 산 근처에 수도원을 세우면서 강 이름이 유래되었다고 한다.

파리 시내를 흐르는 센 강에는 많은 다리가 놓여 있다. 전철 구간이 5존까지 나뉘어 있는 파리 시에서 1존과 2존 지역에만 무려 30여 개가 넘는 다리들이 강의 좌안과 우안을 연결하고 있다. 이 중 역사적으로나 예술적으로 이름깨나 알려진 다리만 해도 퐁 데자르(Pont des Arts), 콩코르드 다리(Pont de la Concorde), 알렉산드르3세 다리(Pont Alexandre

Ⅲ), 미라보 다리(Pont Mirabeau), 퐁 뇌프(Pont Neuf) 등이 있다.

퐁 데자르는 루브르 박물관과 프랑스 학사원을 연결하는 보행자 전용 다리로, 파리지앵들이 가장 사랑하는 다리라고 한다. 한때 이 다리 난간에는 사랑의 언약식을 한 연인들이 걸어 놓은 자물쇠로 빈 공간이 없을 정도였다. 그러다 결국 난간이 무너져 내려 지금은 자물쇠를 걸지 못하도록 규제하고 있다.

콩코르드 다리는 파리에서 가장 큰 광장이자 오벨리스크가 우뚝 서 있는 콩코르드 광장과 프랑스 하원 의사당으로 쓰이고 있는 부르봉 궁전(Palais Bourbon)을 연결하는 다리로 프랑스혁명 당시 파괴된 바스티유 감옥의 돌을 가져다 축조한 다리다.

알렉산드르3세 다리는 1900년 파리만국박람회를 개최하며 만들었는데 양편에 곧추세워진 4개의 거대한 기둥과 그 위에 놓인 황금빛 조각상이 다리의 명성을 높이고 있다. 밤에는 아르누보(Are Nouveau) 양식의 가로등이 연출하는 화사한 불빛으로 화려함의 극치를 보여 준다.

'새로운 예술'을 뜻하는 아르누보는 19세기 말에 프랑스에서 유행하기 시작하여 20세기 초반에 유럽은 물론 미국, 심지어 남아메리카에서까지 선풍적인 인기를 누렸던 새로운 예술 사조다. 덩굴 식물을 모티프로 한 유연한 곡선 모양의 철제 난간과 섬세한 꽃무늬의 반복적 패턴으로 대변되는, 당시로서는 진보적인 예술 형식이었다.

미라보 다리는 초현실주의 시인 기욤 아폴리네르(Guillaume Apollinaire, 1880~1918)의 시 「미라보 다리(Le Pont Mirabeau)」로 유명해진 교량이다.

미라보 다리 아래 센 강은 흐르고

우리 사랑도 흘러

그 사랑을 나는 추억하네

기쁨은 언제나 고통 뒤에 오곤 했지

밤이여 오라 종아 울려라

세월은 가고 나는 머문다

손에 손 맞잡고 얼굴 마주 보면

우리들 팔 아래 다리 밑으로

영원의 눈길을 한 지친 물결이

흘러간다

밤이여 오라 종아 울려라

세월은 가고 나는 머문다

사랑이 흘러간다. 저 물결처럼

우리 사랑도 흘러만 간다

삶은 어찌 이리도 지루한가

희망이란 왜 이렇게 격렬한가

밤이여 오라 종아 울려라

세월은 가고 나는 머문다

해가 가고 달이 가고
지나간 시간도
사랑도 돌아오지 않는데
미라보 다리 아래 센 강이 흐른다

밤이여 오라 종아 울려라
세월은 가고 나는 머문다

아폴리네르는 이 시를 1912년에 발표했다. 그의 나이 서른두 살 때다. 너무나도 사랑했던 여인과의 헤어짐을 노래한 작품이라고 한다. 볼품없는 철제 다리가 시 한 편으로 애잔한 전설을 지니게 된 것이다.

그런데 왜 아폴리네르는 미라보 다리 위에서 실연의 아픔으로 가득 찬 이런 시를 남겼을까? 여기에는 루브르 박물관에 전시돼 있는 레오나르도 다 빈치(Leonardo da Vinci, 1452~1519)의 〈모나리자(Mona Lisa)〉 도난 사건이 연결되어 있다.

「미라보 다리」 속의 여인은 이탈리아의 열혈 청년인 아폴리네르가 스물두 살에 만난 열아홉 살의 아리따운 프랑스 처녀이자 화가 지망생이었던 마리 로랑생(Marie Laurencin, 1883~1956)이었다. 둘은 당시 파리 몽마르트르 언덕의 허름한 집에 살고 있던 파카소(Pablo Picasso, 1881~1973)의 소개로 연인이 되었다. 하지만 열렬했던 사랑은 사귄 지

5년 만에 엉뚱한 사건으로 끝이 난다. 1911년 프랑스에서 발생하여 전 유럽을 떠들썩하게 만들었던 〈모나리자〉 도난 사건 때문이었다. 루브르 박물관에 전시되어 있던 모나리자가 흔적도 없이 사라져 버렸고, 범인이 이탈리아 남자라는 소문이 돌았다. 뚜렷한 직업 없이 평론과 시를 쓰며 파리에 머무르던 아폴리네르는 단지 이탈리아 사람이란 이유 하나만으로 의심을 사서 유치장에 일주일이나 감금되었다. 물론 그가 오해받을 만한 단서는 분명히 있었다. 그의 조수로 잠시 함께 지냈던 제리 피에레(Gery Pieret)가 루브르 박물관의 단골 절도범이었다. 그러니 아폴리네르가 의심을 받을 만도 했다. 〈모나리자〉의 모국이라고 할 수 있는 이탈리아 사람인 데다 조수가 루브르 절도범이었으니 말이다. 심지어 아폴리네르와 친한 피카소도 용의 선상에 올려놓고 수사를 했을 정도였다.

이 사건은 실제 범인이 잡히면서 상황이 종료되었다. 하지만 연인인 로랑생마저 아폴리네르를 크게 의심했고 결국 두 사람은 1912년에 결별하고 말았다. 두 사람은 이 사건 이후 실연의 아픔 속에서 자기 세계관을 정립하며 각자 시인과 화가로 활발한 활동을 시작했다. 아폴리네르는 실연의 상처를 담은 시 「미라보 다리」로, 로랑생은 화가로 명성을 얻으며 개인전을 열었다. 그러나 안타깝게도 두 사람의 삶은 마지막까지 순탄치 않았다. 1차 세계대전에 참전했던 아폴리네르는 1918년 독감에 걸려 서른여덟의 나이로 전쟁터에서 세상을 떠났다. 로랑생은 독일군 장교와 결혼했지만 바로 1차 세계대전이 터지면서 조국 프랑스에서 추방당하는 기구한 운명에 놓였다가 남편과 이혼하고 나서야 프랑스로 되돌아올 수 있었다.

그러나 이처럼 다양한 사연을 지닌 센 강의 다리 중에서도 역사적인 면에서 단연 으뜸인 다리는 '퐁 뇌프'다.

뉴 브리지? 올드 브리지?
퐁 뇌프Pont Neuf

파리 시의 기원이 되는 시테 섬을 좌우로 연결하고 있는 '퐁 뇌프'는 퐁 뇌프 '다리'라고 부를 필요가 없다. 구태여 꼭 붙이고 싶다면 퐁을 빼고 '뇌프 다리'라고 표현하는 것이 적절하다. '역전 앞', '새로운 신상품'처럼 중복 표현의 오류에 빠지는 것과 똑같기 때문이다.

퐁 뇌프의 '퐁'은 '다리'를, '뇌프'는 영어로 'new'를 뜻하니, 퐁 뇌프 그 자체로 '새로운 다리'란 뜻이다. 물론 그렇다고 해서 이 다리가 현대에 와서 최신 공법으로 설계된 최첨단 교량이라고 지레짐작해서는 안된다. 퐁 뇌프는 센 강을 좌우로 잇는 파리 시내의 37개 다리 중에서 가장 연륜이 오래된 '올드 브리지(Old bridge)'다. 1607년에 완공되어 무려 400여 년을 버티고 있는 다리다.

퐁 뇌프가 프랑스를 넘어 세계적으로 유명세를 타게 된 데에는 영화가 한몫 단단히 했다. 1991년에 프랑스 감독 레오 카락스(Leos Carax, 1960~)가 만든 〈퐁 뇌프의 연인들(Les Amants du Pont Neuf)〉이 세계적으로 인기를 얻으면서 파리를 여행하는 관광객들, 특히 영화에 매료된 젊은 청춘 남녀들이 퐁 뇌프에 와서 영화 속 장면을 재현했다. 아이러니한 것은 영화 속 퐁 뇌프는 촬영 당시 파리 당국의 허가를 받지 못해 남프랑스의 몽펠리에(Montpellier) 근교에 있는 랑사르그(Lansargues)에 만든 가짜 퐁 뇌프라는 사실이다.

퐁 뇌프의 수문장
앙리 4세 기마상 Statue équestre d'Henri IV

퐁 뇌프의 중간쯤에 다다르면 말을 타고 위풍당당하게 서 있는 청동상이 하나 보인다. 프랑스의 마지막 왕조인 부르봉 왕가(1589~1792, 1814~1830)를 탄생시킨 앙리 4세(Henri Ⅳ, 1553~1610)의 기마상이다. 그는 골치깨나 아팠던 구교와 신교 간의 내전을 종식시키며 관용과 평화를 프랑스 땅에 가져왔기에 '선량왕(Le bon roi)'이라 불린 명군주다. 본명이 앙리 드 나바르(Henri de Navarre)로, 16세기 중반에 현재 프랑스와 스페인 경계선이 되는 피레네 산맥 지대의 작은 영주 국가 나바르에서 왕자로 태어났다.

조선 중기 시대에 해당하는 16세기 프랑스는 우리가 천주교라 부르는 구교와, 개신교 혹은 기독교라 칭하는 신교 사이의 종교전쟁으로 전국이 뒤숭숭했다. 그런데 앙리 집안의 가족 구성은 매우 독특했다. 나바르의 여왕이었던 어머니는 신교도였고 아버지는 구교도였다. 앙리는 1572년 어머니가 세상을 떠나자 뒤를 이어 나바르 왕국의 왕이 되었다. 그의 나이 열아홉, 새파란 청춘이었다. 그는 왕이 되고 난 직후에 프랑스 국왕 샤를 9세(Charles Ⅸ, 1550~1574)의 누이동생 마르그리트

드 발루아(Marguerite de Valois, 1553~1615)와 결혼했다. 결혼식 장소는 시테 섬 안에 있는 노트르담 대성당이었다.

프랑스는 가톨릭 국가였기에 구교 세력이 강했지만, 새로 형성된 칼뱅파의 신교도 위그노들이 지방 곳곳에서 세력을 확장하고 있었다. 특히나 귀족 중에서도 신교를 믿는 사람이 점차 늘어나서 프랑스 내의 종교 갈등은 날이 갈수록 심화되어 갔다. 이런 와중에 신교를 믿는 앙리와 구교를 믿는 마르그리트가 결혼을 한다니, 지방 각지에서 신교도들이 평화를 기대하며 두 사람의 결혼을 축하하기 위해 파리로 몰려왔다. 그러나 이 정략결혼은 앙리 2세(1519~1559)의 부인으로 가톨릭의 수호자를 자처했던 정권의 실력자 카트린 드 메디치(Catherine de Médici, 1519~1589)를 중심으로 한 구교도들이 꾸민 음모였다. 그들은 결혼식을 기회 삼아 신교도들을 일거에 몰살시킬 생각이었다.

카트린 드 메디치! 중국으로 치면 당나라를 들었다 났다 했던 측천무후(則天武后, 624~705)나 청나라 말기에 정권을 좌지우지했던 서태후(西太后, 1835~1908) 같은 여장부라고 할 수 있다. 앙리 2세의 부인으로 남편이 죽은 뒤에 아들 세 명을 연달아 왕위에 올려놨던 막후의 실력자였다. 프랑수아 2세(François II, 1544~1560), 샤를 9세, 앙리 3세(1551~1589)가 모두 카트린의 아들이었다. 어떻게 그럴 수 있었느냐고? 세 명 모두 후사 없이 단명하다 보니 정권이 아들에서 손자로 대물림되지 못하고 동생에게서 다른 동생에게로 이어졌던 것이다.

왕실의 사정이 이렇다 보니 왕보다는 어머니인 카트린이 실권을 쥐고 정권을 쥐락펴락했다. 그런데 문제는 샤를 9세를 이어 왕위에 오른

앙리 3세도 왕위에 오래 있지 못하고 후계자 없이 세상을 떠나 버렸다는 점이다. 카트린은 심각하게 고민했다. 누구를 후대 왕으로 점지할 것인가. 장고 끝에 그녀가 내놓은 해결책은 사위를 후계자로 삼는 길이었다. 이로 인해 나바르 촌놈 앙리는 우여곡절 끝에 프랑스 왕위를 승계하여 부르봉 왕가라는 새 왕조를 개창했다.

그렇다고 해서 앙리가 순탄하게 왕위에 올랐느냐 하면, 그건 아니다. 앙리의 결혼식 장면을 재조명해 보자. 신교도 학살의 음모를 꾸민 구교도들은 결혼식에 참석한 신교도들의 경계심을 누그러뜨리기 위해 몇 날 며칠을 함께 어울리며 부어라 마셔라 해댔다. 신교도들은 구교도들의 숨겨진 비수를 미처 발견하지 못하고 그들의 환대를 액면 그대로 믿어 버렸다. 기다리면 기회는 오는 법이다. 구교도들은 신교도들이 경계 태세를 늦추자, 돌변하여 무려 2천여 명의 신교도들을 단 하루 만에 완전히 박살 내고 말았다. 이 사건을 프랑스에서는 '성 바르텔르미의 학살'이라고 한다. 학살 사건이 일어난 날이 가톨릭에서 성자로 모시는 성 바르텔르미(Saint Barthélemy)의 축일이었기 때문이다. 아무튼 이 사건을 계기로 프랑스 전 지역에서는 약 2만여 명의 위그노, 즉 신교도가 구교도들에 의해 참혹하게 죽임을 당했다.

앙리 또한 체포되어 '죽느냐 사느냐' 선택의 기로에 서게 되었다. 하지만 그는 이미 카트린의 사위가 되어 있었기에 간신히 목숨을 부지하여 정세 변동에 따라 신교도가 되었다가, 그게 여의치 않으면 구교도로 탈바꿈하는 줄타기를 하며 생명줄을 연장시키고 있었다. 바짓가랑이를 기어가는 굴욕이더라도 참고 참으면 기회는 오는 법! 앙리에게도 부활의 기회가 왔다. 앙리는 수모를 당하는 와중에도 차근차근 자신의 세력을 키워 1593년 7월 25일, 신교를 인정하기 위한 지렛대로 삼기 위해 "파리는 미사를 올릴 만한 가치가 있다(Paris vaut bien une messe)"라는 선언을 하고 구교로 최종 개종했다. 자신에 대한 구교도들의 의심을 풀어 주면서 동시에 신교의 자유도 인정받게 하기 위한 고육지책이었다.

이후 그는 지속적으로 종교 갈등을 완화시키며 1598년에는 '낭트 칙령'을 발표하여 백만 명이 넘는 희생자를 낸 지긋지긋했던 종교전쟁을 끝냈다. 이로써 프랑스는 신교도들이 본인의 의지와 신앙에 따라 종교를 선택할 자유를 갖게 되었다. 뼛속까지 신교도였던 앙리가 구교로 개종하면서까지 벼르던 최종 노림수가 성공리에 달성되는 역사적 순간이었다.

이러한 앙리 4세의 인생에서 한 가지 아이러니한 일이 있다. 본인의 프랑스 왕위 계승에 최대 공로자였다고 할 수 있는 왕비 마르그리트와 이혼한 사건이다. 마르그리트라는 이름이 생소하면 '여왕 마고'를 떠올려 보자. 마고는 마르그리트의 별칭이다. 알렉상드르 뒤마(Alexandre Dumas, 1802~1870)의 소설 『여왕 마고(La Reine Margot)』가 마르그리트를 주인공으로 그녀의 애련을 소설화한 것이며, 이 소설을 바탕으로 1994년에 프랑스에서 만들어진 영화가 〈여왕 마고〉다. 프랑스 배우 이자벨 아자니(Isabelle Adjani, 1955~)의 연기가 일품이었던 영화다.

이혼의 명분은 무엇이었을까? 결혼 초부터 마르그리트는 촌뜨기 앙리와 결혼하는 데 심통이 나서 '소 닭 쳐다보듯 했다'고 한다. 그래서였을까. 두 사람은 27년을 부부로 살았지만 자식이 없었다.

어찌 되었건 앙리 4세는 여러 번의 시도 속에 마르그리트와 이혼했고 이탈리아 명문가인 메디치 가문의 돈 많은 상속녀 마리 드 메디치 (Marie de Médici, 1573~1642)와 40대 중반에 재혼했다. 마리가 당시 유럽 사회에서 경제적으로 가장 부유했던 상속녀였다고 하니, 앙리로서는 그녀와의 결혼이 꿩도 먹고 알도 먹을 수 있는 일석이조의 기회였다. 왜냐고? 재벌이 될 수 있는 기회이자 왕위를 승계시킬 자손을 생산할 기회도 되었기 때문이다. 1601년, 둘 사이에서 그토록 바라 마지않던 아들이 탄생했으니, 이 아이가 앙리 4세의 뒤를 이어 프랑스 왕위에 오른 루이 13세(Louis XIII, 1601~1643)다.

이제 다시 청동 기마상으로 돌아오자. 앙리 4세는 왜 퐁 뇌프 중간에 우뚝 서 있을까? 그 이유는 길이 230여 미터의 아치형 석조 다리인 퐁 뇌프가 앙리 4세 때 완공되었기 때문이다. 앙리 3세의 명에 의하여 기초공사를 시작했지만 재정적인 문제와 종교전쟁 같은 정치적 분쟁 때문에 지연되어 다리는 앙리 4세 때 비로소 개통되었다. 다만 현재 서 있는 기마상은 앙리 4세 때 만들어진 청동상이 아니다. 프랑스혁명 기간 중에 왕실의 부패와 학정에 실망한 군중들이 파리 시내 곳곳에 세워져 있던 왕들의 동상을 부숴 버렸는데, 이때 앙리 4세의 기마상 또한 파괴되었다가 1818년에 이르러서야 지금 상태로 복원되었다.

시테 섬의 앙리 4세 기마상 앞에 갔다면 조각배처럼 생긴 시테 섬의 삼각 꼭짓점에도 가 보자. 이곳은 베르갈랑 공원(Square du Vert-Galant)

으로, 사진 인화술을 발명한 루이 자크 망데 다게르(Louis Jacques Mandé Daguerre, 1787~1851)가 1836년에 세계 최초로 사진을 찍은 곳이다. 역사의 또 다른 현장이다.

파리의 시작점
시테 섬 Île de la Cité

'예술의 도시, 패션의 도시' 파리의 역사를 살펴려면 반드시 시테 섬을 언급해야 한다. 왜냐하면 파리의 역사는 시테 섬에서부터 시작되었기 때문이며 지금도 역사와 문화가 살아 숨 쉬는 보배로운 지역이기 때문이다.

공중에서 보면 시테 섬은 유선형의 나뭇잎 배처럼 생겼다. 섬의 길이가 약 914미터, 너비는 183미터 정도 되니 산책 삼아 도보 탐방을 하기에 딱 좋을 정도로 아담한 섬이다. 섬 이름인 '시테'는 프랑스어로 '도시'를 뜻한다.

이 섬에 사람이 살기 시작한 것은 기원전 3세기 무렵이다. 파리 자체가 분지형 평야 지대이기에 일반적이라면 파리 원주민들은 강변 자락에 도시를 꾸렸을 것이다. 하지만 홍수 때 입을 피해가 상당했음에도 굳이 섬 안에 도시를 만든 이유는 아마 외부 침략자들을 방어하기가 쉽고, 식수 공급이 원활했기 때문이었을 것이다. '파리지(Parisii)'라는 이름의 켈트족 계통의 부족이 처음 정착하여 터전을 일구었으며, '파리'란 도시 이름도 이 부족의 이름에서 유래되었다.

시테 섬이 도시로 기능하기 시작한 시기는 기원전 52년, 율리우스 카이사르(Gaius Julius Caesar, BC 100~BC 44)가 이끄는 로마 군대가 시테 섬을 점령하면서부터라고 할 수 있다. 이후 6세기 초 파리가 프랑크 왕국의 수도가 되면서 시테 지역은 본격적으로 발전하기 시작했다.

프랑스의 전신인 프랑크 왕국은 북쪽 라인 강에서 남쪽 루아르 강까지 제법 넓은 영토를 차지하고 있었는데 파리가 그 중심이었다. 시테 섬에 살고 있던 파리지족들은 라틴어 방언을 사용했으며, 이 언어가 뒷날 프랑스어로 발전했다. 따라서 시테 섬은 패션의 도시 파리의 시작점이자 프랑스 국민들의 자부심, 프랑스어의 발상지이기도 하다.

이처럼 유서 깊은 섬이다 보니 시테 섬 안에는 다양한 역사적 장소가 혼재되어 있다. 프랑스를 대표하는 성당인 노트르담 대성당이 이곳에 있으며, 시테 섬의 옛 흔적을 살필 수 있는 고고학박물관, 아름다운 스테인드글라스로 명성이 자자한 생트샤펠 성당, 프랑스혁명 때는 물론이고 지금도 재판을 담당하고 있는 최고법원, 루이 16세(1754~1793)의 부인 마리 앙투아네트(Marie Antoinette, 1755~1793)가 단두대로 가기 전까지 투옥되어 있던 감옥 콩시에르주리가 이 섬 안에 있다.

프랑스 초기 왕궁의 터전
최고법원단지 Palais de Justice

앙리 4세 기마상에서 동쪽으로 방향을 잡아 조금 걸어가면 프랑스 최고법원단지가 나온다. 한 블록 전체가 법원과 연관된 건물들로 가득

차 있으며, 이 단지 안에 최고법원, 콩시에르주리, 생트샤펠 성당이 오밀조밀하게 자리 잡고 있다.

좌측 강변도로로 방향을 잡아 두 블럭째 사거리에서 우회전을 하자. 모퉁이를 돌자마자 건물 위를 쳐다보면 금빛 장식의 화려한 시계탑이 보인다. 14세기에 만들어진 파리 최초의 시계탑을 19세기에 복원한 것이다. 프랑스혁명 당시에 시민들이 왕궁 벽에 장식된 시계를 '왕실에 충성했다'는 이유로 철거해 버렸다고 한다. 우리로 치면 고려 후기 때 만들어진 시계를 조선 정조 시절에 왕실 시계라 해서 시민들이 과감히 없애 버리고, 이것을 고종 시절에 옛날 시계를 본떠서 다시 설치해 놓은 셈이다. 프랑스혁명은 조선 후기 정조 시절에 일어난 사건으로 세계 역사에 큰 변동을 가져온 일대 사건이었다.

유럽 어디를 가더라도 구도심 지역에서는 심심치 않게 고색창연한 시계탑을 볼 수 있다. 특히나 웅장한 석조 건물로 지은 기차역 같은 대형 건물에는 시계탑이 만만치 않은 위상을 자랑하며 도심지의 랜드마크 역할을 톡톡히 담당하고 있다. 왜 근대 시대 사람들은 큰 건물, 혹은 화려한 건물을 지을 때 대형 시계탑을 건물 벽에 부착해 놓았을까? 기차 역사(驛舍)야 시간 준수가 필수였기에 당연히 필요했겠지만, 구태여 필요할 것 같지 않은 건물에도 어김없이 시계탑이 있다. 왜 그럴까? 이유는 단순하다. 권위와 부의 상징이었기 때문이다. 서구 근대화 시기에 돈 많은 부자들, 혹은 공공건물 건축설계사들은 권위와 부를 과시하기 위해 벽면에 큰 시계를 설치했다. 물론 거리를 오고 가는 많은 사람들에게 시간을 정확히 알려준다는 시혜적 의미도 담겨 있었겠지만 부자들의 졸부 속성도 분명 담겨 있다는 말이다. 이런 현상이 딱히 유럽에서만 있었던 것은 아니다. 천체를 관측하고 정확한 시간을 측정하는 일은 동서양 왕실의 권위 속에서 백성에게 시혜를 베푸는 일종의 자선 사업이었다. 조선 세종 때 물시계나 해시계를 저잣거리에 설치한 이유도 백성들에게 시간을 정확하게 알려 생활의 편리를 도모하려는 이유도 있지만, 한편으로는 하늘의 명을 받드는 왕의 위엄과 권위를 과시하는 방편이기도 했다.

시계탑이 있는 최고법원단지 구역은 프랑스 초기 왕궁이 있던 터전이다. 로마의 카이사르가 기원전 52년에 파리까지 진입해 왔는데, 이 시기에 지금의 프랑스 영토인 갈리아 지방은 로마 군대의 손아귀에 있었다. 로마군이 파리지 부족의 중심 거주지였던 시테 섬에 주둔하면서 도시도 조금씩 체계화되었다.

이후 5세기 무렵에 프랑크 왕국을 통일한 클로비스 1세(Clovis I, 466년 경~511)가 요새를 겸한 궁전을 시테 섬 안에 축성했고, 이 궁전이 꾸준히 확장되면서 14세기 후반까지 프랑스 왕의 궁전으로 사용되었다. 샤를 5세(1337~1380) 집권 시절인 1358년이 되어서야 프랑스 궁전은 현재 프랑스 최대 박물관인 루브르 궁전으로 이전되었다. 따라서 시테 섬의 현재 최고법원단지 지역은 고구려 광개토대왕이 만주벌을 누비며 땅 따먹기 전쟁을 하던 5세기 시절부터 고려 후기 시대 공민왕이 반원 자주 개혁 정치를 펼치던 14세기 후반까지 프랑스 왕궁으로 영화를 누렸다고 할 수 있다.

마리 앙투아네트의 슬픔이 깃든

콩시에르주리 Conciergerie

　최고법원단지 안의 콩시에르주리는 1789년 프랑스혁명이 일어난 이후, 당시 왕비였던 앙투아네트가 처형되기 직전까지 3개월 정도를 보낸 감옥이다. 단지 내에서 중세 시대 성채의 모습을 가장 잘 간직하고 있는 곳으로, 14세기 초반 필리프 4세(Philippe IV, 1268~1314)가 북쪽에 탑을 추가로 지으면서 지금의 모습으로 단장되었다. 프랑스 왕실이 루브르 궁전으로 이전한 14세기 중반 이후에도 정부의 사무를 보는 공공시설로 활용되었으나, 14세기 말부터 일부를 감옥으로 변경했다. 콩시에르주리가 바로 그곳이다.

　프랑스혁명 도중, 특히 막시밀리앵 드 로베스피에르(Maximilien de Robespierre, 1758~1794)가 공포정치를 단행하던 시절(1793. 10~1794. 7)에는 옆에 있는 최고법원에서 사형 언도를 받은 사람들을 모두 이곳에 수용했다가 콩코르드 광장(Place de la Concorde)에 설치된 단두대로 보내 사형시켰다고 한다. 형장이 여러 군데 있어서 총사형자 수가 1만여 명을 넘어섰으며, 콩코르드 광장에서 즉결 처분된 사람만 해도 자그마치 2,600여 명에 달했다고 하니, 로베스피에르의 공포정치가 가히 어느 정도였는지 미루어 짐작할 수 있다.

　공포정치? 대체 뭘까? 1789년 7월에 발발한 프랑스혁명 과정에서 등장한 급진 세력인 자코뱅당이 주도한 독재 정치다. 혁명이 성공을 거둔 이후, 나라의 진로를 두고 혁명 지도부는 두 갈래로 갈라졌다. 입헌군주제를 선호한 온건파 지롱드당과 왕정을 폐지하고 소유의 평등을 빠른 시일 내에 정착시켜야 한다는 급진파 자코뱅당이 그들이었다. 이들은 혁명 초기에는 함께 손을 잡고 나랏일을 주도해 나갔다. 하지만 생각과 관점의 차이가 워낙 컸다. 날이 갈수록 두 분파는 사이가 급격히 나빠지면서 의회 내에서조차 서로를 비난하며 삿대질하기에 바빴다.

현재 우리가 즐겨 쓰는 정치 용어인 '좌익'과 '우익'도 두 당 사이의 갈등에서 유래되었다. 왕당파를 몰아내고 공화파가 장악한 1792년의 국민공회에서 회의장 좌석의 왼쪽에는 급진적인 자코뱅파 의원들이 줄줄이 앉아 있었고, 오른쪽에는 보수파 지롱드당 의원들이 진을 치고 있었다. 이후 프랑스에서는 보수적 사고를 지닌 온건한 세력을 우익, 급진적이고 과격한 세력을 좌익으로 분류했다. 그런데 문제는 우리나라에서 더 커졌다. 6·25전쟁을 겪었고 지금도 남과 북으로 갈려 이념 대립을 하다 보니 좌익과 우익의 편 가름이 너무 심해진 것이다. 우리는 좌익 하면 공산주의 추종자들로 매도하는 경향이 짙다. 진보 세력을 좌익이라고 매도하면서 공산주의자로 내모는 사람들은 분명 경계해야 한다. 역사적으로 보면 이런 사람들이 포퓰리즘에 편승하여 독재로 치우치는 경우가 허다하다.

왼쪽 날개와 오른쪽 날개인 좌익과 우익의 차이는 명확하다. 우익 세력은 자본주의, 혹은 자유주의를 선호하는 세력으로 경쟁 원리에 따른 성과 배분을 중시하며 작은 정부를 지향한다. 즉 정부가 시장경제에 '감 놔라 대추 놔라' 하는 것을 최소화하자는 주의다. 반면 좌익은 사회주의와 평등주의를 선호하는 세력으로 평등과 분배, 복지를 중시하며 큰 정부를 지향한다. 시장을 자유롭게 놔 두면 재벌이나 부자들 위주로 운영되기 때문에 국가가 통제하거나 적절히 개입해서 국민 전체가 고르게 혜택을 받는 사회로 나아가야 한다는 것이다.

좌익과 우익 중 어느 한쪽으로만 편향되면 어느 쪽으로 가도 독재로 변할 가능성이 크다. 그래서 "새는 좌우의 날개로 난다"라는 명언이 등장한 것이다. 우리 사회도 균형 잡힌 시각으로 정치를 하고 사회 안정을 이루려면 좌익과 우익에 대한 사고 자체가 지금보다 유연해져야 한다. 참고로 현재 유럽 의회를 살펴보면 공산당, 녹색당, 사회민주주의 정당 출신의 의원들은 의장석에서 볼 때 왼쪽 자리에, 보수 정당의 의원들은 오른쪽 자리에 앉아 있다. 프랑스혁명 시절 좌익과 우익의 자리 배치가 아직도 전통처럼 유럽 정치에 알게 모르게 영향을 미치고 있는 것이다.

다시 공포정치 얘기로 돌아가자. 국민공회 시절에 좌익 세력인 자코뱅당에서도 가장 급진적인 사고를 가진 로베스피에르가 정치의 전면에 선다. 1793년 10월 국민공회는 임시정부를 '혁명정부'로 개칭하고 공포정치를 승인했다. 왜일까? 단단하게 굳은 콘크리트처럼 강고하기만 할 것 같았던 프랑스 왕정이 한순간에 무너지는 것을 보고 대경실색한 영국을 비롯한 주변 국가의 왕실들이 프랑스를 왕따시키며 곧 잡아먹을 것처럼 으르렁댔기 때문이다. 이런 현실을 타개하기 위해 의회는 로베스피에르에게 전권을 준 것이다. 그는 주변 국가와의 대유럽 전쟁을 수행하기 위해 최고가격제와 물자 통제, 배급제를 더욱 강화했으며, 위반자에 대한 처형도 단호하게 시행했다. 이 시기에 반혁명적이라 낙인찍힌 구 지롱드당 의원들이 속속들이 처형되었으며, 왕비 앙투아네트를 비롯한 왕실 사람들과 귀족들도 혁명 이념의 실천에 방해꾼이 된다 하여 가차 없이 단두대로 보내졌다. 자코뱅 당원이라도 혁명 완수에 방해가 된다고 여겨지면 곧바로 처단되었다. 그 결과 프랑스 전역에서 약 30만 명이 반혁명 세력으로 체포되어 1만 5천 명 정도가 단두대의 이슬로 사라졌다.

자코뱅당의 철저한 독재 속에 대외 전쟁은 성공적으로 추진되었다. 하지만 공포정치에 염증을 느낀 국민의 반감 또한 날로 커져 갔다. 1794년 7월 로베스피에르는 반대파의 전격적인 작전으로 체포되어 본인 또한 단두대에 올랐다. 그것도 본인 주도하에 앙투아네트를 처형시킨 콩코르드 광장의 단두대에. 이 사건을 '테르미도르의 반동(Thermidor coup d'État)'이라고 한다. 7월 27일에 벌어진 일이었다. 테르미도르는 혁명 과정에서 제정된 '프랑스혁명력'으로 11월을 의미한다. 현재 우리가 쓰는 달력으로 7월 27일은 혁명력으로는 11월 9일이다. 이 달력은 나폴레옹 1세(Napoleon I, 1769~1821)의 집권 이후 폐지되었다.

그런데 무시무시한 단두대는 누가 만들었을까? 프랑스혁명 당시 진보 성향을 가진 의사 조제프 이냐스 기요틴(Joseph Ignace Guillotin, 1738~1814)이 고안했다. 계몽주의 사상에 매료되었던 그는 혁명 초기에 악독한 사형 제도를 인도주의와 합리주의적 관점에서 개선하자고 제안했다. 즉 수레에 사지를 매달아 각기 다른 방향으로 말을 달리게 해서 신체를 찢어 죽이는 참혹한 형벌 대신 고통 없이 단번에 죽이는 방법을 제안했고 그것이 곧 단두대 처형법이었다. 기요틴이 제안한 새로운 방안은 사형수의 고통을 감소시키는 동시에 처형을 단순화하는 효과가 있을 것 같았다. 또한 목을 자르는 참수형이 전통적으로 귀족 계층에서만 행해졌는데 이 기계를 사용하면 평민 계층에도 적용될 수 있으니 프랑스혁명의 이념 중 하나인 평등 사상에도 부합되는 제도이기도 했다. 사형 제도에 평등 사상을 적용한다니 표현이 좀 이상하긴 하지만 당시 혁명 세력의 생각은 분명 그러했다.

1791년에 국민공회는 위원회를 만들어 외과의학회 서기관이었던 앙투안 루이(Antoine Louis, 1723~1792) 박사에게 새로운 사형 기구를 설계하게 했다. 물론 기요틴도 위원으로 참여했다. 채택된 기본 디자인은 높은 틀의 꼭대기에 큰 칼을 매달고 사형수의 머리를 아래에 집어넣은 다음 단박에 칼을 떨어뜨리는 모양이었다. 처음에는 루이 박사의 이름을 따서 '루이종(Louison)'이나 '루이제트(Louisette)'로 불렸지만 점차 시간이 흐르면서 원제안자인 기요틴의 이름이 기구 이름으로 붙여졌다.

"기계장치는 천둥처럼 떨어진다. 목이 날아가고 피가 튀면 사람이 더 이상 살아 있지 않을 것이다."

기요틴이 1789년에 새 사형 기구를 제안하며 한 말이다. 이름만 들어도 무시무시한 사형 기구가 프랑스혁명 당시에는 좀 더 인간적인 처형 방법을 강구하기 위해 만들어졌다는 사실이 아이러니하다. 일각에서는 이 기구를 고안한 기요틴도 단두대에서 형장의 이슬로 사라졌다는 말이 나돌았지만 사실이 아니다. 그는 1814년 3월 26일에 자연사 했다고 한다. 사람들이 단두대의 공포에 얼마나 치를 떨었으면 이런 이야기까지 만들어 냈을까. 그 심정 충분히 이해가 간다.

다시 콩시에르주리와 앙투아네트로 돌아가자. 동양권에서는 '사치' 하면 생각나는 여인이 필리핀의 이멜다 마르코스(Imelda Marcos, 1929~) 다. 무려 20여 년 동안 필리핀 정국을 쥐고 흔들다가 1980년대 중반에 몰락하여 하와이로 망명을 떠나야 했던 마르코스 대통령의 부인이다. 이들 부부가 국민의 저항에 부딪쳐 황망히 대통령 관저를 떠난 이후 시위대가 관저를 급습했을 때 신발장에는 광택 나는 이멜다의 구두가 자그마치 3천여 켤레나 자리를 지키고 있었다고 한다.

그렇다면 서양에서 사치의 대명사는 누굴까? 연상되는 여인이 꽤 있겠지만 루이 16세의 부인 앙투아네트도 아마 상위권에 오를 것이다. 기록에 의하면 '과연 이멜다 정도 되는 사치의 여왕이었나?' 의문이 드 는 것도 사실이지만, 배고픔을 참지 못한 파리 빈민들이 폭동을 일으 켰다는 말을 듣고 그녀가 했다는 명언(?)은 참으로 어이없다.

"빵이 없으면 케이크를 먹으면 되지."

철부지도 이런 철부지가 없다. 다만 이 말을 한 주인공이 앙투아네 트일 가능성은 실제로 크지 않다. 실제로는 계몽주의 철학자로 유명한 장 자크 루소(Jean Jacques Rousseau, 1712~1778)의 말일 가능성이 더 크 다. 루소가 쓴 『고백록(Les Confessions)』에 "굶주리는 자에게 브리오슈 를 먹게 하라"는 구절이 나온다. 오늘날의 브리오슈는 버터와 달걀이 듬뿍 들어가 고소하고 달콤한 고급 빵이지만 루소 시대에는 빵을 굽고

남은 부스러기, 혹은 오븐에서 굽다가 실패하여 팔기 힘든 빵을 일컬었다고 한다. 따라서 루소의 말은 배고파서 죽기 일보 직전인 빈민들에게 먹다 남은 빵이라도 가져다 주라는 지극히 도전적이고 현실적인 이야기였을 뿐이지 사치하고는 무관하다.

한편 이런 이야기도 전해진다. 만약 왕비가 정말로 "빵이 없으면 케이크를 먹으면 되지"라고 말했다면, 그 말은 앙투아네트가 아닌 루이 14세(1638~1715)의 부인 마리 테레즈(Marie Thérèse, 1638~1683)가 했을 가능성이 크다는 것이다. 워낙 오래전 일이고 그동안 다양한 이야기들이 오고가서 이 이야기도 진실을 검증하기는 힘들지만, 이렇게 생각하는 사람들도 분명 존재한다. 그런데 왜 역사는 이 말을 앙투아네트가 철없이 한 말로 전하고 있을까? 어찌 보면 프랑스혁명 당시 민중들에게 앙투아네트의 초호화 생활은 매우 못마땅한 일이었고 이런 사례를 확대 재생산하여 앙투아네트의 단두대 처형을 정당화했다고 추정할 수 있다.

이야기가 나온 김에 앙투아네트와 연관된 이야기를 두 가지 더 풀어 보자. 첫 번째는 빵에 얽힌 이야기다. 프랑스인이 즐겨 먹는 빵 중에 크루아상이 있다. '초승달'이라는 뜻으로 버터와 우유, 설탕, 달걀을 적절히 배합하여 만든, 브런치로 적격인 빵이다. 겉은 바삭하고 속은 부드러운 이 빵은 원래 오스트리아의 빈에서 탄생했다. 오스트리아와 오스만 튀르크 간의 전쟁 중에 오스트리아 제빵사가 튀르크 국기에 들어 있는 초승달에서 착안해 만든 빵이라고 한다. 그런데 어떻게 해서 이 빵을 프랑스 사람들이 즐기게 됐을까? 앙투아네트 때문이다. 오스트리아 공주였던 앙투아네트가 이 빵을 좋아해서 1770년 루이 16세와 결혼하면서 제빵 기술자까지 데려와 프랑스 사회에 퍼뜨렸다고 한다.

이 빵이 제조된 유래 또한 재미있다. 17세기 후반 오스만튀르크 군대가 오스트리아 수도 빈을 포위하고 시내 진입을 위해 비밀리에 땅굴을 파고 있었다. 지하실에서 빵을 만들고 있던 제빵사가 이 소리를 듣고 오스트리아군에게 잽싸게 알려주었다. 사전에 적의 동태를 정확히 파악한 오스트리아군은 기습 작전으로 적군을 격퇴했다. 승리를 기념해 제빵사들은 오스만튀르크의 상징인 초승달 모양의 빵을 구워 먹으며 승전을 자축했다. 크루아상이 등장한 배경이다.

두 번째 이야기. 앙투아네트는 당시 유럽을 쥐고 흔들었던 오스트리아의 여제 마리아 테레지아(Maria Theresia, 1717~1780)의 막내딸로 오스트리아의 수도 빈에서 태어나 유년기를 보냈다. 금지옥엽으로 황실 안에서 곱게 자라다가 프랑스의 부르봉 왕가 루이 오귀스트와 결혼하기 위해 베르사유 궁전(Château de Versailles)으로 온 해가 1770년, 우리나라 역사로 보면 조선 시대 정조 임금이 한창 개혁에 몰두할 때였다. 이때 앙투아네트의 나이 방년 열다섯 살. 꽃다운 소녀의 남편이 될 오귀스트 왕자는 열여섯 살에 불과했다. 사랑해서 결혼했냐고? 천만의 말씀! 동서양을 통틀어서 중세 시대에 사랑해서 결혼한 왕족이나 귀족이 얼마나 있었겠는가. 얼굴 한 번 못 보고 부모들이 왕실의 이득을 따져 혼처를 정한 정략결혼이 대부분이었다.

1774년 루이 15세가 세상을 떠나고 오귀스트가 왕위에 올랐다. 프랑스는 태양왕이라 칭송받던 루이 14세 시절을 정점으로 점차 쇠퇴하기 시작했다. 그렇더라도 현실 파악에 능한 균형 잡힌 개혁가가 등장하여 정치를 잘하면 나라는 재도약할 수 있다. 하지만 루이 15세 시대에는 황실과 귀족들의 방탕한 생활이 지속되었고, 국고는 날이 갈수록 탕진되었다. 이러한 재정 파탄에 앙투아네트도 한몫 단단히 했다. 셈법이 빠른 프랑스 학자의 계산에 따르면, 당시 앙투아네트가 매달 지출한 돈은 약 1만 5천 루브르로 지금 시세로 따져 최소 7만 5천 유로였다고 한다. 자기 몸을 치장하는 데 한 달에 우리 돈으로 1억 원 정도를 썼다는 이야기다. 많기는 분명 많다. 그렇다고 해서 앙투아네트가 다른 왕비보다 돈을 더 많이 썼냐 하면 그건 아닐 것이다. 당시 궁궐에서 생활하는 왕비는 누구나 그 정도쯤 썼을 것이다. 어찌 되었건 루이 16세 시절에 왕실의 재정은 파탄 났고, 우리나라 조선 말기 세도정치 시절의 폐해가 프랑스에서도 나타났다. 세도정치는 19세기 전반의 일이니, 엄밀히 따지면 조선보다 조금 더 빠른 시기인 18세기 후반에 프랑스에서는 이미 민심 이반이 시작된 것이다.

엎친 데 덮친 격으로 농작물이 한창 자라야 할 호시절에 우박이 내려 수확량이 급감했으며, 이 영향으로 농작물 가격이 천정부지로 치솟았다. 특히 1788년 파리는 프랑스 사람들의 주식인 빵 가격이 자고 일어나면 배가 넘게 오를 정도로 폭등하여 민중들 사이에서는 '이 상태로는 도저히 못 살겠다'는 아우성이 터져 나왔다. 평소에는 모래알 같은 하찮은 민중일지라도 배고파서 뭉치면 아무리 강력한 군사력을 지닌 지도층이라도 함부로 제어하지 못한다. 그래서 정치하는 사람들은 민심을 두려워하며 국민을 주인처럼 섬겨야 한다. 힘없다고 무시하며 허술하게 대했다가는 여차하면 한 방에 나가떨어진다.

루이 16세 시절이 딱 그랬다. 루이 16세는 난국을 타개하기 위해 1614년 이후 단 한 번도 열지 않았던 삼부회를 1789년 5월 5일에 소집했다. 귀족, 성직자, 평민 대표들을 한자리에 불러 모아 절체절명의 위기에 빠진 국가 혼란을 해결하고자 했다. 과연 의도한 대로 되었을까? 그건 불가능에 가까웠다. 귀족과 성직자 들은 한통속이 되어 자기들 기득권을 유지하기에 바빴다. 백성들을 대표한 평민 출신 대표들이 아무리 떠들어 대도 '우리와는 상관없는 일이니 너희 일은 너희들이 알아서 해결하라'는 태도였다. 결국 회의는 결렬되었고, 6월 17일에 불만에 가득 찬 평민 대표들이 독자적으로 모여 국민의회를 열고 자기들만의 헌법 제정을 결의했다. 물론 왕은 그냥 두지 않았다. 세상에 그럴 왕이 어디 있겠는가. 왕은 귀족, 성직자 들과 한편이 되어 자유와 권리를 요구하는 백성들을 탄압하기에 바빴다.

1789년 7월 14일 밤, 시위에 나선 파리 시민들이 바스티유 감옥을 습격해 경비병들을 죽이고 범죄자들을 석방하며 파리 시내를 무정부 상태로 만들어 버렸다. 베르사유 궁전에 있던 왕은 파리 상황을 보고받고 "이것은 반란이다"라고 외쳤다. 옆에 있던 신하 한 사람이 "아닙니다, 폐하. 혁명입니다"라고 정정했다는데 정말 그랬는지는 의심해 봐야 한다. 천상천하 지존무상 옆에서 아부나 했던 귀족이 목이 잘릴 만한 말을 정말 했을까?

어찌 되었건 이 사건을 시발점으로 파리 시민들의 시위는 거세어져 갔고, 마침내 10월 6일에는 수천 명의 파리 시민들이 파리 시에서 18킬로미터 정도 떨어진 베르사유 궁전으로 가서 왕정을 뒤집어 엎었다. 루이 16세와 앙투아네트는 현재 루브르 박물관 앞쪽에 있는 튀일리 공원(Jardin des Tuileries)에 있던 튀일리 궁(Palais des Tuileries)에 유폐되었다. 이후 왕과 왕비는 재기를 도모하기 위해 감시가 소홀한 틈을 타서 외국으로 도주하려 했으나 국경 지대에서 붙잡혔고, 혁명 주도 세력은 1793년 1월 21일에 콩코르드 광장에서 폐위된 루이 16세를 단두대에 세웠다. 앙투아네트는 남편이 죽은 이후로 9개월 정도 더 살았다. 이 중 후반부 3개월을 콩시에르주리에서 살다가 10월 16일 오전에 최고 법원에서 급행 재판으로 사형을 언도받고, 바로 그날 오후 12시에 남편이 죽었던 콩코르드 광장의 단두대에서 세상을 하직했다. 그녀 나이 서른여덟 살이었다.

콩시에르주리는 1914년부터 프랑스혁명의 자료를 전시하는 역사 기념관으로 탈바꿈하여 일부 구역이 공개되고 있다. 앙투아네트가 기거하던 독방은 '지롱드 샤펠(Chapelle des Girondins)'로 명명되었다. 후에 프랑스 황제로 추대되는 시동생, 즉 루이 18세(1755~1824)가 형수를 추모하기 위해 1816년에 자그마한 독방을 소형 예배당으로 꾸몄다고 한다. 하지만 현재는 앙투아네트가 살던 당시의 모습을 엿볼 수 있는 공간으로 재구성해 놓았다.

군더더기 하나 없이 열을 맞춰 질서정연하게 올린 아치들의 향연이 돋보이는 '경비병의 방(La Salle des gens d'Armes)'은 당시 경비병들이 거주하던 곳이다. 지어질 당시인 14세기 초반의 원형을 고스란히 간직하고 있다. 건물 안쪽에 있는 작은 광장인 '여죄수의 뜰(La Cour des

Femmes)'은 손을 대지 않아 프랑스혁명 당시와 비슷한 모습을 지닌 광장으로 알려져 있다. 이곳 광장의 한 귀퉁이에서 흘러나오는 샘물로 죄수들이 몸을 씻었다고 한다.

스테인드글라스가 인상적인
생트샤펠Sainte-Chapelle

생트샤펠은 '성스러운 예배당'이란 뜻으로, 그 이름에 걸맞게 왕실의 성물(聖物)을 보관하기 위해 만든 왕실 전용 성당이었다. 루이 9세(1214~1270)가 라틴제국의 마지막 황제인 보두앵 2세(Baudouin II, 1217~1273)로부터 구입한 예수의 가시면류관과 예수를 찌른 창날, 로마 병사들이 포도주를 적셔 예수에게 주었다는 헝겊 조각 등과 같은 천주교 성물을 보관하기 위해 1248년에 지은 성당이다.

성당 건립의 내막은 이렇다. 라틴제국*의 마지막 황제 보두앵 2세가 오스만튀르크와 전쟁에 필요한 군자금 마련을 위해 동로마제국의 황실에서 오랜 기간 보물로 간직해 오던 가시면류관과 성스러운 창을 베네치아 상인에게 담보로 잡히고 돈을 빌렸다고 한다. 이때 계약 조건이 '4개월이 지나도록 빚을 갚지 못하면 가시면류관의 주인으로 인정

---

*1204년 베니치아 상인들이 중심이 되어 결집된 제4회 십자군이 동로마제국의 수도 콘스탄티노플을 점령한 뒤 세운 국가. 1261년에 멸망했다.

한다'였다. 그런데 문제는 라틴제국의 재정 상황이었다. 너무 궁핍해서 도저히 빚을 갚을 수 없었다. 다급해진 보두앵 2세는 루이 9세를 찾아가 통사정을 했다. 이교도들의 확산을 막기 위해 오스만튀르크와 한판 붙으려 하니 군자금 좀 지원해 달라고. 루이 9세는 병력 지원은 힘들다고 말했다. 대신 가시면류관을 후한 가격으로 사주겠다고 약속했다.

두 사람 사이의 약속은 지켜져서 보두앵 2세는 지금 우리 돈으로 약 300억 원을 받고 베네치아 상인에게 담보로 잡힌 가시면류관을 비롯한 성물들을 루이 9세에게 넘겼다. 이후 루이 9세는 예수와 연관된 성물들을 더 수집해서 이들 유물을 한꺼번에 보관할 성당을 건축가 피에르 드 몽트뢰이(Pierre de Montreui, 1200~1267)에게 짓도록 했다. 1242년에 공사를 시작해 6년 만인 1248년에 높은 첨탑을 가진 거대한 고딕식 성당이 왕궁 옆에 완성되었다. 성당 건축에 들어간 돈은 지금 우리 돈으로 90억 원 정도였다. 가시면류관을 넘겨받기 위해 투자한 돈이 얼마나 큰돈인지 알 수 있을 것이다.

동서양 고금을 돌아보면 종교적 신념 때문에 재정을 심하게 낭비한 사례가 간혹 보인다. 5세기 때 중국에서 실제 일어난 일이다. 중국 남북조 시대 때 남조의 양나라에서 발생한 황당무계한 사건이다. 이 나라를 세운 사람의 이름은 '소연'이지만, 나중에 시호를 무제라 해서 흔히 '양무제(梁武帝, 464~549)'라 칭한다. 이 황제가 말년에 불교에 심하게 심취했다. 적당히 신봉했다면 별 문제가 없었을 텐데 심해도 너무 심했다. 말년에 자기를 위한 동태사라는 절을 지을 정도였다. 이 정도만 하고 그쳤다면 그래도 괜찮았을 것이다. 하지만 그는 그 절의 승려로 변신하는 쇼를 네 차례나 했다. 절의 재정을 확충하기 위해서였다. 왕이 절로 들어가 승려가 되면 그때마다 대신들은 그를 빼내 오느라 나라의 곳간 재물을 동태사에 양껏 바쳐야 했다. 그렇게 해서 동태사에 바친 돈이 모두 4억 전이나 되었다. 물론 이 돈은 백성들 호주머니에서 나온 세금이었다. 이러니 나라가 잘될 수 있었겠는가. 결국 양나라는 개국 55년 만에 망했고, 양무제는 쫄쫄 굶어 죽었다. 말년에 이게 무슨 꼴인가. 죽어서 극락 가려 열심히 부처님을 믿었건만 말짱 도루묵이었다.

루이 9세는 이 정도는 아니었지만 종교적 열정만은 양무제에 버금갔다. 예수의 고행과 행적을 본받아 스스로 회개하기 위해 맨발로 다녔고, 한센병(한때 나병 또는 문둥병이라고 불렀다) 환자들의 발을 씻겨 주었다고 한다. 이런 성자는 동서양을 통틀어 별로 많지 않을 것이다. 물론 아무리 그랬어도 양무제처럼 나라를 말아먹었다면 역사는 루이 9세를 결코 좋게 기록하지 않았을 것이다. 다행히 종교적 열정만큼 국가 운영도 맵시 있게 잘해서 사후에 가톨릭교를 수호한 성스런 왕이란 뜻에서 '성왕(聖王)'으로 추앙받았다. 그렇다고 말로가 완전히 좋았던 것은 아니다. 1270년 자신이 주도하여 떠난 십자군원정 도중에 풍토병에 걸려 사망했다.

성당 안에 보관되었던 성물 중 의심스러운 것이 하나 있다. 예수를 찌른 창날이다. 만약 이 창이 로마 병사 롱기누스(Longinus)의 창이라면 더더욱 의심해야 한다. 십자가에 못 박힌 예수를 그린 서양 그림들을 보면 하나같이 옆구리에 난 상처에서 피가 흘러내리고 있다. 화가들이 예수를 이렇게 도식적으로 그리는 이유는, 예수가 죽었는지 확인하려고 사형장에 있던 로마 병사 롱기누스가 긴 창으로 예수의 옆구리를 찔렀기 때문이다. 이 창은 이후 예수의 성스런 피가 묻었다는 이유 하나로 할리우드의 모험 영화 〈인디애나 존스-최후의 성전(Indiana Jones and The Last Crusade)〉의 주요 모티프이자, 고대 서양의 대표 문학 작품인 '아서왕 이야기'의 주요 소재인 '성배'만큼이나 신성시되었다. 성배는 또 뭐냐고? 예수가 제자들과 함께한 최후의 만찬 때 사용했던 잔으로, 롱기누스가 예수의 옆구리를 창으로 찔렀을 때 옆에 있던 제자 한 사람이 이 그릇에 피를 받았다고 한다. 이후 이 성배는 질병을 치유하는 신비한 힘이 있다는 전설이 붙여졌다. '아서왕 이야기'는 성배를 찾는 기사들의 모험담이며 〈인디애나 존스-최후의 성전〉 또한 성배 찾기 대활극이다. 아무튼 성배와 더불어 롱기누스의 창은 예수의 피가 묻었다는 이유 하나만으로 전설 속의 성물이 되었고, 이 창을 손에 넣는 자는 세상을 얻는다는 전설이 따라붙으면서 지금도 여러 사람을 현혹시키고 있다.

창을 맨 처음 얻은 자는 로마의 대영웅 콘스탄티누스 대제(Flavius Valerius Aurelius Constantinus, 274~337)다. 이후 창은 프랑크 왕국의 실질적 지배자로 서유럽을 넘보던 이슬람 세력을 투르푸아티에(Tour-Poitier)에서 전격적으로 격퇴한 크리스트교 세계의 수호자 카롤루스 마르텔(Carolus Martell, 688~741)을 거쳐 서로마 황제로 등극한 그의 손자 샤를마뉴(Charlemagne, 748년경~814)에게 전승되었다. 전설에 의하면 샤를마뉴는 롱기누스의 창을 가지고 있는 동안에는 치르는 전쟁마다 승리를 거두었는데, 실수로 창을 떨어뜨리면서 그만 전사했다고 한다. 창은 현재 독일 영토에 해당하는 동프랑크 왕국의 하인리히 1세(Heinrich I, 876~936)의 아들로 신성로마제국을 건설한 오토 대제(Otto I, 912~973)에게 전승되었다.

나폴레옹도 롱기누스의 창을 갖고 싶어 했다. 하지만 손에 넣는 데 실패했고, 결국에는 역사의 패배자가 되어 세인트헬레나 섬에서 쓸쓸히 인생의 종지부를 찍어야 했다. 반면 아돌프 히틀러(Adolf Hitler, 1889~1945)는 오스트리아를 점령하면서 합스부르크 왕가의 박물관에 소장되어 있던 롱기누스의 창을 손에 넣었다고 한다. 그래서 한때나마 유럽 전역을 공포의 도가니로 몰아넣을 수 있었다고 한다. 물론 그래봤자 결국은 자살로 인생을 끝장냈지만 말이다.

현재 롱기누스의 창은 오스트리아 호프부르크 박물관에 소장되어 있다. 그런데 이 창이 정말 예수의 옆구리를 찌른 창일까? 그건 아니다. 과학적인 방법으로 측정했더니 만들어진 연대가 7세기경으로 판명되었다. 예수가 죽은 시기보다 무려 600여 년 뒤에 주조된 유물이었다. 아이러니한 것은 이 창의 정확한 제조 연대가 밝혀지면서 또 다른 소문이 만들어지고 있다는 점이다. 히틀러가 자살하기 전, 진품을 연합군 측에 넘겨주지 않으려고 모조품을 만들어 놓았으며 실제 롱기누스의 창은 지금도 어딘가에 꽁꽁 숨겨져 있다는 말 같지도 않은 유언비어가 횡행하고 있다.

다시 생트샤펠의 성물들로 돌아가자. 가시면류관이든 예수를 찌른 창날이든 지금은 생트샤펠에 없고 노트르담 대성당에 보관되어 있다.

따라서 생트샤펠의 성물들을 직접 확인하려면 입장료를 내고 노트르담 대성당 내부에 있는 보물실을 찾아가야 한다. 단 보물실을 간다고 해서 매번 볼 수는 없다. 가시면류관은 성당이 지정한 날에만 공개되고 있다.

생트샤펠은 외부 공간이 좁아 정원에서 보면 답답할 정도로 교회당 건물이 주변 건물과 다닥다닥 붙어 있다. 하지만 내부로 들어서서 0층을 둘러본 다음, 입구 쪽에 있는 좁은 나선형 계단을 통해 1층으로 올라서면 '환희' 그 자체다. 벽면 전체가 현대 건축의 최첨단 기법인 '커튼월(Curtain Wall)'처럼 스테인드글라스로 빙 둘러 장식되어 있다. 이런 건축 기법 때문에 미술사가들은 생트샤펠 색유리창을 '세상에서 가장 아름다운 스테인드글라스'라고 표현한다. 하지만 나는 이 성당보다 바르셀로나에 있는 미완성 건물 사그라다 파밀리아(Sagrada Familia) 성당의 스테인드글라스에서 더 큰 감동을 받았다. 사실 유럽에 있는 대부분의 가톨릭 성당은 내외부의 장식이 웅장하면서도 화려해서 무척 감동적이다. 건물 자체가 성서 역할을 하도록 조각과 그림으로 온통 장식하는 전통 때문이기도 하지만, 신의 영광을 드러내기 위해 최대한 아름답고 호화스럽게 꾸미기 때문이다.

생트샤펠 내부의 스테인드글라스는 총 1천 장이 넘는 종교화로 구성되어 있으며, 성경의 창세기부터 열왕기까지의 내용을 담고 있다. 좌측에서 우측으로, 하단에서 위쪽으로 이야기가 전개되며 마지막 오른쪽 끝 스테인드글라스는 루이 9세가 성물들을 구입해 동생과 함께 파리로 가져오는 장면이라고 한다. 장미창은 1485년 샤를 8세

(1470~1498)가 기증한 것으로 86개의 스테인드글라스에 『요한계시록』
의 내용을 묘사해 놓았다.

생트샤펠도 고딕 양식을 대표하는 성당이다. 하지만 여러 번 보
수 과정을 거쳤기에 초기 모습과는 상당히 다르다. 특히 성당의 위
용을 결정짓는 75미터 첨탑은 루이 9세 당시의 첨탑이 아니라 나폴
레옹 3세(Napoleon III, 1808~1873) 시절인 19세기 중반에 재건된 것이
다. 다만 이 성당에는 후기 고딕 양식임을 잘 보여 주는 유산이 확실
하게 존재하고 있다. 샤를 8세가 증여한 서쪽 창문 위의 대형 장미창
이 바로 그것으로 '불꽃이 타는 것 같은'이라는 뜻을 가진 플랑부아양
(Flamboyant) 양식의 스테인드글라스다. 이 양식은 후기 고딕 시기에
나타났다. 따라서 플랑부아양 양식의 스테인드글라스가 설치되어 있
으면 '아, 후기 고딕 시기에 만들어졌구나' 단정해도 된다.

성당은 될 수 있으면 오전에 관람해야 한다. 오후에는 창문으로 빛
이 들어오지 않아 생트샤펠 특유의 스테인드글라스 진면목을 영접할
수 없다.

기왕 말이 나온 김에 맛보기 삼아 유럽 건물에 대해 하나 더 이야
기해 보자. 유럽에서는 우리가 일반적으로 말하는 1층을 '0층', 혹은
'Ground floor'로 표시하니, 엘리베이터를 타거나 층수를 셀 때 유의
하자. 프랑스에서는 'Rez-de-chaussée'로 표기하기도 한다. 엘리베
이터를 탈 때 0이나 G, RC 버튼이 있으면 '아, 1층에 가려면 이 버튼을
눌러야 하는구나' 재빨리 판단하고 주저 없이 눌러야 한다. 심지어 어
떤 경우는 로비가 있는 L층, 레스토랑이 있는 R층도 별도로 있어서 우

리나라의 3층이나 4층 정도에서 1층이 시작되는 경우도 있다.

왜 0층이 별도로 있을까? 수리적 개념으로는 0층을 두는 것이 1층부터 바로 시작하는 것보다 더 타당하다고 한다. 아무튼 유럽에서는 1층이 '0층'임을 머릿속에 입력해 놓자.

궁궐에서 재판소로
최고행정법원 국사원 Conseil d'État

법원단지 건물들의 중심부는 최고행정법원이다. 출입문부터 건물 벽체 곳곳을 금물로 단장해 놓아 화려함이 더해진 이곳은 프랑스 최고의 사법 기관이다. 우리나라로 치면 대법원에 해당한다. 고구려 광개토대왕이 만주 벌판을 달리고 있던 5세기 무렵에 왕궁으로 지어져서 고려 후기 시절인 14세기 후반까지 궁성 그대로 쓰이다가, 샤를 5세(1337~1380)에 의해 지금의 루브르 박물관(당시는 루브르 궁전) 자리로 왕궁을 이전하면서 최고법원으로 변신했다.

프랑스혁명의 절정기인 공포정치 시기에는 무죄 아니면 사형만 언도된 '모 아니면 도' 식의 재판이 거의 매일 이곳에서 열렸다. 비운의 철없는 왕비 앙투아네트도, 공포정치를 주도했던 로베스피에르도 이곳에서 사형 언도를 받고 콩코르드 광장의 단두대로 끌려가 즉결 처형되었다. 장기간에 걸친 세월 속에서 여러 번 화재가 나면서 파손되기도 했지만, 1868년에 대대적인 보수 공사를 마치고 지금의 모습으로 재단장되었다.

본관 상단에 프랑스혁명 이념인 자유(Liberté), 평등(Égalité), 우애 (Fraternité)가 새겨져 있다. 프랑스 국기인 삼색기의 상징이기도 한 이 이념은 프랑스혁명 당시 시민들이 하양, 빨강, 파랑 표식을 모자에 붙이고 거리를 활보하며 혁명 이념인 '자유, 평등, 우애'를 설파했던 데서 유래한다. 하지만 우리는 아주 오래전부터 프랑스혁명의 이념인 자유, 평등, 우애를 자유, 평등, 박애로 잘못 번역하여 사용해 왔다. 프랑스어 '프라테르니테'는 동지애에 가까운 '우애'로 번역하는 것이 타당하다고 한다. 그런데 우리는 왜 '우애'를 '박애'로 계속 써 왔을까? 일본 사람이 번역한 것을 아무 생각 없이 차용했기 때문이다. 프랑스혁명 당시 혁명 주도 세력은 우리끼리 똘똘 뭉치자는 의미에서 프라테르니테를 혁명 이념의 하나로 강조했으며, 이 말 속에는 '서로 아껴 주자'라는 기본 뜻 이외에도 '우리 편에 서지 않으면 죽여 버리겠어'라는 무서운 속뜻도 담겨 있다고 한다.

프랑스의 얼굴
노트르담 대성당Cathédrale Notre-Dame de Paris

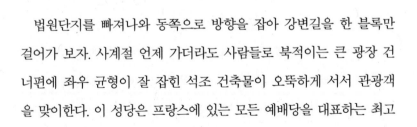

법원단지를 빠져나와 동쪽으로 방향을 잡아 강변길을 한 블록만 걸어가 보자. 사계절 언제 가더라도 사람들로 북적이는 큰 광장 건너편에 좌우 균형이 잘 잡힌 석조 건축물이 오뚝하게 서서 관광객을 맞이한다. 이 성당은 프랑스에 있는 모든 예배당을 대표하는 최고의 성당이다. 바로 노트르담 대성당. 1455년에 잔 다르크(Jeanne d'Arc,

1412~1431)의 명예회복 재판이 이곳에서 열렸으며, 루이 16세의 결혼식, 나폴레옹 황제 대관식도 이곳에서 거행되었다. 심지어 2차 세계대전 당시에 영국에서 프랑스 망명 정부를 이끌었던 샤를 드 골(Charles de Gaulle, 1890~1970)도 연합군의 승리로 전쟁이 끝난 뒤 영국 해협을 건너와 이 성당에서 전쟁 승리와 파리 해방에 감사 드리는 미사를 올렸다. 이처럼 노트르담 대성당은 아주 오래전부터 프랑스를 대표하는 성당이었고, 지금도 프랑스의 얼굴이다.

성당을 짓기 시작한 것은 12세기 후반, 우리나라로 치면 고려 중기 시대로 문벌귀족 세력의 횡포가 극에 달하여 무인들의 심보가 상할 대로 상해 있을 때였다. 그 뒤 장기간에 걸쳐 꾸준히 건물을 쌓아 올려 지금과 비슷한 규모의 건물이 완성된 것은 첫 삽을 뜬 지 90여 년이 지난 13세기 중엽이었다.

노트르담 대성당은 초기 고딕 양식의 대표작이다. 고딕은 '고트족스러운(gotas)'이란 단어에서 유래된 건축 양식으로 프랑스에서 처음 시작됐다. 게르만족의 일파인 고트족을 야만적이라고 생각한 르네상스 시대 미술가들이, 그들 시대 이전인 중세 시대에 유행했던 허우대만 멀쩡하게 하늘로 치솟은 건축 양식을 가리켜 '생긴 것이 꼭 야만적인 고트족 같다'고 빈정대며 붙여준 이름이다.

고트족은 원래 스웨덴 남부에 살던 게르만 민족의 한 종족이었다. 2세기경 동유럽의 흑해 부근으로 이동하여 정착해 살면서 5세기에 서로마 제국 영내로 침입하여 스페인 일대에 서고트 왕국(415~711)을, 이탈리아 반도 일대에 동고트 왕국(493~553)을 세웠다. 따라서 12세기 전반에 파리를 중심으로 한 북프랑스 지역에서 태동하여 15세기 무렵까지 서유럽 각지에서 유행한 고딕 양식은 고트족과는 직접적인 연관이 없다. 그럼에도 이탈리아 르네상스인들은, 자기 지역보다 미개하다고 여긴 알프스 이북 지역에서 시작되어 이탈리아 본토에까지 영향을 미친 이 양식을 오랑캐 양식으로 비하했던 것이다.

하지만 고딕 양식은 주로 성당 건축에 많이 활용되며 건축학적으로 서양 중세 시대를 풍요롭게 만들었다. 서양 중세는 종교가 정치보다 우위였던 시대로, 고딕 양식은 조금이라도 더 하늘 가까이에 가고 싶었던 중세인의 신앙심이 반영된 것이다. 외관만 보자면 하늘에 구멍이라도 내려는 듯 높이 솟구친 첨탑과 아치, 스테인드글라스로 장식된 대형 창문이 고딕 양식을 대변한다.

노트르담 대성당의 '노트르담'은 영어로 'Our lady'에 해당한다. 우리말로 바꾸면 '우리들의 여주인' 정도로 해석할 수 있으며, 여기서 여주인은 예수의 어머니인 '마리아'를 말한다.

파리는 11세기 후반이 되면서 프랑스뿐만 아니라 유럽 전역의 중심지로 점차 자리를 굳혀 갔다. 이 시기에 파리의 주교였던 모리스 드 쉴리(Maurice de suilly, 1120~1196)는 시테 섬에 있던 기존의 교회와 수도원을 허물고 그 자리에 최신식 건축 공법인 고딕 양식을 활용해 웅대한 성당을 지어 마리아에게 봉헌하려 했다. 당시 유럽 사회에 예수의 어머니 마리아를 중시하는 '성모 신앙'이 유행하고 있었기 때문이다. 12세기에 북프랑스에서 지어지기 시작한 대성당들, 즉 스트라스부르(Strasbourg), 샤르트르(Chartres), 루앙(Rouen), 랭스(Reims), 아미앵

(Amiens) 성당들 모두 성모 마리아에게 봉헌되었고 노트르담이라는 이름이 붙여졌다. 그래서 지금도 스트라스부르 노트르담 성당, 샤르트르 노트르담 성당, 아미앵 노트르담 성당이라고 한다. 따라서 엄밀하게 따지면 파리의 노트르담 대성당도 그냥 '노트르담 대성당'이 아닌 '파리 노트르담 대성당'이라고 반드시 도시 이름을 넣어 불러야 한다. 하지만 파리의 노트르담이 프랑스를 대표하는 성당이다 보니 '노트르담 대성당' 하면 누구든 파리의 노트르담을 떠올린다.

성당의 정면부는 대형 광장이 있는 서쪽 면으로 폭이 43미터, 횡단면의 길이는 128미터다. 지붕 정중앙에 위치한 첨탑의 높이는 96미터이고, 종탑 높이는 69미터다.

서양의 전통 건축에서 건물의 주요 전면부를 '파사드(façade, 영어의 front에 해당)'라 하는데, 노트르담 대성당의 서쪽 파사드는 총 3단으로 구성되어 있다. 그리고 그 위에 좌우로 종탑을 세웠다.

맨 아래 단에 있는 출입문은 우리나라 대형 기와집의 솟을대문처럼 가운데에 큰 문을 설치하고 좌우에 두 개의 문을 더 두었다. 왼쪽 문부터 '성모 마리아의 문', '최후 심판의 문', '성 안나의 문'이라 이름 붙였다. 이처럼 이름을 지은 이유는 문 위쪽의 반원형 벽인 팀파눔(Tympanum)에 새겨진 그림 때문이다. 왼쪽 문의 팀파눔에는 성모 마리아의 죽음과 승천, 대관식 장면이 부조로 새겨져 있다. 신약성서의 외전인 『야곱 원복음서』에 나오는 이야기를 조각해 놓은 것이다. 하늘에 있는 예수를 그리워한 마리아가 죽음에 이르러 천사들의 인도로 하늘로 올려져 부활한 뒤에 아들인 예수의 축복 속에 영광의 관을 천사로부터 부여받고 있다.

문 양쪽에 도열해 있는 인물들 중 목이 잘린 채 머리를 들고 있는 사람은 파리 최초의 주교인 생드니(Saint-Denis, AD 3세기~270년경)다. 3세기 중엽 신부로, 현재 프랑스 땅인 갈리아 지방 포교를 위해 로마에서 파견되어 왔다. 하지만 다신교를 믿는 원주민들에게 유일 신앙인 크리스트교를 포교하는 일은 말처럼 쉽지 않았다. 계란으로 바위치기였다. 원주민들은 이상한 소리를 지껄이는 생드니를 붙잡아서 몽마르트르 언덕에서 죽여 버렸다. 목이 잘린 생드니는 땅에 떨어진 자신의 머리를 주워 팔에 끼고 천사의 인도를 받아 11킬로미터 떨어진 카토라퀴(Catolacus)까지 걸어가 쓰러졌다. 그 자리에 생드니 신부의 시신을 묻었으며 위에 성당을 세우고 수도원을 건설한 뒤 이름을 생드니 수도원이라 했다. 17세기까지 역대 프랑스 왕의 묘소가 있었던 유서 깊은 수도원이지만 지금은 사라지고 부속 성당만 남아 있다.

가운데 대형문인 '최후 심판의 문'은 특별한 날에만 열리고 평소에는 닫혀 있다. 아직 심판의 날이 오지 않았기에 열지 않는다는 소문이 전해지지만 믿거나 말거나이다. 문 위 팀파눔의 부조는 죽은 자들이 살아생전에 행했던 선악의 정도에 따라 심판을 받고 천국과 지옥으로 가는 장면이다. 천사와 악마가 저울을 들고 선악의 정도를 점검하고 있다. 여기에서도 불법이 빈번하게 벌어져서 대장 악마와 부하는 한 사람이라도 더 지옥에 가게 하려고 저울의 무게 중심을 자기들 쪽으로 최대한 기울이고 있다. 그럼에도 저울은 천사 쪽으로 크게 기울어져 있다. 성당에 오면 천국 간다는 것을 확실하게 표현한 것이다.

출입문의 좌우에 서 있는 인물상들은 예수의 제자들로 예수 승천 이후 복음에 앞장섰던 열두 사도다. 그들의 발아래에는 이중으로 조각상들이 새겨져 있는데, 윗줄에는 미덕을 갖춘 여인상으로 선을 상징하는 동물들을 방패에 새겨 놓았다. 반면에 아래줄 원형 부조상은 악덕한 사람들의 추악함을 나타낸 조상으로 성당에 출입하는 사람들의 경계심을 자극하고 있다.

오른쪽 문은 '성 안나의 문'이다. 안나는 성모 마리아의 어머니로 예수의 외할머니다. 팀파눔에 성모 마리아와 요한의 결혼식 장면, 대천사 가브리엘이 마리아를 찾아와 처녀의 몸으로 예수를 잉태했음을 알리는 수태고지, 아기 예수를 안고 있는 마리아상이 조각되어 있다. 문 양쪽으로는 솔로몬 왕, 성 베드로, 사도 바울, 다윗 왕 등이 서 있다.

문기둥에 설치된 석곽 안에는 왼쪽부터 생테티엔(Saint-Étienne, ?~AD 34), 에글리즈(Église), 시너고그(Synagogue), 생드니상이 서 있다. 생테티엔은 우리나라에서 '스데반 집사'로 알려진 성자다. 초기 예루살렘 교회의 일곱 집사 중 한 사람으로 유대인들에게 미움을 받아 고소되었으나 그들의 무지를 깨우치기 위해 끝까지 충고하다가 돌팔매에 맞아 죽은 크리스트교 최초의 순교자다. 두 번째 기둥의 석곽 안에 서 있는 인물은 성배와 승리의 깃발을 들고 당당하게 서 있는 여인상으로 에글리즈를 상징화한 조상이다. 에글리즈는 크리스트교의 성스런 전당인 '성당' 그 자체다. 세 번째 기둥에는 부러진 창을 가진 뱀에 의해 눈이 가려진 여인이 서 있다. 권위가 땅에 떨어진 유대교회당을 상징화한 여인상이다. 그리고 네 번째 기둥이 생드니상이다.

출입문 위에는 스물여덟 명의 인물을 세워 놓았다. 모두 유대 왕들인데, 프랑스혁명 시기에 파괴된 것을 복원하여 세워 놓았다. 프랑스혁명 당시 파리 시민들은 이들 조각상을 프랑스 왕들로 오해하여 모두 내팽겨쳐 버렸다. 다행히 1970년대에 시테 섬 안의 고대 로마 시대 유적을 발굴하던 중, 따로따로 뒹구는 머리들과 몸통들이 다수 발굴되어 지금은 클뤼니 박물관에 '유대 왕들의 방'을 만들어 보존하고 있다.

노트르담 대성당 파사드의 핵심부인 3단 중앙에는 성모 마리아상이 조각되어 있다. 아기 예수를 안고 있는 성모 마리아가 천사들의 경배를 받고 있으며, 뒤쪽에는 9.6미터 정도의 대형 장미창이 석가모니 부처님의 후광처럼 마리아상을 빛내고 있다. 좌측 아치 창문 앞에는 아담상이 있으며, 우측 아치 창문에는 뱀의 유혹에 넘어간 이브상이 장식되어 있다.

종탑은 좌우로 나란히 균형을 이루어 쌍둥이 탑으로 서 있다. 현재 좌측 탑에는 4개의 종, 우측에는 2개의 대형 종이 매달려 있다. 이들 종 중 가장 낮은 음역대를 가진 우측 탑의 '에마뉘엘'은 무게가 13톤이 넘으며, 추 무게만 하더라도 500킬로그램에 달한다. 탑 안에 설치된 모든 종들의 우두머리 종으로, 종을 칠 때는 반드시 저음의 긴 울림을 지닌 에마뉘엘을 먼저 치고 나서 나머지 종들을 쳤다고 한다. 하지만 현재 종탑에서 울려 퍼지는 종소리는 예전의 종소리가 아니다. 종들이 노후되어 불협화음을 낸다는 지적에 따라 노트르담 대성당 건립 850주년이 되던 2013년에 새 종을 만들어 상태가 나쁜 종들과 교체했기 때문이다. 우측 탑에 올라가면 옛날 종과 새로 만든 종을 비교할 수 있다.

비슷한 크기의 대형 종 두 개가 나란히 걸려 있는데 유심히 살피면 하나는 옛날 종, 또 다른 하나는 새로 만든 종임을 알 수 있다. 옛 종인 에마뉘엘은 퇴역하여 종치기를 중단한 상태이고, 새 종이 그 역할을 대신하고 있다. 대형 종은 대축일에만 타종되며, 평시에는 좌측 탑의 4개 종만 매일 정해진 시각에 울린다.

이제 성당의 내부로 들어가 보자. 들어가는 문은 오른쪽 '성 안나의 문'이다. 이 문으로 성당 내부에 들어가면 가장 먼저 원형 스테인드글라스 장미창이 보인다. 남쪽과 북쪽과 서쪽, 세 면에 설치되어 있는데 그중 북쪽 장미창이 성당이 건립된 초기의 형태를 잘 유지하고 있다.

사실 노트르담 대성당은 프랑스혁명과 1차, 2차 세계대전을 거치며 많이 파손되었다. 또한 수직적인 고딕 양식의 석조 건축물이다 보니 세월의 무게를 감당하지 못해 자연적으로 파손되는 경우도 잦았다. 파손이 심하면 그때그때 보수하는 수밖에 없다. 그러다 보니 지금 우리가 보는 노트르담 대성당은 처음 지어지던 때의 모습이 아니다. 꾸준한 보수 작업 과정에서 세월의 흔적이 이곳저곳 보태진 건조물로, 특히나 대대적인 보수가 이루어진 19세기 후반에 중건된 건축물이다. 다행스럽게도 여러 번의 보수를 거치는 와중에도 북쪽 장미창은 파손이 적어 처음 상태를 거의 그대로 유지하고 있다. 색유리로 촘촘하게 수놓은 그림은 성모 마리아가 열두 사도와 음악을 연주하는 천사들에게 둘러싸여 있는 모습이다.

성당 안쪽에 있는 제단의 입구 우측에는 우아한 성모자상이 놓여 있다. 14세기 작품으로 〈노트르담 드 파리의 성모〉다. 성모 마리아에게 봉헌된 예배당답게 노트르담 대성당에는 30개가 넘는 성모 마리아상이 이곳저곳에 놓여 있는데, 이들 성모상 중 이름 덕분에 가장 널리 알려진 사랑받는 성상이라고 한다.

중앙 제단에는 니콜라 쿠스투(Nicolas Coustou, 1658~1733)가 조각한 〈피에타(Pieta)〉를 중심으로 오른쪽에 루이 13세, 왼쪽에 루이 14세가 서 있다. 자식이 없던 루이 13세는 대를 이을 왕세자의 점지를 간절히 기원하며, 만약 자식이 생기면 노트르담 대성당의 제단 설치와 예배당 개축을 약속했다고 한다. 왕의 이러한 소망에 하늘이 감응했던지 결혼 23년 만에 왕세자 루이 14세를 얻었다. 루이 13세는 약속대로 성당 개축을 진행하려 했으나 계획 단계에서 사망했고, 뒤를 이은 루이 14세가 아버지의 약속을 대신 지켜 제단을 화려하게 개조했다. 피에타상은 '십자가에서 막 내린 그리스도의 시체를 무릎 위에 올려놓고 비통해하는 마리아상'을 말한다. '부디 자비를 베푸소서'라는 뜻을 가진 이탈리아 말이다. 시간 여유가 있다면 보물실도 방문해 보자. 유료로 표를 끊어 입장해야 하지만, 생트샤펠에서 가져온 성물들과 노트르담 대성당의 유물들을 함께 살필 수 있다.

밖으로 나가려면 '성 마리아의 문'으로 나와야 한다. 문을 나서서 모퉁이를 돌면 종탑으로 올라가는 입구가 나온다. 계단을 무려 400여 개 오르다 보면, 종도 보이고 지붕 위를 지키며 파리 시내를 굽어보고 있는 괴수 키마이라(Chimaira, 영어 발음으로 '키메라')상도 감상할 수 있다. 괴물 조각상과 함께 파리 시내가 파노라마 영상처럼 조망된다. 노을이 곱게 물든 석양 무렵이라면 에펠탑 속의 파리가 더 아름답게 다가올 것이다. 괴수상과 함께 펼쳐지는 파리 풍광은 애니메이션 〈노트르담 드 파리〉에서도 인상 깊게 살필 수 있다.

종탑까지 구경했다면 이제는 북쪽 벽체를 살펴보자. 빗물받이 역할을 하는 가고일(Gargoyle)을 보는 재미가 상당히 쏠쏠하다. 유럽에 있는 대형 성당 건물에서는 어디에서나 가고일을 살필 수 있지만 노트르담 대성당처럼 다양한 가고일은 보기 어렵다. 노트르담 가고일은 숨은그림 찾기를 하는 것마냥 감상하는 재미가 쏠쏠하다.

사실 노트르담 대성당은 프랑스혁명 당시 크게 파손되었다. 한동안 교회 기능 자체가 정지되어 미사도 드릴 수 없었다. 다시 제 기능을 하기 시작한 것은 1831년에 프랑스가 자랑하는 대문호 빅토르 위고(Victor Hugo, 1802~1885)가 노트르담 대성당을 주 배경으로 하는 소설 『노트르담 드 파리』(국내에서는 『노트르담의 꼽추』로 번역되었다)를 1831년에 발표하면서부터였다. 이 소설로 인해 폐허로 변해 가는 대성당에 대한 사람들의 관심이 높아지면서 복구 기금 조성이 활기를 띠어 19세기 중후반에 복원 작업이 활발하게 진행되었다. 이때 위고에게 고마움을 전하기 위해 건축가와 석공들은 괴물 가고일들 사이 벽체 곳곳에 『노트르담 드 파리』의 여주인공인 에스메랄다, 종치기 콰지모도, 에스메랄다를 배신한 근위대장 페뷔스, 위선자인 신부 프롤로를 숨은그림처럼 부착해 놓았다. 또한 석공들은 성당 건축 때 인부들을 독하게 관리하던 현장감독을 가고일 형태로 만들어 심어 놓았다. 괴성을 지르는 듯 크게 입을 벌린 모자 쓴 인간 가고일이 바로 인부들을 못 살게 굴던 현장감독이라고 한다.

그런데 이상하다. 왜 신성 구역인 성당 벽면에 흉측한 괴수 형상의 가고일을 부착해 놓았을까? 프랑스에는 이런 전설이 전해진다. 7세기경 센 강 하류에 있는 도시 지역에 가고일이란 괴수가 살고 있었다. 이 괴수는 심통이 나면 센 강의 물을 범람시키거나 입으로 불을 뿜어 이유 없이 사람들을 살해했다. 때마침 신부 생로맹(Saint-Romain, ?~640년경)이 루앙의 주교로 부임하여 이 이야기를 듣고는 그냥 놔둘 수 없다고 판단하여, 못된 짓을 하는 가고일을 일거에 제압해 버렸다. 이후 가고일은 성당의 지킴이로 변모했으며, 고딕 성당의 빗물받이가 되어 오랜 세월 동안 자신이 지은 죄를 빗물에 담아 토해 내고 있다. 물론 이 이야기는 전설일 뿐이다. 실제로는 사원을 찾아오는 사람들에게 '믿음이 없으면 괴물에게 잡아먹힌다'는 상징적 의미로 괴수 형상의 가고일을 성당 벽체 이곳저곳에 붙여 놓은 것이다. 또한 가고일은 악령을 쫓아내는 부적 역할도 한다. 사찰을 수호하는 인왕상이나 사천왕의 얼굴이 험상궂게 생긴 것과 같은 이치다.

결국 공포심을 최대한 유발하여 신앙심을 갖게 하는 것은 동서양 어디서나 통하는 일반적인 포교 수단이다. 책이 귀했고 문자를 아는 사람이 소수였던 중세 시대에 성당 외부와 내부에 새긴 다양한 조각상은 문자 해독이 불가능한 대부분의 신도들에게 하느님과 예수님의 말씀을 전달하는 중요한 역할을 했다. 즉 성당 외부와 내부의 다양한 이야깃거리를 담은 조각상이나 그림 들은 요즘으로 치면 일종의 대형 성서 그림책이었다고 할 수 있다. 그래서 고딕 성당을 '돌의 성서'라고 비유하는 사람도 있다.

그러나 지금까지 노트르담 대성당을 설명한 것은 현재 시점에서는 '말짱 도루묵'이다. 2019년 4월에 대형 화재가 발생하여 지붕과 첨탑이 붕괴되는 등 내부 관람을 할 수 없는 지경에 놓였다. 앞으로 짧게는 3년, 길게는 십수 년 동안 대성당은 복구 작업에 치중해야 한다. 당연히 파리를 가더라도 장엄하고 화려한 노트르담 대성당의 내부는 관람할 수 없다. 아쉽지만 어찌할 것인가? 자나깨나 불조심이다.

요한 23세 광장Square Joannes XXIII과
발전된 건축 기술의 상징 플라잉 버트레스

성당의 동쪽 마당은 요한 23세(1881~1963) 광장이다. 2차 세계대전 말기에 프랑스 주재 교황청 대사로 임명되어 파리에서 살던 그는 종전 이후 프랑스 정부와 교회의 갈등을 적절히 조율하며 교단 안정에 기여했다. 후에 교황까지 지낸 그를 기리기 위해 노트르담 성당 동쪽 자그마한 공원을 '요한 23세 광장'이라 명명했다.

광장 마당에서 바라보는 노트르담 대성당은 서쪽 정면 파사드와는 사뭇 다른 느낌이다. 여러 개의 게 발이 건물 벽체에 다닥다닥 붙은 모습이 또 다른 장관을 선사한다. 첨탑, 아치와 더불어 고딕 양식의 주요 구조물인 '플라잉 버트레스(flying buttress)'다. 일반적인 대형 건축물들은 지붕 무게를 기둥과 벽체가 분담하여 지지한다. 하지만 고딕 양식은 벽체가 간소화되거나 거의 없다시피 해서 지붕 무게를 기둥이 고스란히 감당해야 한다. 구조적으로 지붕의 무게를 견디는 것이 쉽지만은 않다. 실제로 세계에서 가장 높은 천장을 가진 성당 건물을 짓겠다는 야무진 꿈으로 시작한 생피에르 드 보베(Cathédrale Saint-Pierre de Beauvais) 성당은 약 50미터 높이로 지어 1272년에 완공했다. 사람들은 고딕 건축사의 신기원을 이루었다고 의기양양해했다. 하지만 그 자부심은 오래가지 못했다. 개축 12년 만인 1284년에 강풍을 견디지 못한 지붕이 폭삭 주저앉고 만 것이다. 신도들이 심기일전하여 16세기 중반에 다시 재건축을 시도했지만, 이때도 지붕이 내려앉아 보베 성당은 지금 이도 저도 아닌 어정쩡한 양식의 건축물로 남아 있다.

이처럼 기둥만으로 무게감 있는 천장을 지탱하는 고딕 건물을 짓는 일은 설계학적으로 아주 어려운 일에 속했다. 하지만 인간은 생각하는 동물이지 않은가. 고딕 건물 설계자들은 어떻게 하면 지붕의 하중을 적절히 견뎌 내면서도 창이 넓고 수직감 있는 장중한 건물을 지을지 고심했다. 계산에 밝은 한 건축가가 방법을 찾아냈다. 건물 외벽에 아치형으로 버팀목을 만들어 세우는 것이었다. 이 구조체를 건축용어로 '플라잉 버트레스'라 한다. 결과는? 전에 비해 구조적으로 훨씬 안정된 건축물을 지을 수 있었다.

플라잉 버트레스가 처음 설치된 건물은 노트르담 대성당이다. 성당 건물의 동편과 남쪽 전체 외벽에 세워졌다. 처음 만들어진 것치고는 구조가 너무 아름다워 이게 정말 최초의 플라잉 버트레스일까 의구심이 들기도 하고 학자에 따라서는 최초의 것이 아니라고 말하기도 한다. 하지만 노트르담 대성당은 처음 만들어진 이후 지속적으로 보수 작업이 진행되어 왔고, 특히나 프랑스혁명 당시 폐쇄 위기를 간신히 넘기고 19세기 중반에 대복원 작업이 이루어진 건축물이다. 따라서 복원 과정에서 처음 만들어진 플라잉 버트레스보다 더 멋스런 구조물이 들어섰을 가능성이 상존한다. 다만 아무리 그렇다고 해도 노트르담 대성당의 플라잉 버트레스를 이 구조물의 원조로 생각하는 학자들이 더 많으니 믿어는 주자.

남쪽 파사드를 보면서 지붕을 쳐다보면 중앙부에 첨탑이 우뚝 곧추서 있다. 높이 96미터의 주 첨탑으로 여기에는 본래 5개의 종이 매달린 종탑이 있었다고 한다. 이것을 19세기에 복원하면서 고딕 양식의 특징 중 하나인 첨탑으로 개조했다. 첨탑 주위에 '4대 복음서'를 상징하는 조상과 함께 12사도 조각상이 줄줄이 서 있다.

복음서는 예수의 일대기를 쓴 책들로 마태, 마가, 누가, 요한이 썼기에 저자의 이름을 넣어 『마태 복음』, 『마가 복음』, 『누가 복음』, 『요한 복음』이라 부르며, 이들 책을 4대 복음서라고 한다. 그런데 이 책들의 저자를 구약성서의 『에스겔』 1장 10절이나 신약성서의 『요한계시록』 4장 7절에 등장하는 하나님을 보좌하는 생물, 즉 '사람의 얼굴, 사자의 얼굴, 소의 얼굴, 독수리의 얼굴'로 치환하여, 예술 작품에서는 대개 마태를 '인간 혹은 천사', 마가를 '사자', 누가를 '소', 요한을 '독수리'로 묘사한다. 따라서 성서 그림이나 조각상에서 사자를 옆에 끼고 있는 사람이 보이면 '아, 마가를 표현하고 있구나', 독수리와 함께 있으면 '요한상이로구나'라고 이해하면 십중팔구는 맞는 해석이다.

노트르담 대성당의 남쪽 파사드까지 눈길을 주며 걸으면 어느새 성당 정면 파사드가 있는 서쪽 대광장에 도착한다. 성당을 한 바퀴 빙 돈 셈이다.

노트르담 대성당의 수호자

샤를마뉴 기마상 Charlemagne Cheval

센 강이 흐르는 광장 남면에 거대한 기마상이 서 있다. 샤를마뉴 (742~814) 대제다. 8세기 중반에 태어나 프랑스, 독일, 이탈리아의 전신 인 프랑크 왕국의 땅을 크게 넓혀 제국으로 확장시킨 정복 군주이자, 왕국의 전성시대를 연 명군주였다. 또한 800년에 교황 레오 3세(Leo III, 675년경~741)로부터 신성로마제국 황제로 대관을 받으며 재임 기간 동 안 종교적 열정을 바탕으로 예술, 종교, 문화를 크게 발전시켜 카롤링 거 르네상스를 열었던 주인공이기도 하다. 우리나라에서는 일반적으 로 라틴어 발음인 카롤루스 대제라 칭하나 프랑스어 발음으로는 '샤를 마뉴'이며, 독일 발음으로는 '카를'이다. 따라서 프랑스나 독일의 역사 연표에는 '샤를 1세'나 '카를 1세'로 표기되기도 한다.

종교적 신념으로 똘똘 뭉친 왕이라서일까? 십자가가 부착된 왕관을 쓰고 팔을 높이 치켜든 채 노트르담 대성당 앞을 수호하고 있다.

프랑스의 거리 측정 기준점

푸앵 제로 Point Zéro

노트르담 대광장에는 파리와 지방 각 지역과의 거리를 측정하는 기 준이 되는 황동 태양이 바닥에서 빛나고 있다. '푸앵 제로'라고 한다. 이곳을 밟고 한 바퀴 돌면 1년 안에 파리에 다시 온다는 속설이 있어서 수많은 여행자들이 황동판에 발을 대고 사진을 찍곤 한다.

어느 나라든 거리를 재는 기준점은 있다. 스페인은 수도 마드리드의 관광 1번지인 솔 광장 한편에 푸앵 제로와 비슷한 전설을 지닌 기준점이 반원 형태로 만들어져 있으며, 우리나라 서울에는 '도로원표'라 하여 광화문 세종로 파출소 바로 옆에 원형 구조체로 거창하게 서 있다.

오텔디외 종합병원 Hôpital Hôtel-Dieu 과 고고학 박물관 Crypte Archéologique

대광장 북쪽 구역에는 오텔디외 종합병원이 자리하고 있다. 우리로 치면 통일신라 초기에 해당하는 7세기경에 파리의 주교로 있던 생랑드리(Saint-Landry, 650~656)가 가난하고 병든 사람들을 구호하고 치료하기 위해 파리 최초로 설립한 병원이다. 이후 19세기 후반에 지금의 모습으로 건물을 지어 운영하고 있는 유서 깊은 병원이다.

광장 초입부라 할 수 있는 서쪽 편에 있는 지하도로 내려가면 시테 섬의 고대 유적을 발굴해 전시해 놓은 고고학 박물관이 있다. 관람료를 내고 들어가야 하지만 그에 값할 만큼의 전시물이 없어 대부분 그냥 지나친다. 고고학에 특별한 관심이 있으면 들어가 봐도 좋다.

화장실을 가고 싶으면 잔돈을 준비하여 샤를마뉴 기마상 옆에 있는 녹색의 작은 건물 지하로 내려가면 된다. 유료 화장실이다. 유럽에서는 무료 화장실을 찾으려고 주변을 두리번거릴 필요가 없다. 우리나라처

럼 무료 화장실이 촘촘하게 설치된 나라는 유럽 어디에도 없다. 파리
도 마찬가지다. 지하철은 물론이고 거리에서 무료 화장실을 찾는 것은
기적에 가깝다. 무료 화장실을 힘들게 찾느니 잔돈을 항시 준비하고
있다가 유료 화장실에 가는 편이 스트레스가 덜 쌓인다.

거리를 걷다 보면 간혹 무료 간이화장실이 보이기는 한다. 이럴 때
는 신체 신호가 느껴지지 않더라도 일단 이용하자. 단, 초록색 불이 들
어와 있는지 확인하고 들어가야 한다. 파란불이나 빨간불이면 아무리
버튼을 눌러도 문이 열리지 않는다. 파란불은 '청소 중'이라는 뜻이고,
빨간불은 고장이니 '이용 불가'란 뜻이다. 무료 화장실 내부에 화장지
는 없다. 반드시 사전에 준비해야 한다. 사고에 대비하여 들어간 지 15분
이 지나면 자동으로 문이 열린다. 아무리 변비가 심할지라도 15분 이상
은 화장실 안에 앉아 있지 말아야 한다는 뜻이다. 문이 저절로 스르르
열리는 황당한 일을 겪을 수도 있다.

부자들의 동네
생루이 섬 Île Saint-Louis

파리에서 맛있다고 소문난 아이스크림을 먹고 싶으면 요한 23세 광
장 끝 지점에서 센 강 상류 쪽 섬을 연결하는 조그만 퐁 생루이(Pont
Stain-Louis)를 건너자. 시테 섬과 생루이 섬을 연결하는 다리로, 이 섬
의 중간쯤에 베르티용(Berthillon) 아이스크림 가게가 있다. 세계적으로
명성이 자자한 배스킨라빈스가 이 가게 때문에 파리에서는 힘을 쓰지

못한다는 소문이 있을 정도로 파리지앵에게 잘 알려진 아이스크림 가게다. 파리 다른 곳에 몇 개의 지점까지 두고 운영하고 있는데 이곳이 본점이다. 생루이 섬 중간 정도에 점포가 있으니 잘 찾아가야 한다. 여차하면 짝퉁 베르티용을 사 먹을 수 있다.

한편 관광객이 많은 시테 섬과는 달리 생루이 섬은 인적이 적어 산책하기가 좋다. 시간 여유가 있다면 시테 섬으로 바로 가지 말고 생루이 섬에서 시테 섬으로 진입하는 것도 파리의 또 다른 일상을 감상할 수 있는 좋은 방법이다. 영화로도 만들어져 유명한 소설『다빈치 코드(The Da Vinci Code)』에 "생루이 강변의 아파트를 갖는 게 꿈"이라는 문장이 나오며, 우리나라에도 상당한 애독자를 거느리고 있는 파트리크 쥐스킨트(Patrick Suskind, 1949~)의『향수(Das Parfum)』가 이 섬을 배경으로 쓰여진 소설이다.

100여 년 역사의 영어책 전문 서점
셰익스피어 앤드 컴퍼니 Shakespeare & company

이제 시테 섬을 빠져나갈 시간이다. 노트르담 대성당에서 샤를마뉴 기마상이 있는 쪽으로 방향을 잡아 센 강의 남쪽 면에 있는 다리를 건너자. 강 하류로 방향을 잡아 조금 내려가면 길가에 녹색 간판이 선명한 낡은 서점이 보인다. 무려 100여 년의 역사를 자랑하는 셰익스피어 앤드 컴퍼니 서점이다.

우리 땅에 3·1운동이 일어난 1919년, 정확하게 11월 19일에 파리의 센 강변에서는 미국 뉴저지 출신의 여성 실비아 비치(Sylvia Beach, 1887~1962)가 미국 문학 전문 서점을 개점하고, 이름을 셰익스피어 앤 드 컴퍼니라 붙였다.

1918년 1차 세계대전이 끝나면서 어니스트 헤밍웨이(Ernest Hemingway, 1899~1961), 스콧 피츠제럴드(F. Scott Fitzgerald, 1896~1940), 피카소, 이사도라 덩컨(Isadora Duncan, 1879~1927) 등의 예술가들이 창작의 자유를 찾아 파리로 몰려들었다. 파리는 자유를 맛보기 위해 몰려온 작가와 예술가 들의 정신적 은신처가 되어 주었다. 하지만 파리를 동경하며 세계 각처에서 건너온 젊은 작가와 예술가 들에게 파리는 결코 녹녹하지만은 않았다. 나중에 노벨문학상을 타며 세계 문학계를 뒤흔든 헤밍웨이도 이 당시 파리에 머물며 배고픔을 참지 못해 공원 벤치에 날아드는 비둘기를 잡아먹을 정도였으니 더 이상 무슨 설명이 필요하겠는가. 이처럼 옹색했던 시절에 유랑 작가들의 배고픔과 잠자리를 그나마 해결해 주었던 곳이 이 서점이다. 거지나 다름없던 젊은 지성인들의 아지트였으며, 주인장인 비치는 갈 곳 없는 영혼들을 수발하는 마돈나였다.

셰익스피어 앤드 컴퍼니 서점에서 일어난 역사적으로 가장 유명한 사건은 제임스 조이스(James Joyce, 1882~1941)의 『율리시즈(Ulysses)』 출간이다. 영국 출신의 조이스는 『율리시즈』를 영국 잡지 『에고이스트(Egoist)』에 연재하다가 구독자들의 항의가 빗발치는 바람에 미국 잡지 『리틀 리뷰(Little Review)』로 옮겨 연재하고 있었다. 그러나 미국에서도 외설로 몰려 독자들의 항의가 빗발쳤다. 이미 단행본 출판은 물 건너가 버린 것이다. 이때 서점 주인 비치가 구세주가 되어 주었다. 평소에 조이스의 문학적 재능과 역량을 믿고 있었던 비치는 자본이 넉넉하지 않았음에도 『율리시스』의 단행본 출간에 직접 나섰다. 그리고 1922년 '무삭제 완전판'으로 1천 부를 세상에 선보였다.

이 일로 비치와 셰익스피어 앤드 컴퍼니는 세계 문학사에 당당히 한 자리를 차지하며 호사가들의 입에 오르내리게 되었다. 그야말로 신의 한 수였다. 그러나 서점 경영이 순조롭지는 않았다. 비치가 서점을 운영하던 내내 서점은 몇 번이나 폐점 위기에 몰렸고 그때마다 앙드레 지드(Andre Gide, 1869~1951)를 비롯한 여러 문학가들의 적극적인 지지와 후원 속에 서점을 지속할 수 있었다.

서점이 영원히 지속되었냐고? 그건 아니다. 서점은 1941년에 일단 문을 닫았다. 이 역시도 조이스의 책 때문이었다. 2차 세계대전으로 파리가 독일군에게 점령되었을 때, 독일 장교 한 사람이 서점을 찾아왔다. 서가를 둘러보던 그는 조이스의 대작 『피네간의 경야(Finnegans Wake)』를 사고 싶다고 말했다. 비치는 서점이 보유한 유일본이기에 팔 수 없다고 말했다. 독일 장교는 계속 졸랐다. 비치 또한 쇠고집이어서 끝까

지 팔 수 없다고 버텼고, 장교는 화를 삭인 채 돌아섰다. 2주 뒤 장교가 다시 찾아와 『피네간의 경야』를 또 찾았다. 비치는 이 책을 비밀 장소에 숨겨 두고 끝까지 오리발을 내밀었다. 이 사건으로 쉰네 살의 비치는 독일군에 체포되어 6개월 동안 수용소 생활을 해야 했다. 딱히 죄를 지은 것은 아니어서 풀려나긴 했지만 그녀는 서점 문을 다시 열지 않았고 1962년 일흔다섯 살의 나이로 서점 이름과 같은 제목의 회고록을 남기고 세상을 떠났다.

그럼 지금 영업하고 있는 셰익스피어 앤드 컴퍼니는 뭐냐고? 여기에는 비치의 서점 정신을 이어받은 미국 청년 조지 휘트먼(George Whitman, 1913~2011)의 전통 계승 의지가 듬뿍 담겨 있다. 휘트먼은 파리에 유학 중이던 1951년에 '르 미스트랄(Le Mistral)'이라는 서점을 센 강변에 개장하여 여러 문학가들의 사랑방 역할을 하게 했다. 이 서점을 1964년 셰익스피어 탄생 400주년을 맞아 셰익스피어 앤드 컴퍼니로 이름을 변경했다. 비치의 전설이 되살아나는 순간이었다.

지금도 이 서점에는 여기저기에 다양한 경구들이 붙어 있다. "인류를 위해 살아라(Live for Humanity)", "배고픈 작가들을 먹게 하라(Feed the Starving Writers)" 등이다.

서점 운영과 관련되어 흥미로운 이야깃거리가 하나 더 있다. 서점 주인 휘트먼은 파리로 건너오기 전에 달랑 40달러로 아메리카 대륙을 여행했다고 한다. 유카탄 반도를 한참 걷다가 굶주림과 더위에 지쳐 쓰러졌는데, 마침 마야족에게 발견되어 산모의 젖으로 정신을 차릴 수 있었다. 이 체험으로 인하여 그는 파리에 서점을 열면서 갈 곳

없는 작가들과 배고픈 지식인들을 위해 간단한 음식을 제공했고, 서점 안에 간이침대를 놓아 오갈 데 없는 작가들이 임시나마 쉴 수 있도록 했다.

휘트먼은 2011년 아흔여덟 살을 일기로 세상을 떠났다. 지금은 그의 외동딸 실비아 휘트먼이 아버지의 경영 정신을 물려받아 서점을 운영하고 있다. 차이가 있다면 아버지 때는 365일 문을 열었지만, 지금은 성탄절에 하루 쉰다고 한다.

이런 역사적 배경을 알고 서점을 방문하면 고서점 티가 폴폴 풍기는 셰익스피어 앤드 컴퍼니가 다르게 보인다. 그래서 어느 지역을 방문하든 사전 조사가 필요하다.

한 가지 더 부연해서 설명하자면 내게 이 서점이 의미 있는 이유는 연륜 깊은 서점이어서가 아니라 좋아하는 영화 때문이다. 우리나라에도 마니아층이 형성된 영화로 미국의 독립영화 감독 리처드 링클레이터(Richard Linklater, 1960~)의 '비포' 시리즈가 있다. 〈비포 선라이즈(Before Sunrise)〉, 〈비포 선셋(Before Sunset)〉, 〈비포 미드나잇(Before Midnight)〉 3부작으로 이 시리즈의 두 번째 작품인 〈비포 선셋〉의 첫 장면이 셰익스피어 앤드 컴퍼니 서점에서 시작된다. 웅장한 할리우드 액션물에 익숙한 사람이라면 이 영화가 수면제 역할을 톡톡히 하겠지만, 우디 앨런(woody Allen, 1935~) 감독이나 홍상수 감독의 영화를 즐겨 봤다면 이 영화 또한 흥미진진하게 볼 수 있을 것이다. 대사가 많아서 때에 따라 지루하기도 하지만, 청춘 남녀가 우연히 만나 무려 24년 동안 따로 또 같이 늙어가며 서로를 이해해 가는 이야기 전개가 상당히 의

미심장하다.

자, 이 정도 걸었으면 이제 배가 출출할 거다. 다리도 아프고 금강산도 식후경이니 쉬명 놀명 할 곳을 찾아보자. 셰익스피어 앤드 컴퍼니 밑에 있는 골목길로 들어가자. 그리스 음식을 파는 식당이 많아 '리틀 아테네'라 불리는 먹자골목이다. 골목 아래쪽에 소르본 대학의 후신인 파리 제4대학 등 여러 대학이 진을 치고 있어서 대학생들과 젊은 배낭여행객들이 자주 찾는 식당가다. 프랑스 요리는 물론 그리스, 터키, 중국, 일본, 멕시코, 인도 등 세계 각국의 다양한 전통음식을 맛볼 수 있다. 하지만 맛은 기대하지 말자. 세계 어디든 대학가에서 맛을 기대하는 건 과분한 희망사항이다. 질보다는 양, 맛보다는 가격으로 승부하는 곳이 대학가 식당의 주된 특징이다.

그렇다고 해서 우리나라 대학가 식당처럼 많은 양의 음식을 싼값에 제공하지도 않는다. 그저 파리에서는 저렴하게 식사할 수 있는 장소가 리틀 아테네 골목의 식당들이란 얘기일 뿐이다.

중세 유물의 보고
클뤼니 박물관 Musée de Cluny

적당히 휴식을 취했으면 다시 골목길 아래로 빠져나와 생미셸 대로에서 남쪽으로 방향을 잡자. 조금만 걸어가면 클뤼니 박물관이 보인다. 공식 이름은 '국립 중세 박물관 클뤼니 욕장(Musée National de Moyen Âge Thermes de Cluny)'이다. 13세기 초반에 부르고뉴 지방의 유명한 수도원인 클뤼니 수도원의 원장이 신학교와 수도원을 세우기 위해 폐허 상태이던 고대 로마 목욕탕 터를 구매한 데서 유래한 이름이다. 이후 소유자가 계속 바뀌다가 마지막 소유권자인 알렉상드르 뒤 소메라르(Alexandre du Sommerard, 1779~1842)가 죽으면서 본인이 소장하고 있던 중세 시대 예술품과 함께 건물과 땅을 파리 시에 기증하여 박물관으로 탈바꿈하는 단초를 제공했다.

현재 이 박물관에는 시테 섬을 발굴하면서 찾아낸 1세기경의 로마 유물을 비롯해 중세 시대 예술품 다수가 보관 전시되어 있다. 특히 15~16세기경에 제작된 〈여인과 유니콘(Le Dame à la licorne)〉은 중세 유럽의 태피스트리 중 가장 뛰어난 작품으로 평가받는다. 태피스트리는 다양한 색실을 사용하여 손으로 직접 짠, 회화적 분위기를 지닌 직조 공예품으로, 〈여인과 유니콘〉은 왼쪽부터 미각, 청각, 시각, 후각, 촉각을 상징화한 다섯 작품과 이들 작품과 마주 보고 있는 여섯 번째 작품으로 구성되어 있다. 홀로 있는 여섯 번째 작품에는 '나의 유일한 욕망을 위하여(À Mon Seul Désir)'라는 문구가 새겨져 있다. 작품 속 여인은 유니콘의 경배를 받으며 환하게 웃고 있다. 반면 다른 작품 속 여인들은 하나의 감각만 선택하며 다른 욕망들을 포기해야 했기에 표정이 약간 우울하다. 일시적 쾌락이 아닌 자기 의지로 자유롭게 선택했을 때 마음이 흐뭇하고 즐겁다는 것을 표현한 작품이라고 한다.

'유대 왕들의 방'에는 노트르담 대성당의 정면부를 장식하고 있던 유대 왕들의 조상이 전시되어 있다. 프랑스혁명 때 열혈 시민들이 프랑스 왕으로 오해하여 파괴한 것들을 1970년대 시테 섬 지역의 고대 유적을 발굴할 때 수습하여 이곳에 전시하고 있는 것이다. 이외에도 로마 시대 목욕탕 유적지에 세워진 박물관답게 고대 로마의 욕장 유적을 살필 수 있으며, 1세기에 제작되었다고 추정되는 센 강 뱃사공 부조인 〈선원의 기둥〉도 감상할 수 있다.

프랑스 지성의 산실
소르본 대학Université de la Sorbonne

클뤼니 박물관 건너편에는 프랑스 최고의 대학이라 할 수 있는 '파리 제4대학'이 자리 잡고 있다. 고풍스런 건물의 이름치고는 볼품없지만, 프랑스 국립대학들은 다 그렇다. 프랑스는 어느 도시를 가더라도 국립대학의 이름은 도시명과 숫자로 불린다. 다만 파리 제4대학은 예전 이름이 '소르본 대학'이어서 좀 더 특별하게 언급될 뿐이다. 우리나라에 서울대학교가 있다면 프랑스 파리에는 소르본 대학이 있었다. 서울대학교가 태어나기 아주 오래전부터.

지금은 공식 이름이 파리 제4대학인 소르본 대학은 1215년에 설립된 유서 깊은 대학이다. '소르본'이라는 명칭은 루이 9세의 고해 담당 신부이던 로베르 드 소르본(Robert de Sorbon, 1201~1274)에서 유래되었다. 이 신부가 신학을 공부하려는 학생들을 위해 세운 기숙사 겸 연구소인 소르본 학사에서 대학이 출발한 것이다. 그러다 보니 처음에는 신학을 공부하는 학교였지만 점차 유럽 인문학의 중심 역할을 담당하게 되었고 지금은 문학, 사회학, 예술학을 전공하는 학생들의 배움터가 되어 주고 있다.

12세기 초반까지만 하더라도 파리의 인구는 불과 1만여 명에 불과했다. 게다가 파리는 당시 프랑스의 수도도 아니었다. 보잘것없는 변두리 깡촌에 불과했다. 이러한 파리가 프랑스의 정치와 상업의 중심지로 성장한 것은 카페 왕조(987~1328)의 루이 7세(1120~1180)와 필리프 2세 시대(1179~1223)를 거치면서부터다. 루이 7세 시대에 파리가 수도로 정해지면서 행정부서들이 설치되었고, 파리에서 태어나 성장한 필리프 2세 재위 시절에 성벽이 만들어지고 상공인들의 길드가 설치되면서 인구가 3만에서 5만 명 정도로 증가했다. 이 시기부터 파리는 프랑스의 정치와 상업 중심지로 점차 자리 잡아 갔다.

한적한 촌구석이었던 파리가 대도시로 성장할 수 있었던 배경은 크게 세 가지로 나누어 이야기할 수 있다. 첫째는 센 강 상류 지대에 발포성 와인의 주산지인 상파뉴 지방이 있어서 이곳 와인을 강을 통해 파리로 들여 오면서 상업 활동이 활성화되었기 때문이다. 둘째는 왕들의 파리 선호 현상, 셋째는 파리에 탁월한 교사들이 있다는 명성이 퍼지며 지방 학생들은 물론 다른 나라 학생들까지 파리로 몰려왔기 때문이다. 이러한 명성 속에서 파리에 있던 대학들을 가리켜 '파리 대학'이라 통칭했는데, 이들 대학 중 소르본이 가장 인기가 있어서 16세기 정도부터는 파리 대학 하면 '소르본 대학'이 바로 연상되어졌다.

하지만 1789년 프랑스혁명 과정에서 소르본을 비롯한 파리 대학은 모두 폐교되었다. 반혁명적이란 이유 때문이었다. 이후 나폴레옹 시대에 '제국 대학'으로 대학교가 부활되며 소르본도 우여곡절 끝에 제 이름을 되찾았다. 그러나…… 정말정말 안타깝게도 1968년 말에 단행된 프랑스 대학 개혁 프로젝트 때, '소르본'이라는 대학명은 영원히 지구상에서 사라지고 말았다. 이때 프랑스 각 지역의 대학들을 도시별로 제1대학, 제2대학으로 개편하면서 파리의 대학들에도 일련번호가 부여되었다. 그 결과 지금 파리에는 제1대학부터 제13대학까지 있는데 '소르본'의 피가 조금이라도 흐르는 대학은 파리 시내 라탱 지구 안에 옹기종기 모여 있는 대학들이고, 이들 중 소르본의 피를 가장 많이 물려받은 대학이 제4대학이다. 이런 연유로 인하여 지금도 제4대학을 '소르본 대학'이라 부르는 사람들이 간혹 있다.

'라탱 지구'라는 지명도 그 유래를 찾아보면 소르본 대학과 연관이 있다. 라탱의 영어식 발음인 '라틴'은 중세 시대 소르본 대학의 학생들과 교수들이 라틴어로 공부하며 대화한 데서 생겨난 이름이다. 중세 시대에 라틴어는 오늘날의 영어처럼 세계 공용어였고, 대학에서 라틴어 사용은 자연스런 현상이었다.

현재의 제4대학 건물은 성당을 제외한 전 부분이 19세기 말에 다시 지어진 것이다. 이 대학에는 우리나라 대학들처럼 고압적인 정문이나 대운동장이 없다. 'ㅁ' 자 형태로 그저 출입문 위에 '소르본, 파리의 대학'이라는 글자만 깊게 새겨져 있다. 대학 내부로는 들어갈 수 없다. 학교 당국에 의해 출입이 허가된 사람만 들고 날 수 있다.

성당 앞쪽의 광장 입구에 서 있는 동상은 사회학의 창시자로 알려진 오귀스트 콩트(Auguste Comte, 1798~1857)다. 내부 관람을 하지 못한 아쉬움은 이 동상 앞 광장에서 대학 건물을 배경 삼아 찍은 사진으로 대신하자.

한편 클뤼니 박물관 쪽에 있는 북편 출입문의 길 건너에는 수필가이자 사상가인 미셸 몽테뉴(Michel Eyguem de Montaigne, 1533~1592)가 한쪽 다리를 꼬고 앉아 대학에 드나드는 학생들을 지켜보고 있다. 동상을 유심히 살피면, 유독 오른쪽 발등이 매끈매끈 광이 난다. 발을 만지면 시험을 잘 본다는 속설이 있어서 학생들이 시험을 치러 가면서 발등을 한 번씩 매만져서 그렇다고 한다. 시험을 잘 보고 싶은 욕망은 세계 어디서나 공통적인 현상인가 보다. 소르본 학생들이 이 정도이니 더 이상 무슨 얘기가 필요할까.

소르본 대학에서 조금 남쪽으로 내려가면 팡테옹 근처에 법학·정치학·사회과학·역사학·철학을 전공하는 학생들이 다니는 파리 제1대학이 있으며, 법학·경제학·경영학·정치학과만 특화된 파리 제2대학도 있다. 생제르맹 거리를 따라 오데옹 지하철역 근처에 가면 이공과목 위주의 제5대학과 제6대학도 있다. 이 대학들 옆에는 코피 나도록 공부하다가 머리가 지끈거릴 때 휴식을 취할 수 있는 공원도 있다. 프랑스 상원의 안마당 역할을 하는 뤽상부르 공원(Jardin du Luxembourg)이 그곳이다. 라탱 지구에는 국립대학교만이 아니라 사립전문학교인 에콜(école)도 몇 개 있어서 지구 전체가 대학가라고 할 수 있다.

서유럽 나라들이 대체적으로 그렇지만, 프랑스 대학도 학비가 거의 없다. 사립대학은 당연히 고가의 학비를 내고 공부하지만, 국립대학들은 정부가 전액에 가까울 정도의 학비를 보조해 주어 우리나라 학생들에 비하면 천국에서 학교를 다니고 있다. 학생들은 대학에 입학할 때만 200유로 정도의 등록금을 내고 나머지 학비는 졸업 때까지 전액 무상이다. 알로카시옹(allocations)이라는 주택 보조금을 지원받아 적절히 살 집을 구할 수 있고, 만 26세 미만은 버스와 지하철을 비롯한 각종 대중교통 수단을 50퍼센트 할인된 금액으로 이용할 수 있다. 심지어 학생들은 옷 가게, 극장, 미용실 등에서도 할인 혜택을 받을 수 있다.

프랑스 위인들의 무덤
팡테옹panthéon과 생에티엔뒤몽 성당Église Saint-Étienne-du-Mont

팡테옹은 프랑스 위인들의 영혼을 모신 전당이다. 우리나라로 치면 서울에 있는 동작동 국립묘지라고 할 수 있다. 건물의 정면 상단에 "위대한 이들에게 조국이 감사하는 마음으로 바칩니다(Aux Grands Hommes La Patrie Reconnaissante)"라는 문구가 새겨져 있어, 이 건물의 쓰임새를 정확히 설명해 주고 있다.

팡테옹의 설립 배경과 역사를 이해하려면 팡테옹 왼쪽 뒤에 조신하게 서 있는 생에티엔뒤몽 성당을 먼저 알아야 한다. 이 성당은 파리의 수호성인 준비에브(Sainte Geneviève, 422~512)의 영혼을 모시기 위해 만들어졌다. 파리에 구전되어 오는 전설에 따르면 5세기 후반을 살았던 성녀 준비에브는 어려서부터 고독한 수행자의 길을 아주 단출하게 걸었다. 그런데 그녀가 살았던 시대는 우리가 흉노라 부르는 북방 기마 민족 일부가 유럽 세계를 뒤흔들며 게르만 민족의 대이동을 촉발하던 시기였다. 당연히 유럽 전 지역은 혼돈의 도가니 속에 빠져 있었다.

혼란의 와중에 현재 프랑스 땅인 갈리아 지방을 지배하고 있던 프랑크도 절체절명의 위기에서 전쟁, 굶주림, 전염병으로 인한 고통을 겪어야 했다. 이처럼 힘든 시기에 451년 훈족의 수장 아틸라(Attila, 406년경~453)가 대군을 이끌고 파리 인근까지 쳐들어오자, 성녀 준비에브는 파리를 지켜 줄 것을 신께 간절히 기도했다. 효험이 있었던지 훈족은 파리를 공략하지 않고 말 머리를 남쪽으로 향해 진격해 갔다. 풍전등화에 처한 파리는 기적처럼 위기를 넘겼다.

512년 준비에브가 세상을 떠나고, 당시 프랑크 국왕이었던 메로빙거 왕조의 클로비스 1세는 그녀가 묻힌 언덕에 수도원과 부속 성당을 건립하여 시신을 안치했다. 이러한 역사적 배경 속에 만들어진 연륜 깊은 성당이다 보니, 성당은 로마네스크 양식과 고딕 양식이 공존하고 있고, 블레즈 파스칼(Blaise Pascal, 1623~1662), 장바티스트 라신(Jean-Baptiste Racine, 1639~1699), 장 폴 마라(Jean Paul Marat, 1743~1793)의 영

혼이 준비에브와 함께 잠들어 있다.

파스칼은 '파스칼의 정리'로 유명한 수학자이자 철학자 겸 과학자이고, 17세기를 살다간 라신은 프랑스를 대표하는 비극 작가이며, 마라는 프랑스혁명기 급진파인 자코뱅당을 주도했던 대표적 열혈 사상가였다. 아토피성 피부염이 심했던 그는 자기 집 욕실에서 반신욕을 하며 사무를 보다가 온건파를 지지했던 젊은 여인에 의해 살해당했다. 마라와 친했던 화가 자크루이 다비드(Jacgues-Louis David, 1748~1825)가 그린 〈마라의 죽음(La Mort de Marat)〉이 루브르 박물관에 소장되어 있다. 강경파의 산실이었던 자코뱅당 지도부가 장례식에 쓰기 위해 다비드에게 특별 주문하여 탄생시킨 작품이라고 한다. 원본은 벨기에의 브뤼셀 왕립미술관에 소장되어 있고, 루브르 박물관에 소장된 작품은 다비드 아틀리에에서 다시 그린 그림, 즉 복제품이라고 한다.

팡테옹 이야기를 하다가 왜 성당 이야기를 장황하게 풀어 내는지 궁금할 것이다. 이유가 있다. 팡테옹은 태양왕으로 유명한 절대군주 루이 14세의 계승자 루이 15세의 발원에 의해 18세기 후반에 만들어졌다. 이때 우리 땅은 조선 후기로, 사도세자의 아들 정조가 한창 학문 수호에 나서고 있을 때였다.

루이 15세는 천연두에 걸려 죽을 위기에 처하자, 파리의 수호성인 준비에브에게 간절히 기도했다. 병이 완치되면 당신을 위해 큰일을 할 터이니 제발 목숨만은 살려 달라고. 기도 덕이었을까? 루이 15세는 구사일생했다. 그러니 약속을 지켜야 했다. 그는 준비에브를 위해 폐허처럼 버려져 있던 생에티엔뒤몽 수도원을 당대의 유명한 건축가 자크제르맹 수플로(Jacques-Germain Soufflot, 1713~1780)에게 명하여 개축하기 시작했다. 신고전주의 양식으로 웅장하게 지어진 이 성당은 루이 15세가 죽은 지 15여 년이 지난 1790년에 완공되었다. 부패한 성직자들에 대한 반발로 인해 반가톨릭 정서가 팽배하여 파리 최고 성당인 노트르담 대성당도 파괴되었던 프랑스혁명(1789)이 발발한 직후다.

왕실과 귀족층만 옹호하던 가톨릭교와 사제들에게 부정적이었던 혁명정부는 새로 단장된 수도원을 프랑스 위인들의 영혼을 모신 납골당으로 변신시켜 버렸다. 영국의 위인들이 웨스트민스터 사원에 묻힌 것에서 아이디어를 얻은 것이다.

의회는 '생트 준비에브 언덕에 신축된 건물은 우리의 자유를 위해 헌신한 위인을 모시는 공간으로 사용한다'고 선포했다. 이름도 당연히 변경했다. '모든 신을 섬기는 신전'이라는 뜻의 '팡테옹'으로 바꿔 위대한 프랑스인의 칭호를 받을 만한 사람이라면 신분에 관계 없이 이곳에 모시기로 했다.

팡테옹은 이탈리아 로마에 있는 '판테온'의 프랑스어 발음일 뿐이니, 이탈리아 판테온이나 프랑스 팡테옹이나 별반 다르지 않다. 조금 심하게 말하자면 프랑스 팡테옹은 이탈리아 로마 판테온의 짝퉁 버전이라 할 수 있다. 판테온(Pantheon)은 그리스어로 '모든'을 뜻하는

'Pan'과 '신'을 뜻하는 'theon'이 합쳐진 말이라고 한다. 따라서 한자어로 번역하면 '만신전(萬神殿)', 즉 '모든 영혼을 모시는 곳' 정도로 생각할 수 있다.

팡테옹에 가장 먼저 모신 영웅은 프랑스혁명 당시 '민중의 대변자'로 추앙받았던 오노레 미라보(Honoré Mirabeau, 1749~1791)로 1791년에 이곳에 안장되었다. 이후 국가에서 인정하는 프랑스의 위인들은 대부분 이곳에 모셔졌다. 우리가 잘 아는 볼테르(Valtaire, 1694~1778)와 루소 같은 철학자, 프랑스 문학의 위상을 높인 『노트르담 드 파리』의 작가 위고, 『목로주점(L'Assommoir)』의 에밀 졸라(Emile Zola, 1840~1902), 『몬테크리스토 백작(Le Comte de Monte-Cristo)』의 알렉상드르 뒤마(Alexandre Dumas, 1802~1870) 같은 문학가, 과학자 퀴리 부부(Pierre Curie 1859~1906, Marie Curie 1867~1934) 등이 이곳에 잠들어 있다.

팡테옹 내부는 프랑스혁명을 주제로 한 조각과 벽화로 꾸며져 있으며, 네 개의 통로가 만나는 중앙 교차 지점에는 푸코의 진자 모형을 설치해 놓았다. "납골당에 웬 푸코의 진자?"라고 의아해하진 말자.

물리학자 장 베르나르 레옹 푸코(Jean Bernard Léon Foucault, 1819~1868)는 19세기 중반에 파리 천문대 교수를 지냈다. 1851년에 그는 지구의 자전을 증명하기 위한 장치를 고안했다. 1월 초에 자택 지하실에서 2미터의 와이어에 쇠붙이를 매달아 1차 실험을 했다. 이 실험으로 지구의 자전을 확신하게 된 그는 2월 3일, 파리 천문대에서 동료들을 앞에 두고 두 번째 실험을 감행했다. 역시 성공이었다. 푸코는 지구 자전설에 대해 확실히 입증했다고 판단하여 팡테옹의 중앙 돔에서 대규모

진자 실험을 계획했다. 그는 돔 중앙에 38센티미터의 지름을 가진 무게 28킬로그램의 금속구 진자를 67미터의 기다란 강철 줄에 매달았다. 진자를 흔들자 16초 주기로 흔들리면서 천천히 회전해 갔다. 진자는 일정한 방향을 유지하며 계속 왕복운동을 했으나, 지구가 회전함으로써 사람 눈에는 진자가 회전하는 것처럼 보였다. 푸코가 입증 가능하다고 확신했던 지구의 자전이 전문가들 앞에서 공개적으로 증명되는 순간이었다. 그는 이 업적으로 당시 최고 영예였던 코플리 상을 받았고, 이 원리를 이용하여 자이로스코프(Gyroscope)까지 발명했다. 실제 푸코가 실험했던 진자는 지금 파리국립기술공예박물관에 보존되어 있다. 움베르토 에코(Umberto Eco, 1932~2016)의 소설 『푸코의 진자(foucault's Pendaulum)』는 진자에 숨겨진, 중세에서 현대까지 이어지는 비밀 결사의 수수께끼를 둘러싸고 흥미진진한 사건이 펼쳐지는데 소설 속 사건 현장이 바로 파리국립기술공예박물관이다.

팡테옹의 원형 돔은 직접 오를 수도 있다. 하지만 가이드 동반 아래 입장이 가능하고, 날씨에 따라 통제하는 날이 많으니 구태여 오르려고 애쓰지는 말자. 여기 아니어도 파리를 조망할 옥상은 많고도 많다.

파리지앵의 휴식처
뤽상부르 공원 Jardin du Luxembourg

이제 첫날 기행의 마지막 장소로 이동하자. 뤽상부르 공원이다. 자르댕(Jardin)은 영어로 가든(Garden)이기에 정확히 표현하면 뤽상부르 정원이라 해야 맞다. 하지만 정원보다는 공원 같은 느낌이 강하게 들고, 많은 사람들이 '뤽상부르 공원'이라 부르니 우리도 편하게 뤽상부르 공원이라 말하자.

뤽상부르 공원은 파리에서 가장 오래된 정원으로, 줄지어 심어 놓은 플라타너스 길이 마음을 푸근하게 만드는 아름다운 곳이다. 여름에는 중앙 분수에서 시원한 물줄기가 뿜어져 나와 햇살에 반짝이며, 연못 주위에는 긴 의자에 누워 일광욕하는 파리지앵들을 자주 볼 수 있다.

본래 이 정원의 부지는 피네 공작(Duc de Piney), 또는 뤽상부르라 불린 사람의 땅이었다. 이 땅을 앙리 4세의 미망인 마리 드 메디치 왕비가 사들여 1617년에 왕궁과 함께 강한 원근감을 지닌 프랑스식 정원으로 조성했다. 공원 이름인 '뤽상부르'의 유래를 알 수 있는 정원의 역사다.

중앙 분수 앞에 있는 우아한 건물은 본래 뤽상부르 궁전으로, 현재는 프랑스 상원의회로 용도가 변경되어 사용되고 있다. 1879년부터 상원의사당으로 쓰임새가 바뀌었다고 한다.

왕실 정원이 대중에게 공개되며 일반 시민들도 이용하는 대공원으로 변모된 시기는 나폴레옹이 어린이들에게 뤽상부르를 바친다고 선언한 이후부터다. 회전목마장, 인형극 상영 극장, 조랑말 체험장 등이 만들어져 어린이들의 놀이공원이 되면서 파리지앵의 대표적 쉼터로 변신한 것이다.

공원 안을 산책하다 보면 다양한 동상들을 볼 수 있다. 구석구석에 80여 개의 동상이 서 있다. 파리 시내 전체에 동상(석상 포함)이 600개 정도라고 하니, 뤽상부르 공원에 유독 많은 수의 동상들이 서 있음을 알 수 있다. 공원 남쪽에 있는 긴 직사각형의 정원은 '위대한 탐험가의 정원(Jardin des Grands Explorateurs)'이다. 13세기에 중국을 다녀와 『동방견문록(Divisament dou Monde)』을 써서 유럽 세계에 오리엔탈리즘을 전수한 마르코 폴로(Marco Polo, 1254~1324)와 17세기 프랑스 탐험가 르네로베르 카블리에 드 라 살(Rene-Robert Cavelier de la Salle, 1643~1687)을 기념해 지은 이름이라고 한다. 분수대 중앙에 지구를 받치고 있는 여인들의 초상은 19세기 낭만주의 조각가 장바티스트 카르포(Jean-Baptiste Carpeaux, 1827~1875)의 작품이다.

'위대한 탐험가의 정원'에서 숲길을 따라 계속 산책하다 보면, 하늘을 관측했던 천문대가 보인다. 루이 14세 시절인 1671년에 만든 천문대로 영국의 유명한 천문대인 그리니치보다 4년 앞서 만들어졌다고 한다. 해왕성의 존재를 이론적으로 발견했고, 1676년에 빛의 속도를 처음으로 측정했으며, 푸코의 진자 실험이 행해지기도 했던 곳이다. 현재 천체 관측은 다른 곳에서 하고 있으며, 연구실로만 사용한다고 한다.

생제르맹 거리의 오래된 카페들
레 되 마고^{Les Deux Magots}**와** 카페 드 플로르^{café de Flore}

뤽상부르 공원을 끝으로 하루 일정을 마치자. 천천히 주변 상가를 구경하며 센 강 쪽으로 방향을 잡아 내려가면 생제르맹 거리가 나온다. 이 거리에는 전 세계적으로 유명한 카페가 몇 개 있다. 그중 레 되 마고는 실존주의 철학가인 장 폴 사르트르(Jean Paul Sartre, 1905~1980)와 그의 영원한 연인 시몬 드 보부아르(Simone de Beauvoir, 1908~1986)가 커피 한 잔을 앞에 놓고 진한 담배 연기를 흩날리며 대화를 나눴던 장소로 이름값을 톡톡히 하고 있다. 이른바 사르트르와 보부아르는 레 되 마고의 죽돌이와 죽순이였던 것이다. 원래 중국산 비단 가게가 있던 장소에 들어선 카페라서 중국 도자기 인형을 뜻하는 '마고'라는 이름을 갖게 되었다고 한다. 지금도 실내 기둥에 두 개의 중국 인형이 부착되어 있어 가게 이름의 유래를 알리고 있다.

레 되 마고 바로 옆 블록에 있는 카페 드 플로르도 유명한 곳이다. 『마지막 수업(La dernière classe)』의 작가 알퐁스 도데(Alphonse Daudet, 1840~1897), 『좁은 문(La Porte Etroite)』의 앙드레 지드, 『이방인((L'Étranger)』의 알베르 카뮈(Albert Camus, 1913~1960), 천재 화가 피카소, 손석희 아나운서와 개고기 논쟁으로 한때 우리나라를 떠들썩하게 했던 여배우 브리짓 바르도(Brigitter Bardot, 1934~), 1970년대 한국 여성들의 마음까지 싱숭생숭하게 만들었던 알랭 드롱(Alain Dlon, 1935~), 프랑스 섹시함의 상징적인 배우 카트린느 드뇌브(Catherine Deneuve, 1943~)

등 들으면 단번에 알 만한 프랑스의 문학가와 예술가 들이 이 카페를 즐겨 드나들었다고 한다.

이렇게 말하면 이들이 꼭 이 카페만 찾은 것 같지만 그건 아니다. 레 되 마고가 적극적으로 마케팅하는 사르트르도 카페 드 플로르를 자주 찾았다. 그는 "자유의 모든 길은 플로르를 거쳐 간다"라는 말까지 남겼다. 피카소도 레 되 마고를 자주 드나들었으니, 생제르맹 거리의 오래된 카페들은 다 나름대로의 사연을 담고 있다. 다만 카페 드 플로르의 경우에는 조니 뎁(Johnny Depp, 1963~)이나 알 파치노(Al Pacino, 1940~) 같은 할리우드 스타들도 파리에 오면 즐겨 찾는다고 하니, 한 번 들어가서 유명인처럼 다리를 꼬고 앉아 사색에 잠겨 볼 만하다. 단, 두 곳 모두 가격이 만만하지 않으니 진한 에스프레소 커피 한 잔이면 '딱'이다.

아메리카노는 메뉴판에 없으니 참조하자. 아메리카노는 미국 본토에서나 힘을 발휘한다. 파리에서는 눈을 씻고 찾아보아도 메뉴판에서 찾기 힘들다. 정 아메리카노가 먹고 싶으면 스타벅스를 찾든지, 도저히 못 찾겠으면 프렌치 카페에서 '카페 알롱제(Cafe Allonge)'를 주문하자. 진한 에스프레소에 뜨거운 물을 섞어서 주는 커피니 짝퉁 아메리카노라 할 수 있다. 카페는 '커피를 파는 집'도 되고, '커피' 그 자체를 의미하기도 한다. 그러니 프랑스에서는 카페에서 카페를 마신다.

한편, 이곳 카페들은 독자적으로 문학상을 제정하여 운영하고 있다. 1933년이었다. 레 되 마고 테라스에 앉아 한담을 즐기던 작가 열세 명이 100프랑씩 추렴해서 '되 마고 문학상'을 만들었다. 다음 날 신문에서 이 기사를 읽은 카페 주인도 참여했다. 이렇게 해서 만들어진 문학상이 지금은 7,500유로의 상금을 지급하는 굴지의 문학상으로 성장했다. 현재는 레 되 마고뿐만 아니라 인근에 있는 브라스리 리프(Brasserie Lipp) 카페를 비롯한 몇몇 카페에서 자기들 필요에 따라 상을 제정하여 운영하고 있다.

시간이 남으면 레 되 마고 길 건너에 있는 생제르맹데프레(Saint-Germain-des-Prés)에 눈길을 주자. 스페인 사라고사의 수호성인 순교자 생뱅상(Saint-Vincent)의 유품을 보관하기 위해 6세기 중엽에 수도원 부속 성당으로 세워진 예배당이다. 프랑크 왕국을 통일한 클로비스 1세의 아들 실드베르 1세(Childeber I, 497년경~558)가 스페인에서 예수가 매달렸던 십자가 조각이 담긴 상자와 생뱅상의 유품을 가져와 이 성당을 세워 보관했다고 한다. 하지만 576년, 자선 사업에 힘써 '가난한 자의 아버지'로 불린 파리 주교 생제르맹이 이곳에 매장되면서 성당 이름을 생제르맹데프레로 바꿨다. 프랑스혁명 당시에는 감옥과 화약 창고로 사용되기도 했는데, 화재로 인해 성당은 불타 없어졌다. 지금의

성당은 19세기 때 복원한 것이다. 기본 구조는 로마네스크 양식이지만 중건 과정에서 고딕 양식도 가미하여 건물 외관에서 고딕풍도 조금은 엿보인다.

출입구 안 오른쪽에 서 있는 '위로의 성모 마리아'상은 14세기 중반에 제작된 성상으로 뛰어난 작품으로 평가받고 있다. 또한 이곳에는 수학자이자 합리주의 철학의 선구자인 르네 데카르트(René Descartes, 1596~1650)의 시신이 안치되어 있다. 데카르트는 스웨덴에서 사망했는데, 프랑스에서 시신을 요구해 파리로 이송되었다고 한다. 믿거나 말거나 한 전설 같은 이야기지만 장례를 치르려고 관을 열자 머리가 없는 상태였다고 한다. 스웨덴 사람들이 머리는 스톡홀름에 안치하고 몸만 보낸 것이다. 그만큼 양국 사람들이 데카르트를 높이 평가했다는 증거라고 볼 수 있다. 본래는 팡테옹에 안치했다가 도중에 이곳 성당으로 이장했다고 한다. 성당의 중앙 제단을 지나 오른쪽에 있는 생브누아(Saint-Benoît) 예배당에 그의 이름이 새겨진 기념비가 서 있다. 세 개의 기념비 중 가운데 비석 제일 위에 데카르트의 이름이 보인다. 높게 치솟은 종루는 파리에서 가장 오래된 종루다.

성당에서 강변 쪽으로 조금 내려가면 프랑스 낭만주의를 대표하는 화가 외젠 들라크루아(Eugène Delacroix, 1798~1863)의 미술관이 있다. 화가가 거주하며 작품 활동을 하던 집을 전시장으로 꾸며 놓았다.

◀ 최고법원단지의 시계탑 │ 14세기에 만들어진 것을 19세기에 복원해 세워 놓은 것으로 화려한 금빛 장식이 인상적이다.

◀ 파리 다리의 사랑의 증표들 │ 연인들이 사랑의 서약식을 한 뒤 걸어 놓은 자물쇠로 난간이 보이지 않을 정도다.

▲ 센 강 | 역사 문화 유적지들을 거느리고 파리 시내를 유유히 흐르고 있다.

▲ 퐁 뇌프 | 〈퐁 뇌프의 연인들〉이라는 영화로 유명해진 센 강의 대표 다리이다.

▲ 앙리 4세 기마상 | 마치 다리를 수호하고 있는 것처럼 퐁 뇌프 중간에 우뚝 서 있다.

▲ 콩시에르주리 | 마리 앙투아네트가 단두대에서 죽음을 맞기 전 3개월 정도 머물렀던 곳이다.

▲ 경비병의 방 | 질서정연하게 올린 아치들의 향연이 아름답다.

▲ 생트샤펠 | 성당 1층의 사방 벽면을 화려하게 장식하고 있는 스테인드글라스.

▲ 노트르담 대성당 | 동쪽에서 바라본 모습으로, 고딕 양식의 장엄한 외형이 돋보인다.

◀ 생드니 조각상 | 잘린 목을 들고 있는 사람은 파리 최초의 주교 생드니다. 갈리아 지방에 포교를 갔으나 원주민들에게 목이 잘려 순교했다고 한다.

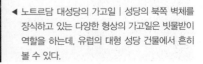

◀ 노트르담 대성당의 가고일 | 성당의 북쪽 벽체를
장식하고 있는 다양한 형상의 가고일은 빗물받이
역할을 하는데, 유럽의 대형 성당 건물에서 흔히
볼 수 있다.

▲ 국사원 | 우리나라로 치면 대법원에 해당하는 파리의 최고행정법원. 출입문 위에 프랑스혁명 이념인 자유, 평등, 우애가 새겨져 있다.

◀ 푸앵 제로 | 파리와 지방 각 지역과의 거리를 측정하는 기준점이다.

▲ 샤를마뉴의 기마상 | 프랑크 왕국의 전성시대를 연 명군주 샤를마뉴는 카롤링거 르네상스를 연 주인공이다.

▲ 클뤼니 박물관 | 시테 섬을 발굴하면서 찾아 낸 1세기경의 로마 유물들과 중세 시대 예술품 다수가 보관, 전시되어 있다.

◀◀ 소르본 대학 | 지금은 '파리 제4대학'으로 불리는 소르본 대학의 성당 전면부.

◀ 몽테뉴 동상 | 클뤼니 박물관 쪽 출입문의 길 건너에 놓여 있다. 발을 만지면 시험을 잘 본다는 속설 때문에 오른쪽 발등만 유난히 광이 난다.

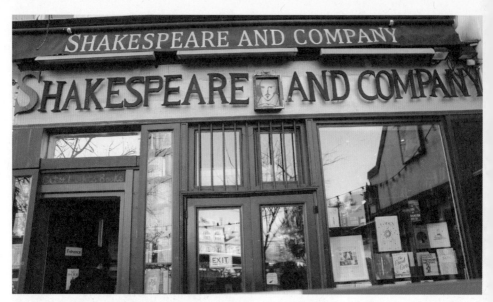

▲ 셰익스피어 앤드 컴퍼니 | 1919년 문을 열어 예술가들의 정신적 은신처가 되어 주었던 서점. 지금까지 그 명맥을 유지하고 있다.

▲ 팡테옹 | 볼테르, 루소, 빅토르 위고, 에밀 졸라, 퀴리 부부 등 프랑스 위인들의 영혼을 모신 전당.

▲ 뤽상부르 공원 | 파리에서 가장 오래된 정원으로 파리지앵들에게 편안하고 여유 있는 휴식을 제공한다. 본래 왕궁이었던 뒤편 건물은 현재 프랑스 상원의회로 사용되고 있다.

◀ 생에티엔뒤몽 성당 | 천연두에 걸려 죽을 위기에 처한 루이 15세가 파리의 수호성인 준비에브에게 기도를 올려 병이 완치되자 그에 대한 보답으로 당시 수도원을 개축해 만든 성당이다.

Part 2

루브르 박물관에서
샹젤리제 거리까지

2day

에투알 개선문   샹젤리제 거리   클레망소 광장   콩코르드 광장   튀일리 정원   루브르 박물관   오랑주리 미술관   카루젤 개선문

프랑스의 상징, 프랑스의 얼굴

루브르 박물관 Musée du Louvre

루브르 박물관은 '프랑스의 얼굴'이라고 할 수 있다. 박물관의 규모나 역사, 소장품의 종류 등 모든 면에서 세계에서 세 손가락 안에 들어가는 박물관이다. 흔히들 세계 3대 박물관 하면 영국 런던의 대영박물관, 이탈리아 로마의 바티칸 박물관, 그리고 루브르를 꼽는다.

루브르는 프랑스 국내 유물은 물론이려니와 세계 각 지역에서 약탈하거나 수거해 온 유물들을 무려 40만여 점이나 소장하고 있는 초대형 박물관이다.

박물관이 되기 전의 루브르는 궁전이었다. 12세기 무렵 필리프 2세가 센 강의 하류인 노르망디 쪽에서 쳐들어오는 외적들의 침입을 저지하기 위해 만든 요새를 14세기 중반에 샤를 5세가 궁궐로 단장했다. 이런 왕성을 박물관으로 변신시킨 인물은 16세기 전반에 프랑스 왕을 지낸 프랑수아 1세(1494~1547)였다. 그는 1515년 밀라노 원정을 떠났는데 전투에서 승리하기도 했지만 그보다 그가 크게 감명받은 것은 르네상스 양식의 건축물과 그림 들이었다. 귀국한 뒤 그는 루브르 궁전 안에 르네상스관을 증축하여 본인이 소장하고 있던 그림들을 전시했다. 루브르 박물관의 시발점이었다. 레오나르도 다 빈치(Leonardo da Vinci, 1452~1519)의 〈모나리자(Mona Lisa)〉도 프랑수아 1세가 화가에게 직접 사들인 뒤 이곳에 전시했다.

이러한 건물이 대형 박물관으로 완전 탈바꿈한 것은 천상천하 지존

무상을 꿈꾸던 태양왕 루이 14세 시절이었다. 1682년 루이 14세는 파리 근교 지역인 베르사유에 호화찬란한 대궁전을 지어 프랑스 왕궁을 완전히 옮겼다. 이후 루브르는 왕궁으로서의 기능을 완전히 상실하며 왕실의 수집품 전시장과 예술가들의 아틀리에로 정착되었다.

이런 루브르는 언제부터 모든 프랑스 사람에게 문호를 활짝 개방하며 대형 박물관으로 확장되었을까? 프랑스혁명 시절부터다. 어찌 보면 현재 루브르 박물관은 프랑스혁명이 낳은 옥동자다.

세계 역사에서 프랑스혁명과 같은 민란은 시시때때로 일어난다. 그런데 유독 프랑스혁명만 세계 역사에 초대형 사건으로 기록되고 있는 이유는 무엇일까? 그것은 혁명 주체 세력이 천년만년 영원할 것 같았던 절대왕정 체제를 무너뜨리고, 자유·평등·우애로 상징되는 혁명 이념을 세계 각국에 널리 전파시켰기 때문이다.

혁명 이전의 루브르는 왕실 전용 미술관이었으니, 일반인이 입장하기란 하늘의 별 따기나 마찬가지였다. 하지만 혁명 이후는 달랐다. 이제 모든 의사 결정은 혁명 지도부가 시민들의 의견을 물어 실행했다. 시민들은 처음에는 먹고 입는 것을 충족하는 데 급급했지만, 인간은 의식주만 해결된다고 만족하는 동물이 아니다. 오죽하면 "만족한 돼지보다 불만족한 인간이 낫다"라는 말까지 있겠는가. 파리 시민들은 점차 문화적 욕구를 충족하기 위한 주장들을 드러내기 시작했다. 귀족들만 드나들며 감상했던 미술관이나 박물관을 개방해 달라는 요구가 이곳저곳에서 터져 나왔다.

혁명 지도부는 루브르는 박물관으로서 국가적인 걸작을 전시해야 한다고 선포했고, 1793년 8월 10일 정식으로 문을 열어 일반에 소장품들을 공개했다. 개방 초기에는 소장 유물이 많지 않았다. 지금처럼 무려 40만여 점에 달하는 소장품을 갖추게 된 데에는 나폴레옹 1세의 공이 컸다. 유럽 땅은 물론 멀리 이집트에까지 발을 뻗어 대제국을 형성한 나폴레옹 시대에 이탈리아와 그리스, 이집트 등지에서 수많은 보물이 프랑스 땅으로 건너와 루브르 전시품의 현재가 완성된 것이다. 이런 이유 때문에 나폴레옹 시기에는 루브르 박물관을 '나폴레옹 박물관'이라 부르기도 했다.

현재 루브르 박물관의 연중 관람객이 약 800만 명이다. 많아도 무척 많다. 그런데 문제는 소장품 중 절반 정도가 딴 나라 문화유산이라는 점이다. 이런 점을 파고들면 루브르 박물관을 좋은 시선으로만 봐 줄 수는 없다. 제국주의의 유산이라고 폄하하며 관람을 거부해야 할까, 세계 유물들이 이곳에 있으니 꼭 들러 보라고 권해야 할까? 루브르 박물관을 방문할 때마다 덧없이 드는 고민거리다. 하지만 기왕지사 파리를 방문했다면 철학적 고민과 생각은 잠시 접어 두고 루브르 박물관에 들어가자. 그리고 최소한 반나절은 박물관 안에서 보내자. 주마간산으로 대충 눈길만 주고 지나다녀도 3시간은 훌쩍 지나간다.

박물관은 나폴레옹 광장 한복판의 유리 피라미드를 중심으로 하여 'ㄷ'자 형태로 되어 있다. 광장 정면에서 박물관을 보고 섰을 때 유리 피라미드에 가려진 정면이 쉴리(Sully)관이며, 좌측이 리슐리외(Richelieu)관, 우측이 드농(Denon)관이다.

중국계 미국인 건축가 이오 밍 페이(Ieoh Ming Pei, 1917~)가 프랑스혁명 200주년 기념 공모작에 당선되어 축조한 유리 피라미드는 1989년 완공 초기에는 주변 환경과 맞지 않는다는 힐난을 많이 들었다. 하지만 루브르의 외부 환경을 완전히 새롭게 바꿔 놓은 혁신적인 시도로 지금은 루브르를 상징하는 건조물로 인정받고 있다.

예술을 이해하고 감상하는 감식안이 상당하다고 자부하는 프랑스 지식인과 예술가 들도 때에 따라, 특히 대형 공공 건축물이 만들어질 때면 한 치 앞을 내다보지 못하고 반대를 위한 반대를 하는 경우가 허다했다. 세계 각국 사람들을 파리로 끌어들이며 파리 전체의 랜드마크 역할을 하고 있는 에펠탑도 축조될 당시에는 극렬한 반대 때문에 활용한 뒤 해체하기로 약속하고 세워졌다. 퐁피두센터도, 신개선문도 만들어질 당시에는 뒷말이 많았다. 그런 면에서 보면 서울에 있는 동대문디자인플라자 건물이 지금은 주위 환경과 어울리지 않아 생경하다는 비판들이 많지만, 좀 더 지나면 서울의 명물로 재탄생하리라는 데 한 표를 던진다.

소설 『다빈치 코드(Da Vinci Code)』에도 등장하는 유리 피라미드는 현재 루브르 박물관의 주 출입구다. 이곳을 통해 내부로 들어가면 지하 2층에 각종 편의시설을 갖춘 나폴레옹 홀이 나온다. 안내 데스크, 매표소, 물품보관소, 기념품과 서점 등 모든 편의시설이 이곳에 몰려 있다. 물품보관소는 무료 운영이니, 큰 짐은 이곳에 맡기고 전시장으로 홀가분하게 들어가자. 한 번 들어가면 최소 3시간은 돌아다녀야 하니까.

출입구는 이곳 외에도 세 곳이 더 있다. 1호선과 7호선 지하철역인 '팔레 루아얄 뮈제 뒤 루브르(Palais Royal Musée du Louvre)' 역에서 나폴레옹 홀과 곧장 연결된 카루젤 뒤 루브르(Carrousel du Louvre) 출입구가 있으며, 센 강 방면의 카루젤 개선문 남쪽의 포르트 데 리옹(Porte des Lions) 출입구가 있다. 또 하나의 출입구인 파사주 리슐리외(Passage Richelieu) 출입구는 리볼리 거리에서 유리 피라미드로 가는 파사주* 중간에 있다. 파리 뮤지엄 패스나 입장권을 소지한 사람만 이용하는 입구여서 줄서서 기다리는 시간이 가장 적게 든다.

파리 뮤지엄 패스는 파리 시를 포함한 일 드 프랑스 지역 60여 곳의 박물관과 관광 명소를 유효 기간 내에 무제한 입장할 수 있는 자유 관람권이다. 2일권, 4일권, 6일권이 있다. 박물관이나 미술관, 베르사유 궁전을 포함한 각 유적지들의 입장이 대부분 가능하여 가격 대비 만족도가 높다. 개별 티켓을 끊는 것보다 입장료를 절약할 수도 있고, 패스 소지자만 통과하는 입구가 별도로 있는 경우가 많아 시간도 절약된다. 국내에서도 구매할 수 있고 파리에 도착하여 첫 관람지에서 구입할 수도 있다. 다만 국내 사전 구매가 파리 현지 구매보다 약간 싸다. 구매한 날짜와는 상관없이 패스 뒷면에 본인이 직접 적은 날짜부터 사용할 수 있으니 사전에 국내에서 구매해도 좋다. 단, 뒷면에 사용 시작한 날을 일, 월, 년 순으로 정확히 적어야 한다. 대충 적었다가 깐깐한 관리인이라도 만나면 입장을 거절당할 수 있다. 또한 박물관이나 미술관 들은 대부분 월요일이나 화요일에 휴관이니 이때 파리 여행을 계획하고 있

---

* 건물과 건물 사이의 좁은 길 위에 비와 햇볕을 막기 위해 지붕을 설치한 구조물

다면 불편하더라도 유적지 개별 티켓을 끊어 여행하는 것이 좋다. 매월 첫째 주 일요일은 대부분의 박물관과 미술관을 무료 입장할 수 있으니 구태여 패스를 사용할 필요가 없다. 파리 박물관 패스를 사용한다면 이런 점들을 두루두루 점검하여 유용하게 활용하자.

루브르 박물관 내부는 크게 세 관으로 나뉘어져 있다. 드농관, 쉴리관, 리슐리외관이다. 루브르에 외국 걸작들이 많은 이유를 나폴레옹 덕분이라고 하는데, 사실 엄밀하게 따지고 보면 나폴레옹 혼자 이룬 공적은 아니다. 전쟁하기도 바빴을 나폴레옹이 언제 그 많은 예술품을 감정해서 파리로 가져왔겠는가. 나폴레옹 군대를 따라다니며 열심히 예술품만 긁어 모은 사람은 따로 있었다. 비방 드농(Vivant Denon, 1747~1825)이다. 이 사람이 나폴레옹 옆에 붙어 다니며 정복지 예술품들을 일일이 감식하여 탐나는 것들을 루브르로 보냈다. 빼앗긴 입장에서는 이런 원수가 따로 없겠지만, 프랑스 입장에서는 문화 예술 발전에 지대한 공을 세운 위대한 애국자다. 이를 높이 사서 루브르 박물관 오른쪽 날개 건물을 드농관이라 이름 지은 것이다.

전시관은 어느 관을 먼저 관람하든 상관없다. 단, 여러 번 증축된 공간을 연결하여 박물관으로 사용하다 보니 안내 리플릿을 들고 관람하더라도 도중에 몇 번은 미아가 될 각오를 해야 한다. 보고 싶은 작품이 있는데 전시 장소를 도저히 찾을 수 없다면 곳곳에 서 있는 안내원에게 손짓 발짓을 해서라도 물어보자. 박물관 자체가 거대한 미로 같아서 가르쳐 줘도 찾기가 쉽지는 않지만, 그래도 리플릿만으로 찾는 것보다는 낫다.

안내 데스크에 주요 작품과 관람 동선이 한글로 표시된 리플릿이 있으니 사전에 챙겨야 한다. 유물에 대한 자세한 설명이 필요하다면 구내서점에 들러 한글판 루브르 박물관 가이드북을 한 권 사는 것도 좋다. 현대 한글 어법에 맞지 않게 투박하게 번역되어 있어서 옛날 책을 읽는 느낌이 나지만 그래도 없는 것보다는 낫다. 2005년 판본이지만 아직까지 한글 번역본은 이 판본이 유일하다. 또는 우리말로 된 오디오 가이드도 있으니 적절히 활용하자.

워낙 방대한 박물관이라 슬렁슬렁 돌아도 반나절이 금방 지나간다. 당연히 배가 고프다. 갈증도 난다. 어떻게 해야 할까? 가격대가 비싸서 그렇지, 전시관 안에 패스트푸드점, 아이스크림 가게 등 먹고 마시며 쉴 만한 장소가 곳곳에 설치되어 있다. 하지만 실내가 답답해서 밖으로 나와 잠시 맑은 공기를 마시며 휴식을 취하고 싶다면 외부로 나와도 된다. 당일권에 한하여 무제한 출입이 가능하다. 단, 확인 가능한 본인 티켓을 반드시 소지하고 있어야 재입장할 수 있다. 물론 밖으로 나갔다가 재입장할 때도 줄을 서야 하니 시간 지체는 각오해야 한다.

이제 본격적으로 역사 유물과 미술품을 감상해 보자. 전시된 모든 작품을 다 볼 수는 없다. 전시장 작품들을 1분에 하나씩 하루 여덟 시간 동안 봐도 넉 달이 걸린다는 곳이 루브르다. 이런 곳을 어찌 반나절 안에 전부 감상할 수 있겠는가. 욕심내지 말고 눈에 들어오는 작품 앞에서는 좀 오래, 그렇지 않은 작품은 눈길만 주며 지나가자.

다음은 장콩의 눈으로 선택한 20개 작품이다. 이른바 역사쟁이 장콩이 선택한 '루브르 박물관 20선'. 이 작품을 왜 선택했냐고 묻지는 말자. 그저 마음에 선뜻 다가왔기에 선정했을 뿐이다. 동선에 관계없이 빠른 시대부터 번호를 부여했다. 'No. 1'이 최고작은 아니란 말씀!

No. 1 〈여인의 머리〉, BC 2700~BC 2400년경

지금으로부터 약 4,500년 전에 만들어진 작품이다. 그리스 에게 해 남쪽에 있는 키클라데스 제도에서 탄생한 청동기 초기 문명인 키클라데스 문명(Kykladhes Civilization)권 사람이 조각했다.

이 조각상을 처음 보는 순간, 머리가 땅했다. 아니, 웬 현대 조각이 이곳에? 그런데 설명을 살펴보니 푸른 바다로 유명한 에게 해 한가운데 섬에서 살았던 청동기 초기 시대 조각가(?)가 만든 작품이 아닌가.

잡티가 거의 없는 대리석을 긴 타원형으로 다듬어 코만 오똑하게 새겨 놓았다. 2차 세계대전 이후에 출현하여 한 시대를 풍미한 미니멀니즘(Minimalism)이 따로 없다. 여인의 머리는 '고대판 미니멀니즘'의 결정판이 분명하다. 단언해도 될 것 같다. 단순하면서도 다양한 이야기가 가능한 조각 작품이다.

작품 앞에 서서 잠시 생각했다. 몸체 전체가 남아 있어도 충격적일 정도로 말쑥하다는 느낌이 들었을까? 그렇지는 않았을 것 같다. 이런 생각은 〈사모트라케의 니케

⟨La Victoire de Samothrace⟩⟩나 ⟨밀로의 비너스(Vénus de Milo)⟩ 앞에서도 들었던 의문이다.

청동기 시대부터 무리를 이끄는 지배자가 등장했다. 그리고 그 지배자는 하늘의 뜻을 부족원 전체에 전달하는 신의 대리자였다. 우리 식대로 표현하면 '무당'이라고 해도 될 것이다. 이 얼굴상도 당시 지배자인 신의 대리자였을 가능성이 크다. 지금은 연노랑 빛 파스텔 톤의 하얀 얼굴이지만, 원래는 붉은색과 푸른색 무늬의 얼굴 장식이 있었다고 한다. 의도적으로 화장을 시켰다는 얘기다.

No. 2 ⟨함무라비 법전(Code of Hammurabi)⟩, BC 1700년경

루브르에 가면 꼭 보고 싶었던 유물 중의 하나였다. 중고등학교 시절, 사회나 세계사 시간에 얼마나 여러 번 반복적으로 되뇌었던 법전인가. 주관식 문제로 꼭 출제되었던 함무라비 법전을 상징하는 문구 "눈에는 눈, 이에는 이"가 고등학교를 졸업한 지 40여 년이 흐른 지금도 머릿속을 맴돈다.

고대 법의 주요 특징인 '상응 보복법'이 새겨진 세계 최초의 성문법전이다. 대면한 소감은 별로였다. 오랜 기다림 끝에 봐서 그런지 큰 감흥은 없었다. 아마 쓰여진 문장을 해석할 수 없어서 더 그랬을 것이다. 그럼에도 루브르 박물관에 가면 함무라비 법전은 보고 와야 한다. 이것은 기원전 18세기 전반에 바빌로니아의 함무라비(Hammurabi, BC 1810년경~BC 1750) 왕이 검은색 현무암에 백성들이 반드시 지켜야 할 조항을 새겨서 신의 권위를 빌려 나라 곳곳에 세워 놓은 것이다. 그중

루브르에 전시된 비석 하나밖에 남아 있지 않다. 즉 지금으로써는 유일한 함무라비 법전인 것이다.

바빌로니아 왕국*은 아랍의 티그리스 강과 유프라테스 강 사이 메소포타미아 남동쪽에 세워졌던 고대 국가로, 함무라비 왕은 바빌론 제1왕조 6대 왕(재위 BC 1792~BC 1750)이었다. 루브르가 소장하고 있는 함무라비 법전은 프랑스 탐험대가 1901년 말에 이라크 고대 도시 수사에서 발견하여 원형 그대로 프랑스로 옮겨와 전시해 놓은 것이다.

법전은 크게 두 부분으로 대별된다. 위쪽에 부조로 새겨진 그림은 함무라비 왕이 신을 대면하는 장면이다. 의자에 앉아 있는 태양신이자 정의의 신 '샤마시(Shamash)'가 함무라비 왕에게 권위를 부여하고 있다. 어떻게 태양신인지 아느냐고? 어깨 위에 분수처럼 뿜어져 나오는 물체가 '불'인데, 이것이 태양신 샤마시의 상징이다.

그림 밑에는 쐐기문자로 백성들이 지켜야 할 법 조항이 구구절절 새겨져 있다. 쐐기문자는 고대 메소포타미아에서 사용했던 문자로, 진흙

※ 고대 메소포타미아 남부 수메르 · 아카드 지방의 통일 왕조를 말한다. 지금의 이라크 땅이다.

판(금속판이나 돌판일 때도 있다)을 공책 삼아 갈대 등으로 만든 필기구의 뾰족한 끝으로 새겼다.

쐐기는 단단한 물체를 쪼갤 때, 쪼개야 할 대상물에 홈을 파고 그곳에 박아 넣는 삼각형의 나무나 쇠붙이를 말한다. 점토판에 새겨진 메소포타미아 문자가 쐐기처럼 생겨서 '쐐기문자'라 이름 붙였다. 한자어권에서는 '설형문자'라고도 한다. '설(楔)' 자가 '쐐기 설'이니, 쐐기문자나 설형문자나 똑같은 말이다.

No. 3 〈사모트라케의 니케〉, BC 331~BC 323년경

루브르 박물관을 관람하기 전까지는 조각 작품 중에서 〈밀로의 비너스〉를 가장 보고 싶었다. 하지만 드농관 1층 계단을 올라서며 한순간에 생각이 바뀌었다. 층계와 층계 사이 넓은 공간에 긴 날개를 유려하게 펼치고 서 있는 조각상을 보는 순간 마음을 빼앗기고 말았다. 〈사모트라케의 니케〉였다. 사랑은 움직인다는 말이 실감나는 순간이었다. 이 조상에 눈길을 주고 난 다음에 본 〈밀로의 비너스〉는 보너스에 불과했다. 〈사모트라케의 니케〉는 한마디로 감칠맛 나는 조각상이었다.

그리스 영토 에게 해의 북동부에 있는 섬 사모트라케에서 발굴되었기에 흔히 〈사모트라케의 니케〉라고 하는 이 상은 〈밀로의 비너스〉와 더불어 헬레니즘 시대의 대표작이다.

터키에 외교관으로 나가 있던 아마추어 고고학자 샤를 샹푸아조(Charles Champoiseau, 1830~1909)가 1863년 100여 조각의 파편으로 발견한 것을 루브르 박물관에 가져와 복원하여 지금처럼 세워 놓았다.

16년 뒤에 받침대 역할을 했던 석조 뱃머리 부분이 발견되었고, 1950년에는 오른손까지 발굴되었다. 손은 현재 루브르 박물관 전시실에 별도로 전시되어 있다.

니케가 발굴된 사모트라케 섬은 펜가리 산이 중앙에 우뚝 솟아 있어 옛날부터 지중해 해상 교통의 길잡이로 중시되었다. 호메로스 (Homeros, BC 800년경~BC 750)는 『일리아스(Ilias)』에 "포세이돈이 이 산에서 트로이의 싸움터를 바라보았다"고 써 놓았다.

고고학자들 중 일부는 이 조각상을 로도스 섬 사람들이 시리아의 안티오코스 3세(Antiochos III, BC 242~BC 187)와 벌인 해전(BC 191~BC 190)의 승리를 감사하는 마음에서 사모트라케의 카베이로 신전에 봉헌한 것이라고 추정한다. 실제로 니케상 받침돌 역할을 하고 있는 돌로 만든 배의 재질은 로도스 것이며, 니케가 발굴된 주변에서 로도스 섬 도기들이 출토되고 있다. 하지만 로도스는 사모트라케 섬의 거의 정반대편인 그리스 영토의 남동부 최끝단에 있는 섬이다. 따라서 '과연 그랬을까?'라는 의문 부호가 붙을 수밖에 없다.

자, 그럼 지금부터는 니케를 본격적으로 해부해 보자. 니케가 누구일까? 그리스 신화에 등장하는 '승리의 여신'이다. 로마 신화에서는 '빅토리아(Victoria)'로 이름을 바꿨다. 그리스 신화의 제우스(zeus)도 로마에서는 '주피터(Jupiter)'라 했으며, 여신 헤라(Hera)도 로마에서는 '주노(Juno)'라 했으니 로마 사람들이 이름을 바꿨다 해서 의아해할 일은 아니다.

니케나 빅토리아나 둘 다 승리를 전담하는 여신이었다. 그러고 보니 학교 다닐 때 체육대회를 하면 응원단장의 선창 아래 목이 터져라 '빅토리'를 외쳤던 이유가 이해된다. 또 하나! 니케를 영어로는 '나이키(Nike)'라 발음한다. 미국의 유명한 스포츠 용품 회사 이름이 '나이키'인 이유, 적의 전투기를 잡는 미국 육군의 미사일 이름이 '나이키'였던 이유도 이제 이해가 된다.

니케의 아버지는 티탄 신족의 신 팔라스(Pallas), 어머니는 저승에 흐르는 강을 관장하는 여신 스틱스(Styx)였다. 신들의 제왕인 제우스가 티탄 신족과 주도권 싸움을 벌일 때, 스틱스는 제우스 편에 섰다. 이때 니케 남매도 어머니를 따라 모두 제우스 진영에서 싸웠다. 특히 니케는 제우스의 전차를 몰며 전쟁을 승리로 이끄는 데 크게 기여했다. 니케가 승리의 여신이 된 이유다.

헬레니즘 양식으로 만들어진 〈사모트라케의 니케〉는 비록 몸체와 날개만 남아 관람객을 맞이하고 있지만, 원래 모습은 대단히 우아했을 성싶다. 또한 날개를 뒤로 활짝 젖힌 채 거센 바닷바람을 온몸으로 받고 있지만, 단단하게 여민 몸매와 강한 바람으로 나풀거리는 옷자락 사이로 언뜻언뜻 보이는 탄탄한 하체가 승리의 여신 조각상으로 제격임을 스스로 증명하고 있다. 보고 또 봐도 참으로 잘 조각된 여신상이다.

여기서 퀴즈 하나! 〈사모트라케의 니케〉는 대부분 왼쪽 날개가 돋보이도록 사진을 찍는다. 왜 그럴까? 오른쪽 날개는 발굴 당시부터 없었다. 현재 부착된 오른쪽 날개는 루브르 박물관 복원 팀이 재현해 놓은 것이다. 당연히 사진발이 덜 받는다. 전문 사진가들이 왼쪽 날개 위주로 사진을 찍는 이유다.

헬레니즘 양식은 기원전 4세기 후반, 알렉산더 대왕(Alexandros the Great, BC 356~ BC 323)의 동방 원정으로 동서 융합 정책이 추진되며 등장했다. 세계 시민주의와 개인주의적 경향을 특징으로 하는데 미술 분야에서는 우아한 자태를 지닌 동적인 조각상이 주로 만들어졌다. 〈사모트라케의 니케〉와 〈밀로의 비너스〉가 이 시대 조형미술을 대표한다.

이쯤해서 삼천포로 빠져 보자. 니케상의 받침대는 로도스 섬의 대리석으로 만든 것이다. 이 섬은 에게 해 남동부 지역, 그러니까 그리스 본토에서 보자면 동쪽 끝 지점에 있는 섬이다. 성경에도 등장하는 연륜 깊은 땅으로 신약성서 『사도행전』 21장 1절에 "우리는 그들과 작별하고 나서 배를 타고 곧장 고스로 갔다가, 이튿날 로도스를 거쳐서 바다로 갔다"는 내용이 쓰여 있다. 그런데 이 섬이 유명한 이유가 또 하나 있다. 고대의 세계 7대 불가사의 중 하나가 이 섬에 있었다. BC 227년에 발생한 대지진으로 인해 사라졌지만, 기원전 3천 년경에 로도스 사람들은 항구 초입에 36미터의 거인 청동상을 세웠다. 그리스 신화 속에 등장하는 태양신 헬리오스(Helios)상으로, 마케도니아와의 전쟁(BC 304~BC 292)에서 승리한 것을 기념하기 위해 조성했다고 한다. 뜬금없이 왜 이 이야기를 꺼내냐면, 그리스가 2015년 크리스마스에 3천억 원을 들여 이 상을 복원하려 한다는 단신 기사를 신문에서 봤기 때문이다. 소식을 접하면서 문득 '굳이 그럴 필요가 있을까? 그리스는 부도 위기에 처해 먹고살기도 힘들 텐데'라는 생각이 들었더랬다.

참고로 고대의 세계 7대 불가사의는 로도스의 거상, 에페소스의 아르테미스 신전, 올림피아의 제우스상, 할리카르나소스의 마우솔로스 왕의 무덤, 메소포타미아 바빌론의 공중정원, 이집트 쿠푸 왕의 피라미드, 이집트 파로스 섬의 알렉산드리아의 등대다. 알렉산더 대왕의 동방 원정 이후, 그리스 사람들이 가고 싶은 여행지로 선정한 것이니 딱히 의미를 둘 필요는 없다.

No. 4 〈밀로의 비너스〉, BC 130~BC 100년경

루브르 박물관의 그리스 미술품을 대표하는 작품이다. 프랑스 사람들은 〈미의 노트르담〉이라 부르면서 이 비너스상을 우대하고 있다. 그러나 내 눈에는 〈사모트라케의 니케〉보다 보는 맛이 떨어졌다. 아마 니케상을 먼저 보며 극한 감흥을 느껴서 그랬으리라. 이 상을 먼저 봤더라면 감흥의 차이가 역전됐을 수도 있다. 오감은 언제 어디서 어떻게 작동하느냐에 따라 달라진다. 오전이냐 오후냐, 배부를 때냐 배고플 때냐, 해가 쨍쨍할 때냐 구름이 깔려 있을 때냐, 혹은 비가 올 때냐 아니냐에 따라 커피 맛과 향도 달라진다. 커피 한 잔도 그럴진대 하물며 미술이나 음악은 더하지 않겠는가. 그저 느껴지는 대로 감상하면 되지만 그래도 공부를 열심히 해서 작품에 담긴 이면사를 다양하게 알면 무심히 보는 것보다는 작품 감상이 더 감칠맛 난다. 예술품만 그렇지는 않다. 역사 유물도 공부하고 나서 보면 밋밋하게 그냥 볼 때와는 다른 감정으로 보인다. 그래서 나온 유명한 답사 명제가 "사랑하면 알게 되고 알면 보이나니, 그때 보이는 것은 전과 같지 않으리라"이다. 사랑하면 알게 된다. 알면 이전에 본 것과는 또 다른 세상을 볼 수 있다. 밑줄 쫙 긋고 믿어라. 믿는 도끼에 발등 절대 안 찍힌다.

그리스 신화에 등장하는 사랑과 미의 여신 아프로디테(Aphrodite)를 조각한 대리석상을 왜 〈밀로의 비너스〉라고 할까? 아프로디테가 로마 신화에서는 '베누스(Venus)'로 바뀌었고, 영어 발음으로는 '비너스'다. 밀로는 그리스 섬 멜로스(Melos)의 프랑스어 발음이다. 이 정도 말하면 아프로디테상을 왜 '밀로의 비너스'라고 하는지 '척하면 딱'이다.

이 비너스상은 1820년 4월 8일, 당시 오스만튀르크 제국의 영토였던 밀로 섬의 농부 요르고스 켄트로타스(Yorgos Kentrotas)에 의해 발견되었다. 며칠 뒤 프랑스 해군 장교 쥘 뒤몽 뒤르빌(Jules Dumont d'Urville, 1790~1842)이 귀한 유물임을 직감하고 터키 주재 프랑스 대사로 있던 마르키 드 리비에르(Marquis de Riviére)를 설득해 조각상을 구입하게 했다. 이후 조각상은 1821년 루이 18세에게 헌납되었으며, 그 뒤 루브르 박물관에 소장되어 오늘에 이르고 있다. 밀로 섬이 어디 있냐고? 현재는 그리스 영토로 그리스 반도 바로 아래에 있는 키클라데스 제도 안에 있다.

발견 당시 여신상은 그리스의 조각 거장 프락시텔레스(Praxiteles, ?~?)가 BC 4세기 무렵에 만든 작품이라며 떠들썩했다. 하지만 지금은 BC 2세기 후반 헬레니즘 시대 작품으로 보고 있다.

키가 202센티미터로 매우 크다. 어떻게 이렇게 큰 미인상을 만들어 세웠을까? 허리를 경계로 상하로 나누어 제작한 뒤 결합시켰다. 지금은 팔이 없지만, 미술사가들은 오른손은 왼쪽 다리께로, 왼손은 앞으로 내밀어 손에 사과를 들고 있었을 것으로 추정한다. 하지만 이 말이 '맞다'고는 생각하지 말자. 그저 추측일 뿐이다.

또한 미술사가들은 이 비너스상을 그리스 미의 최고봉으로 생각한다. 왜냐하면 첫째, 이목구비가 뚜렷하고 수려하다. 커다란 눈, 오똑한 콧날, 도톰하면서도 갸름한 얼굴, 단정한 머릿결이 현대판 그리스 미인이라 해도 딱히 뭐랄 사람이 없을 것 같다. 둘째, '콘트라포스토(Contraposto)'가 제대로 구현되어 2미터 넘는 대형 조각상임에도 균형 잡힌 미의식을 뽐내고 있다. 콘트라포스토? 인체를 조각할 때 뒷발에 무게중심을 둔 채 앞발은 무릎을 약간 구부리게 만들어 전체적으로 완만한 S자가 되게 하는 조형 기법이다. 셋째, 여체를 가장 아름답게 나타낸다는 황금 비율인 8등신 미녀상이다. 팔등신은 키가 머리 길이의 8배를 이루는 몸의 비율을 말한다. 넷째, 상체가 지고한 이상미를 지녔다면, 허리와 하체는 현실적인 그리스 여인네의 튼실한 모습을 고스란히 담고 있다. 비너스의 허리는 현대판 아름다운 여인의 상징인 개미허리와는 달리 상대적으로 굵고 두툼하다. 천으로 가려졌지만 엉덩이도 크고 풍만하다는 것을 감지할 수 있다. 마른 체형의 현대적 미인상이기보다는 다산이 중시된 그리스 시대의 육감적인 미인상이란 이야기다. 360도로 빙 돌아가며 볼 수 있는 장소에 설치되어 있어서 앞뒤, 좌우를 찬찬히 살필 수 있어 여러모로 즐겁다.

No. 5 이집트 전시실의 관들, BC 2000~BC 900년경

옛날 사람들은 사후 세계가 있다고 굳게 믿었다. 그래서 본인이 살아생전에 누렸던 부귀영화를 죽은 이후에도 계속 누리기 위해 무덤 안을 매우 화려하게 사실적으로 꾸몄다. 살아생전의 삶이 사후에도 지속되기를 바라는 마음에서였다. 이 사상, 즉 살아서의 인생이 죽어서까지 이어지를 바라는 사상을 '계세사상(繼世思想)'이라 한다. 부여나 가야왕들의 무덤에서 생매장된 부하나 시녀 들이 발견되고, 고구려 무덤에 생활상을 담은 벽화가 있는 것, 신라 무덤에서 다양한 부장품이 출토되는 것 모두가 계세사상 때문에 생긴 무덤 조영 방법이다.

고대 이집트도 그랬다. 아니, 세계 어느 지역보다 사후 세계를 믿고 신봉하는 현상이 강했다. 가족이 죽으면 집안의 전 재산을 들여서라도 영혼이 깃든 미라를 만들어야 했으며, 관 또한 러시아 인형 마트료시카처럼 다중으로 제작해서 최고급 인형의 집처럼 꾸몄다.

루브르 박물관에는 다양한 이집트 유물들이 많이 전시되어 있다. 나폴레옹에 의해 이집트 원정이 단행되었고, 제국주의 시절에 프랑스가 영국과 함께 아프리카와 아랍 지역에서 영토 확장을 전개했기에 그때 수집해 온 유산들이 현재까지 박물관을 화려하게 채우고 있다. 그래서 "이집트 최고 유물들을 보려면 이집트 본토보다는 프랑스나 영국을 가라"는 웃픈 말이 나온 것이다. 어이가 없긴 해도 유물의 질만 놓고 따진다면 과히 틀린 말도 아니다.

루브르 박물관의 이집트 전시관에는 관뿐만이 아니라 이집트 고대인의 사후 세계관을 알려 주는 〈사자의 서(Book of the Dead)〉 등 수많은 유물을 볼 수 있는데, 색다르기도 하고 꼼꼼히 살피면 재미도 있으니 다른 전시실보다 조금 더 시간을 할애하면 좋다. 참고로 이집트 고대인의 미라와 관 만들기에 대해 알아보자.

이집트에서 미라는 중왕국 시대(BC 2040년경~BC 1758년경)부터 제작되기 시작해서 신왕국 시대(BC 1570년경~BC 1070년)경에는 그 기술이 절정에 이르렀다. 미라는 고도의 기술을 가진 장인을 고용해서 제작했기에 빈부에 따라 제작 방법이 달랐다. 왕의 경우에는 최고 기술을 가진 장인들이 고용되어 신체의 모든 장기를 전부 들어내고 피부가 바싹 마른 상태를 유지하도록 제작했으며, 일반인의 경우에는 일부 주요 장기만 제거하고 미라를 만들었다.

가족이 죽으면 유족들은 제작 경비를 먼저 흥정하여 가격을 결정한 뒤 장인에게 시신을 맡겼다. 최상의 미라를 만드는 데 소요되는 시간은 70일 정도였다. 부패를 방지하기 위한 피부 건조와 방부 처리를 하다 보면 이 정도의 시간도 실상 빠듯했다. 시신을 인수한 장인들은 제일 먼저 갈고리를 코로 집

어넣어 뇌를 제거했다. 이후 옆구리를 절개해서 심장을 제외한 장기들을 끄집어 내어 4개의 단지에 나눠 담았다. 시대에 따라, 혹은 신분에 따라 내장 보관 방법이 조금씩 달랐지만 일반적으로는 4개 단지에 넣어 방부 처리 후에 보관했다. 단지 이름은 태양신 호루스의 네 아들 이름에서 따왔다. 간은 사람 머리 모양의 뚜껑이 있는 '이메스티(Imesty)' 단지에, 허파는 개코원숭이 모양의 뚜껑이 있는 '하피(Hapy)' 단지에, 위장은 자칼 모양의 '두아무테프(Duamutef)' 단지에, 창자는 매 모양의 뚜껑이 있는 '케브흐세누프(Qebhsenuf)' 단지에 방부제와 함께 넣어 보관했다.

방부 처리가 된 시신은 향유와 송진을 바르고 부적이나 장신구를 넣은 뒤 붕대로 똘똘 감았다. 장인들의 해부 기술은 미국 드라마 〈CSI 과학수사대〉에 등장하는 해부 전문가들보다 더하면 더했지 못하지는 않았다. 이렇게 해서 70여 일 만에 완성된 미라는 유족에게 인계되어 이미 만들어 놓은, 장엄하게 장식된 관에 모셔 묘지로 향했다.

관은 중왕국 초기까지는 긴 사각 나무 관을 주로 사용했다. 하지만 점차 관이 화려해지며 중왕국 후기부터는 인체, 혹은 미라 모양의 관이 대세를 이루었다. 부자일수록 관도 화려하고 부장품도 다양했지만, 아무리 가난할지언정 풍뎅이 모양의 공예품은 부적과 함께 꼭 넣었다. 고대 이집트에서 풍뎅이는 떠오르는 태양 '케프리(Khepri)'를 상징했다. 밤이면 사라졌다가 아침이면 다시 부활하는 태양처럼 사후에 다시 새로운 생명을 얻어 잘살기를 바라는 간절한 마음이 담긴 부장품이었다. 목각 인형도 다수 넣었다. '샤브티(Shabti)' 또는 '우샤브티(Ushabti)'

라 부르는데, '대답하는 자'라는 뜻의 인형으로 사후 세계에서 무덤 주인공을 위해 시중을 드는 종들이다. 고왕국 시절에는 부하나 시종 들을 산 채로 묻는 순장제가 시행되었지만, 세월이 흐르며 점차 목각 인형으로 대체되었다.

신왕국 시대부터는 무덤 주인공의 장례 절차와 생전의 일들을 자세히 적은 편지 〈사자의 서〉를 파피루스 두루마리에 그리고 적어 함께 매장했다. 고왕국 시절에는 왕들의 피라미드 벽면에 적혀 있던 축원문이 중왕국 시대에는 관에 새겨졌고, 신왕국 시대에 와서는 파피루스 위에 쓰여진 것이다.

〈사자의 서〉의 그림과 글씨를 해석해 보면 재판정 모습임을 알 수 있다. 죽음과 부활의 신 '오시리스(Osiris)'가 배심원으로 참여한 신들과 함께, 죽은 자를 어떻게 처리할지 재판하고 있다. 한편에는 지혜의 신 '토트(Thoth)'가 서기관으로 참여하여 판결문을 작성하고 있다. 재판정 중앙에는 천칭 저울이 놓여 있다. 저울의 한쪽에는 정의의 여신 '마아트(Maat)'의 깃털이 놓여 있고, 그 반대쪽에는 죽은 이의 심장이 놓여 있다. 만약 저울이 심장 쪽으로 기울면 이 사람은 살아생전에 죄를 감당할 수 없을 정도로 많이 지은 나쁜 놈이다. 이런 자는 재판관 오시리스가 가만두지 않는다. 머리는 악어, 상체는 사자, 하체는 하마인 괴물 '암무트(Ammut)'에게 제물로 주어 존재 자체를 사라지게 한다. 반면에 깃털보다 가벼운 심장을 가진 자는 생전에 죄를 짓지 않았으므로 부활하여 사후 세계에서도 영원한 삶을 누리도록 한다. 이집트 고대인들의 사후 세계관이다.

〈사자의 서〉에 쓰인 글씨들은 재판을 하는 과정에서 심판을 받는 죽은 자가 신들의 이름을 줄줄이 대며 그들의 이름으로 자기변호를 하는 내용이다. 재판관이 "너 세상살이 할 때 도둑질했지?"라고 물으면 "저는 결코 도둑질을 하지 않았습니다"라고 답한다. "너 거짓말은 많이 했지?", "아니요. 거짓말한 적 정말 없습니다" 등등 42개 조항의 죄악들에 대한 자기 고백서이자 적극적인 변론서가 〈사자의 서〉다. 이걸 토대로 오시리스와 배심원인 신들은 죽은 자의 생전 죄과를 판단했다. 여러 조항 중 '아버지께 대들지 않고, 어머니를 무시하지 않았습니다. 사람을 죽이지 않았습니다. 다른 사람의 아내와 사랑을 나누지 않았습니다. 나는 도둑질을 하지 않았습니다. 나는 탐욕을 부리지 않았습니다' 등은 모세의 십계명과 내용이 비슷하다. 모세는 이스라엘 사람들을 이끌고 이집트에서 탈출했다. 모세 십계명의 연원이 어디에 있는지 짐작하게 하는 대목이다.

No. 6 〈여인의 초상(Portrait de momie)〉, 120~130년경,
로마 시대 이집트

로마 시대 이집트의 장례용 초상화다. 이집트는 기원전 30년에 로마의 식민지가 되어, 이슬람 세력의 손으로 넘어가는 641년까지 로마의 영토였다. 이 시기 이집트에서 그려진 그림이다.

서양 삼나무 재질의 관 뚜껑에 밀랍 화법을 사용하여 채색했다. 이 기법은 그리스·로마 시대 때 벽화를 그리거나 판자에 그림을 그릴 때 주로 사용했다. 색료(색을 내는 재료)를 밀랍(꿀벌이 분비하는 물질로 벌집의 주

요 성분)에 녹이고, 이때 서로 잘 섞이도록 기름이나 송진을 첨가하여 따뜻할 때 브러시 또는 주걱을 사용하여 그림을 그렸다.

〈여인의 초상〉은 밀랍 화법을 사용하여 채색한 그림에 금박으로 강조점을 주어 단아한 귀부인상을 잘 포착해 냈다. 머리를 단정하게 빗은 젊은 여인의 갸름한 얼굴에서 눈을 뗄 수 없게 만든다. 참 잘 그린 그림이다.

No. 7 도메니코 디 토마소 비고르디,

〈노인과 손자의 초상(Portait d'un Vieillard et d'un Jeune Garçon)〉, 1490년경

15세기 후반을 살았던 도메니코 디 토마소 비고르디(Domenico di Tommaso Bigordi, 1449~1494)는 본명보다 '도메니코 기를란다요(Domenico Ghirlandaio)'로 더 많이 알려진 이탈리아 화가다. 기를란다요가 이탈리아 반도에서 그림을 한창 그리고 있을 때, 한반도에서는 조선 세조가 '감 놔라 대추 놔라' 하며 집권하고 있었다.

그림은 나무판에 그린 템페라화다. 템페라화는 달걀과 아교, 색료를 혼합하여 만든 물감으로 그린 그림을 말한다. 유화 물감이 등장하기 전인 16세기 이전의 그림들은 대체로 템페라로 그린 그림들이다. 여기서 미술 상식 하나. 물감을 만드는 데 쓰는 색료는 사실 거의 같다. 다만 색료에 휘발유를 섞어 그리면 페인트화, 아라비아 고무액을 섞으면

수채화, 계란 특히 노른자를 혼합하여 그리면 템페라화, 밀랍을 쓰면 파스텔화, 같은 밀랍이라도 이를 불에 데워 녹여서 색료에 섞어 쓰면 밀랍화가 된다. 현대 서양화가들이 주로 사용하는 유화 물감은 색료에 아마유를 혼합한 물감이다.

〈노인과 손자의 초상〉이 할아버지와 손자를 그린 그림인지는 정확하지 않다. 다만 포도송이처럼 혹이 난 코를 가진 할아버지가 자애로운 눈길로 소년을 지긋이 쳐다보고 있어서 그렇게 생각할 뿐이다. 노인의 온화하고 선한 눈매가 눈에 넣어도 아깝지 않을 손자를 바라보고 있는 것 같기는 하다. 그런데 아무래도 코에 눈이 간다. 주인공이 혹시 피부암에 걸린 것은 아닐까 걱정된다.

기를란다요는 15세기 후반에 이탈리아 피렌체에서 큰 화실을 운영했으며, 이탈리아가 자랑하는 미켈란젤로(Michelangelo di Lodovico Buonarroti Simoni, 1475~1564)도 이 화가 밑에서 한동안 그림 수업을 받았다. 즉 그는 미켈란젤로의 스승이었다.

No. 8 레오나르도 다 빈치, 〈모나리자〉, 1503~1506년

루브르 박물관 하면 많은 사람들이 〈모나리자〉를 떠올릴 것이다. 관

람객에게 루브르에서 가장 감상하고 싶은 작품이 무엇인지 물어도 대다수가 이 작품을 손꼽을 것이다. 하지만 막상 전시관 안에서 감상하고 나오는 관람객에게 〈모나리자〉가 어땠냐고 물어보면, 아마 많은 이들이 "소문난 잔치 먹을 것 없다더니 딱 그 짝이던데요"라고 대답할 것이다.

처음 루브르에 갔을 때 나 또한 그랬다. 박물관에 입장하자마자 드농관의 계단참에서 〈사모트라케의 니케〉를 감상하고는 동선에 관계없이 〈모나리자〉를 찾아 곧장 직진했다. '아, 드디어 〈모나리자〉 원본을 보는구나.' 그 생각밖에는 없었다. 하지만 전시관에 들어서서 첫 대면한 〈모나리자〉는 실망 그 자체였다. '뭐야, 그림이 왜 저리 작아?', '어휴, 사람들은 또 왜 저렇게 많아?' 두 가지 외에 다른 생각은 전혀 들지 않았다. 지금까지 〈모나리자〉 앞에 세 번을 섰지만 단 한 번도 작품 앞에서 전율을 느껴본 적이 없다. 솔직한 고백이다.

작품 크기는 가로 53센티미터, 세로 77센티미터. 초기 르네상스 화가들이 선호했던 백색 포플러 나무판에 그려졌다. 전시실 안에 들어서는 순간 '애걔걔' 소리가 절로 나올 정도로 작게 느껴진다. 아마 넓은 벽면을 독차지하고 있기 때문일 것이다.

레오나르도는 이 작품을 이탈리아 피렌체에서 1503년, 혹은 1504년부터 그리기 시작했다. 작품의 주인공을 확실히 누구라고 말하기는 힘들지만, 대체로 피렌체의 비단 상인 프란체스코 델 조콘도(Francesco del Giocondo, 1465~1538)의 젊은 부인 '리자 델 조콘도(Lisa del Giocondo, 1479~1551년경)'로 파악된다. 남편과는 나이 차이가 열아홉 살이나 났고,

남편에게 열여섯 살의 리자는 세 번째 부인이었기에 리자를 '젊은 부인'이라 해도 틀린 말은 아니다. '모나'는 우리말로 '귀부인', 프랑스어로는 '마담'이다. 따라서 모나리자는 '마담 리자' 정도로 표현할 수 있다.

작품이 완성된 시기는 1506년이다. 레오나르도는 이 한 작품을 그리는 데 최소 3년 남짓 품을 들였다. 물론 다방면에 관심이 많은 그였기에 이 그림 하나에만 온 정성을 다하며 3년을 소모하지는 않았을 것이다. 다른 일을 하면서 틈틈이 손을 대서 3년에 걸쳐 완성했을 것이다.

여기서 궁금한 점 하나. 레오나르도는 완성작을 리자 아주머니에게 주었을까? 그건 아니다. 레오나르도는 이 그림을 죽을 때까지 가지고 다니며 계속 손을 보았다. 1519년에 하늘로 떠났으니 무려 15~16년 동안 옆에 두고 계속 수정 작업을 했던 것이다. 그래서 미술사가 중 일부는 지금의 〈모나리자〉도 완성작이라고 볼 수 없다고 주장한다. 만약 레오나르도가 더 오래 살았더라면 계속해서 이 작품을 다듬었을 가능성이 크기 때문이다.

레오나르도는 그림뿐만 아니라 과학, 기술, 음악은 물론 체육 분야에서도 발군의 실력을 발휘했던 그야말로 르네상스적인 인물이었다. 운동 능력까지 있었다고 의아해하진 말자. 믿을 만한 당대 사람의 기록에 의하면 높이뛰기와 넓이뛰기에 능했다고 한다.

한 사람이 주 종목에 탁월한 것은 이해가 된다. 하지만 레오나르도처럼 다방면에, 그것도 후대는 물론이고 당대 사람들로부터도 '최고의 미술가', '최고의 과학자', '최고의 발명가', '최고의 기술자', '최고의 해부가' 등 여러 방면에서 최고 소리를 들은 인물은 아마 동서고금을 통틀어서 레오나르도가 유일할 것이다.

이런 천재가 태어난 곳은 이탈리아의 유명 도시 피렌체 주변에 있던 '빈치'라는 마을이었다. 때는 1452년, 우리로 치면 조선의 명군주 세종을 뒤이은 문종의 숨이 멈춘 해였다.

레오나르도의 아버지는 피렌체의 유명한 공증인(요즘으로 치면 변호사쯤 된다)이었지만, 레오나르도는 사생아여서 본인이 가진 능력을 현실에서 발휘하는 데 한계가 있었다. 정확한 이름은 '레오나르도 디 세르 피에로(Reonardo di Ser Piero)'지만, 빈치 마을 출신이어서 사람들은 '빈치 출신의 레오나르도'란 뜻에서 '레오나르도 다 빈치'로 불렀다.

그는 열다섯 살이 되던 해에 아버지의 소개로 화가 안드레아 델 베로키오(Andrea del Verrocchio, 1435~1488) 공방에 견습생으로 들어갔다. 이 화실에서 그는 스승의 조수 생활을 성실히 하면서 어깨너머로 그림을 배워 20대 시절에 이미 스승을 능가하게 되었다. 하루는 레오나르도가 그린 작은 천사 그림을 스승인 베로키오가 우연히 보게 되었는데 정말 잘 그린 그림이었다. 나이 어린 제자가 자기보다 그림을 더 잘 그린다는 사실에 충격을 받은 베로키오는 이때부터 그림보다는 조각에 더 몰두했다고 한다.

물론 천재 레오나르도에게도 결점은 있었다. 끝까지 마무리하는 일이 드물었다. 그야말로 용두사미였다. 일을 완벽하게 하고 싶은데 머릿속에는 하고픈 일과 아이디어가 무궁무진하다 보니 일을 하다가도 갑자기 아이디어가 떠오르면 새로운 일을 시작해야 했다. 지금 하고 있는 일도 완벽하게 마무리 지으면서 새로운 일도 잘하고 싶은데, 문제는 혼자 힘으로 여러 일을 다 잘하기는 정말 어렵다는 점이다. 그럼에도 재기발랄한 레오나르도는 동시다발로 서너 가지 일을 한꺼번에 진행했다. 사달이 나도 크게 날 수밖에 없었다. 아무리 재주가 좋아도 이런 사람과 사업을 같이하거나 기일이 정해진 일을 함께 도모하기란 참으로 힘들다. 레오나르도의 성격을 이렇게 진단하는 이유는 〈모나리자〉만 하더라도 죽을 때까지 보완했지만 미완성작이었기 때문이다. 또한 다양한 그림과 스케치를 많이 했는데도 실제 완성작은 20점이 넘지 않는다는 점도 이런 성격을 뒷받침한다. 결국 완벽주의자이자 창의력과 창발성이 대단한 아이디어맨이어서 생긴 문제였던 것이다.

레오나르도는 서른 살부터 밀라노에서 생활했다. 피렌체보다 큰 도시였던 밀라노에서 그는 젊은 권력자 루도비코 스포르차(Ludovico Maria Sforza, 1452~1508) 공작의 전속 화가로 일하며 17년을 머물렀다. 이 시절 그는 공작을 위해 결혼식이나 만찬장의 실내디자인을 주로 했다. 어찌 보면 재능만 낭비하고 있었다. 그래도 다행인 것은 밀라노 활동 시기에 〈암굴의 성모(Virgin delle Rocce)〉와 〈최후의 만찬(Ultima Cena)〉을 남겼다는 점이다.

그러던 그가 1499년 졸지에 실업자가 되어 버렸다. 프랑스군의 밀라노 공격으로 후원자 스포르차 공작이 프랑스의 포로가 되어 죽기 일보 직전에 처해진 것이다. 주군을 잃은 그는 어쩔 수 없이 베네치아를 비롯해 이곳저곳을 떠돌다가 결국 피렌체로 돌아왔다. 그의 피렌체행은 신의 한 수였다. 명작 〈모나리자〉를 제작할 수 있었으니 말이다.

레오나르도의 명성은 이미 당대에 조국 이탈리아는 물론이려니와 유럽 전역에 알려져 있었다. 이런 천재를 곁에 두고 싶었던 프랑스 국왕 프랑수아 1세는 레오나르도에게 통 큰 제안을 했다. "전폭적으로 후원할 테니 걱정 말고 몸만 와라." 이 말을 믿고 레오나르도는 프랑스에 들어와 새로운 삶을 시작했다. 1517년의 일이었다. 그가 살았던 곳은 아름다운 루아르 강이 흐르는 앙부아즈였다. 이곳에 있는 클로 뤼세(Clos Lucé) 성에 머물며 마음껏 그림도 그리고, 주변에 축성되는 성들의 축조에 자문도 하고, 각종 과학 기기들을 스케치하면서 유유자적한 삶을 살았다. 이 시절에 레오나르도는 미완성작인 〈모나리자〉를 간혹 손질하고는 했는데, 이 그림에 반한 프랑수아 1세가 본인에게 팔 것을 간청하여 레오나르도는 4천 플로린에 〈모나리자〉를 왕의 손에 넘겼다. 세계적인 대명작 〈모나리자〉가 프랑스 왕실 소유가 되는 순간이었다. 이후 이 그림은 프랑스의 소유가 되어 루브르 박물관에 안착했다.

〈모나리자〉는 1911년에 약 2년 동안 행방이 묘연해지기도 했다. 파리에 살고 있는 세 명의 이탈리아 일당에 의해 감쪽같이 도난당했던 것이다. 다행히 우여곡절 끝에 되찾아 지금까지 루브르 박물관의 대표 역할을 하고 있다.

레오나르도는 1519년 5월 2일, 왕의 품에 안겨 편안히 숨을 거두었다. 그의 나이 예순일곱. 평생 결혼하지 않았기에 자식은 없었다. 왕은 레오나르도의 유해를 본인이 태어나 살았던 앙부아즈 성의 중앙에 있는 생플로랑탱 수도원(Collégiale Saint-Florentin)에 안치해 주었다. 하지만 나폴레옹 시대에 수도원이 철거되면서 유해는 여기서 조금 떨어진 생위베르 성당(Chapélle Saint-Hubert)으로 이장되어 지금은 이 예배당에서 안식을 취하고 있다. 앙부아즈 성에 가면 정원에 놓인 레오나르도의 흉상을 볼 수 있다. 이곳에 본래 레오나르도의 무덤이 있었다. 생위베르 성당은 사냥의 수호성인 성 위베르를 기리는 왕실 전용 예배당이었다.

자, 이제 마무리해 보자. 왜 별로 크지도 않고 색감도 화려하지 않은 〈모나리자〉가 세계 최고의 그림으로 자리매김하고 있을까? 도대체 미술평론가들은 왜 〈모나리자〉를 최고라며 높이 평가할까? 미술품도 결국은 감상자의 입장에서 평가되고 가격이 논해진다. 또한 높은 가격으로 평가되는 그림들은 그림 그 자체의 좋고 나쁨도 중요하지만 역사성과 화제를 족보처럼 지니고 있어야 한다. 그래야 돈 많은 구매자들이 나선다. 빈센트 반 고흐(Vincent van Gogh, 1853~1890)나 피카소 그림은 경매 시장에 나오는 족족 500억 원을 치솟고, 한때 세계 최고 가격의 그림으로 유명했던 노르웨이 출신 표현주의 화가 에드바르트 뭉크(Edvard Munch, 1863~1944)의 〈절규(Skrik)〉는 2012년에 뉴욕 소더비 경매장에서 약 1억 1,992만 달러에 팔려 나갔다. 단순하게 셈을 해도 우리 돈으로 자그만치 1,300억 원에 달한다. 그림 자체가 아름답고 근사한가 하면 그건 아니다. 뭉크의 〈절규〉를 단돈 10만 원 주고 사더라도 자기 집 거실에 걸어 놓는 사람은 별로 없을 것이다. 꿈자리가 사나워져서 말이다. 그런 그림에 높은 가격이 매겨지는 이유는 결국 고흐나 뭉크의 인생살이가 극적이어서 그림 자체 이외의 가격 상승 요인이 덧붙여졌기 때문이다.

이제 정말 〈모나리자〉가 높게 평가받는 이유를 몇 가지 짚어 보자. 첫째, 스푸마토(Sfumato) 기법을 사용했기 때문이다. 스푸마토는 이탈리아어로 '흐릿한', 혹은 '자욱한'이란 뜻으로 물체의 경계선을 안개처럼 부드러운 톤으로 흐리게 그리는 기법이다. 레오나르도의 그림에서 특유의 깊이감과 신비감이 느껴지는 이유가 이 기법 때문이다. 윤곽선을 최대한 드러나지 않게 표현한 스푸마토로 인하여 신비한 미소가 가능했으며, 눈이나 입 주변의 딱딱한 경계선도 지울 수 있었다.

둘째, 관람자가 어느 곳에 서더라도 모나리자와 시선을 마주칠 수 있기 때문이다. 〈모나리자〉를 볼 때 위치를 조금씩 이동하며 보자. 어느 각도에서 보더라도 모나리자와 마주한 듯한 느낌이 들 것이다. 과학 분석에도 능한 천재답게 어느 각도에서건 관람자와 모나리자의 눈이 마주치도록 그림을 그려 놓았다.

셋째, 배경을 자세히 보면 인물을 기준으로 오른쪽과 왼쪽 배경의 높낮이가 다르다. 왼쪽이 낮고 오른쪽이 높다. 왼쪽에 초점을 맞춘 상태에서 인물을 보면 몸집이 크게 보인다. 반면에 오른쪽에 초점을 맞추고 보면 인물이 조금 작게 보인다.

현재 〈모나리자〉는 방탄유리 안에 전시되어 편안한 삶을 누리고 있다. 내장된 온도와 습기 조절 장치 덕분에 유리 안은 항상 20도와 55퍼센트 습도를 유지하고 있다. 방탄 유리는 그림 상태를 점검하기 위해 1년에 한 번씩 연다.

자, 이제 마지막 궁금증! 〈모나리자〉의 가격은 도대체 얼마나 될까? 2012년 보험 평가액으로 7억 6천만 달러였으니, 우리 돈으로 환산하면 8천억 원이 넘는다. 2절지 크기의 판자에 그려진 그림치고는 그야말로 대단하다.

루브르 박물관에는 레오나르도의 그림이 몇 점 더 있다. 그중 〈암굴의 성모〉와 〈성 안나와 함께 있는 성 모자상([La Vierge, l'Enfant Jésus et Sainte Anne))〉이 볼 만하다. 기왕에 들어간 박물관이니 시간 여유가 있다면 이 그림들까지 감상하고 나오자. 깊은 동굴 속에 앉아 있는 성모 자상을 그린 〈암굴의 성모〉는 총 두 점이 제작되었다. 영국이 자랑하는 런던의 내셔널 미술관에 한 점이 있으며, 다른 한 점이 루브르 박물관에 걸려 있다. 두 점 모두 레오나르도의 진본 작품이다.

〈모나리자〉가 걸린 우측 벽면을 보면, 프랑수아 1세의 초상화가 보인다. 마치 본인 때문에 프랑스 땅에 〈모나리자〉가 전해지고 있음을 자랑이라도 하듯 위풍당당하게 서서 〈모나리자〉를 곁눈질하고 있다. 이런 위치 선정은 루브르 박물관 측이 프랑수아 1세에게 보내는 오마주는 아닐까?

No. 9 알프레히트 뒤러,

〈엉겅퀴를 든 화가의 초상(Portrait de l'artiste au chardon)〉, 1493년

알프레히트 뒤러(Albrecht Dürer, 1471~1528)는 독일 뉘른베르크 출신의 르네상스 시대 화가다. '북유럽의 레오나르도 다 빈치'로 불릴 만큼 당대에 명성을 떨쳤으며, 독일의 사실주의 철학과 이탈리아 르네상스 시대 예술 경향을 성공적으로 접목시켜 16세기 독일 미술계에 지대한 영향을 끼친 화가로 인정받고 있다. '문학에는 괴테, 미술에는 뒤러'라는 말이 전해 올 정도다. 그는 세 점의 유화 자화상을 남겼는데, 이 그림이 첫 번째 그려진 자화상이다.

서양 미술사에서는 근대적 자화상을 그린 시조로 뒤러를 손꼽는다. 그만큼 뒤러의 자화상들은 후대 화가들에게 영향을 끼치며 자화상 제작 풍조를 확산시키는 데 기여했다.

화폭 위쪽에 "나의 일은 위에서 정한 대로 이루어질 것이다"라는 글귀가 적혀 있다. 엉겅퀴는 독일에서 부부간의 정조를 상징한다. 이런 이유로 인하여 미술사가들은 이 그림을 화가 자신이 약혼녀 아그네스 프리에게 선물하기 위해 그린 작품으로 추

정하고 있다. 하지만 자유의사보다는 부모님이 정해 준 혼처인 부잣집 딸과 정략결혼을 해야 하는 처지였기에, 본인의 속마음을 반어법을 써서 이런 글로 표현했을 수도 있다. 자의식이 강한 치기 어린 젊은 화가의 진면목을 볼 수 있어서 마음에 든다. 한편 뒤러는 정확한 인체 비례를 이해하기 위해 전문 모델을 고용해서 여성 누드화를 그린 최초의 화가로도 유명하다.

No. 10 파올로 칼리아리,
〈가나의 결혼식(Les Noces de Cana)〉, 1562~1563년경

신약성서의 『요한복음』 2장 1~11절에 의하면 그리스도는 성모 마리아와 함께 갈릴리의 가나에서 행해진 혼례 잔치에 초대된다. 그런데 잔치 도중에 포도주가 바닥나 버렸다. 마리아는 손님 접대용 포도주가 떨어졌다며 걱정을 했다. 예수는 곧 항아리 가득 물을 받아 오라고 시켜

서 이 물을 포도주로 만들었다. 예수가 행한 첫 번째 기적이었다.

베네치아 화가 파올로 칼리아리(Paolo Caliari, 1528~1588)는 베네치아에 있는 산 조르지오 마조레 수도원 식당에 걸기 위해 이 장면을 대형 화폭에 그렸다. 그림 주제는 예수가 기적을 행하는 장면이었으나 그림의 면면은 화가가 살았던 당시 베네치아의 모습이었고 실존 인물도 다수 등장시켰다.

이 그림을 '장콩의 20선'에 넣은 이유는 루브르의 모든 소장 작품 중 규격이 가장 크기 때문이다. 가로 9.94미터, 세로 6.77미터니, 거의 10미터가 다 되는 대작이다. 파올로 칼리아리가 본명이지만 파올로 베로네세(Paolo Veronese)로 더 많이 알려져 있는 이탈리아 화가의 작품이다. 이 그림은 1798년 나폴레옹 군대에 의해 프랑스로 입수되어 현재 루브르 박물관에 전시되고 있다. 〈모나리자〉와 마주 보이는 곳에 걸려 있어서 찾기도 쉽다.

No. 11 퐁텐블로파, 〈가브리엘 데스트레와 그녀의 자매(Portrait présumé de Gabrielle d'Estrées et de Sa Soeur la duchesse de Villars), 1595년경

작가가 누구인지 알 수 없는 그림이다. 다만 16세기에 프랑스의 퐁텐블로성을 중심으로 활약한 화가들의 화풍과 유사해서 '퐁텐블로파(École de Fontainebleau)'의 그림으로만 짐작하고 있다. 이 화파는 신화나 해학이 담긴 우화를 주로 그렸으며, 우아한 나부상도 잘 그렸다.

왼손에 반지를 들고 있는 여인은 앙리 4세의 연인 가브리엘 데스트레(1571년경~1599)다. 앙리는 왕비가 있었음에도 다양한 여인들과 빈번

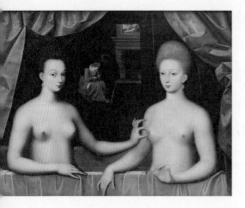

히 접촉한 바람둥이였다. 가브리엘도 그중 한 여인으로 앙리와의 사이에 세 명의 자녀를 두었다.

이 그림은 앙리 왕의 네 번째 아이를 임신한 상태에서 그린 그림으로 추정된다. 옛날에 프랑스에서는 가슴을 만져 보는 것으로 여성의 임신 여부를 판단했다고 한다. 젖꼭지를 가볍게 쥐고 임신 여부를 진단하는 여인은 가브리엘의 동생이라고 추정되는데 확실하지는 않다.

No. 12 조르주 드 라 투르,
〈사기 도박꾼(Le Tricheur à l'as de Carreau)〉, 1635년경

프랑스의 화가 조르주 드 라 투르(Georges de la Tour, 1593~1652)가 그린 그림으로, 잘 그렸다기보다는 내용 자체가 해학적이어서 20선에 선정했다.

사기꾼 일당이 사기 치기 좋은 어리석은 귀족 청년의 금화를 따먹기 위해 판을 벌였다. 솜씨 좋은 사기꾼은 등 뒤에 감춰둔 히든카드를 몰래 꺼내고 있다. 바람잡이 두 여인은 귀족 소

136

년이 눈치채지 못하도록 판 자체를 어수선하게 만든다. 그럼에도 젊은 이는 자기 패에만 열중하고 있다. 이 도박의 결과는 '뻔할 뻔' 자다.

No. 13 렘브란트 하르먼스존 판 레인,
〈이젤 앞의 자화상(Self Portrait at the Easel)〉, 1660년

네덜란드의 자부심 렘브란트(Rembrandt Harmenszoon Van Rijn, 1606~1669)가 쉰네 살에 그린 자화상이다. 화가는 평생 80여 점의 자화상을 그렸다. 이 그림은 그가 말년에 파산을 선언하고 신산한 삶을 살 때의 모습을 그대로 보여 주는 그의 대표 자화상이다. 이런 연유로 미술 비평가들 중에서는 이 그림을 "너무나 무정하고 무자비한 기록"이라고 평하기도 한다. 하지만 화가의 말년을 있는 그대로 보여 주는 이런 그림 때문에 렘브란트는 '인간의 영혼을 진솔하게 그린 화가'로 평가받는다.

그림을 유심히 들여다보고 있으면 렘브란트의 인생 여정이 어떠했는지 진단할 수 있다. 어두운 화면에 부분 조명이라도 한듯이 뚜렷이 드러나는 흰 두건과 잔주름 가득한 화가의 얼굴이 당장이라도 대화를 나눌 수 있을 듯 생생하다. 그가 죽고 2년 뒤에 루이 14세가 구입한 유

일한 렘브란트 그림이라고 한다.

No. 14 요하네스 베르메르,
〈레이스 짜는 여인(La Dentellière)〉, 1669~1670년

그림 크기는 아담하다. 그러나 부드러운 색감 속의 레이스 짜는 여인의 모습이 참으로 정감 있다. 〈진주 귀걸이를 한 소녀(Het meisje met de parel)〉로 유명한 네덜란드 화가 요하네스 베르메르 (Johannes Vermeer, 1632~1675)의 작품이다. 다양한 색깔들을 그림 속에 담아내면서도 색깔들이 서로 충돌하지 않고 부드럽게 조화를 이루어 신비로운 분위기를 연출해 내는 것은 베르메르만의 독특한 개성이자 매력이다.

No. 15 이야생트 리고, 〈루이 14세〉, 1701년

프랑스에 갔다면 천상천하 지존무상을 외쳤던 태양왕 루이 14세가 어떻게 생겼는지는 봐야 하지 않겠는가. 그래서 20선에 선정한 작품이다. '내가 곧 태양이다'라는 것을 증명이라도 하듯 턱을 들어 모든 사람들을 내려다보는 자세로 위세를 떨고 있다. 그의 나이 예순세 살 때의 초상화다. 스페인 왕으로 선출되어 스페인 부르봉 왕가를 개

창한 본인의 손자 필리프 5세 (philip V, 1292년경~1322)에게 보내기 위해 제작했으나, 너무 마음에 들어 결국 자기 왕궁에 걸어 놓았다. 화가 이야생트 리고 (Hyacinthe Rigaud, 1659~1743)는 규모가 크고 터치가 힘찬 스타일의 작품을 다수 그렸다.

No. 16 자크루이 다비드,

〈황제의 대관식(Le Sacre ou le Couronnement)〉, 1807년

1804년 12월 2일 파리의 노트르담 대성당에서 나폴레옹 대관식이 거행되었다. 로마에서 교황 비오 7세(Pius VII, 1742~1823)가 직접 와서 행사를 진행했다. 나폴레옹은 대관식이 끝난 뒤에 당시 황실의 수석 화가였던 자크루이 다비드(Jacques-Louis David, 1748~1825)에게 대관식 축하용 작품을 네 점 주문했다. 하지만 다비드는 두 개 작품만 완성했다. 한 작품이 바로 이 그림이며, 다른 하나는 베르사유 궁전에 있는 〈독수리기 수여식(La Distribution des Aigles)〉이다.

〈황제의 대관식〉은 제목 이름과 실제 그림 내용이 조금 다르다. 나폴레옹이 황제 관을 받는 것이 아니라 이미 황제를 상징하는 월계관을 쓴 채, 부인 조제핀에게 왕비 관을 씌워 주고 있다. 나폴레옹은 다비드에게 이탈리아 원정 시 프랑스로 가지고 온 〈가나의 결혼식〉보다 더 크게 그려 달라고 요청했다. 그런데 다비드가 치수를 잘못 쟀는지, 이 그림은 〈가나의 결혼식〉보다 약간 작다. 가로 9.79미터, 세로 6.21미터다. 다비드는 나폴레옹의 불같은 성질을 잘 알기에 크게 긴장했으나 워낙 그림이 장엄하게 잘 그려져서 나폴레옹은 크기에 상관하지 않고 매우 만족해했다고 한다. 이 그림은 현재 루브르 박물관이 소장한 그림 중 규모 면에서 〈가나의 결혼식〉에 이어 두 번째로 크다.

프랑스 신고전주의를 대표하는 화가답게 다비드는 나폴레옹 1세 대관식 장면을 피터 폴 루벤스(Peter Paul Rubens, 1577~1640)의 작품 〈마리 드 메디치의 대관식(Le Couronnement de Marie de Médicis à Saint-Denis, le 13 mai 1610)〉에서 영감을 받아, 호화로운 집단 초상화 형태로 그리면서도 인물들을 조화롭게 잘 배치했다. 마치 사진기로 기록 사진을 찍어 놓은 것 같다. 그런데 이 그림은 역사 기록화로서는 문제가 많다. 실제 현장에 없던 인물을 집어넣는 등 몇 장면에서 나폴레옹의 비위를 맞추기 위해 왜곡을 서슴지 않았기 때문이다.

서양 중세 시대에는 교황이 신을 대신해 황제에게 왕관을 씌워 주었다. 그럼에도 나폴레옹은 본인의 위상을 은연중에 높이기 위해 로마에 있는 교황을 직접 초빙했으면서도 교황은 뒷전에 두고 스스로 황제 관을 썼다. 그러고는 부인에게도 직접 왕비 관을 씌워 주었다. 다비드는 나폴레옹 뒤에 앉아 있는 교황을 실제 모습 그대로, 왕관을 씌워 주지 못해 황당해하며 멍하니 앉아 있는 모습으로 그렸다. 그러나 나폴레옹이 그 장면을 지적했다. 다비드는 두말없이 교황이 오른손을 들어 나폴레옹의 대관 장면을 축복해 주는 모습으로 바꿨다. 그뿐만이 아니다. 왕비 조제핀은 나폴레옹보다 여섯 살이나 연상인 중년 부인이었는데도 다비드는 그녀를 성모 마리아처럼 단아한 젊은 여인으로 변신시켰다.

나폴레옹의 어머니 마리아 레티치아 라몰리노(Maria Letizia Ramolino, 1750~1836)는 아들에게 꽁해서 대관식에 참석하지도 않았다. 동생의 결혼식을 못마땅하게 생각해서 본인 결혼식에 동생의 참석을 막은 나폴레옹이 못마땅한 데다 며느리도 마음에 들지 않았기 때문이다. 당시 조제핀의 나이 마흔한 살. 남편과 사별했고 자식도 둘이나 있는 여인이었다. 거기에 낭비벽이 심해 빚이 많았으며, 늘 애인이 있었다. 어머니 라몰리노가 보기에 아들이 이런 여자에게 반했다니 하늘이 용납해도 안 될 일이었다. 그래서 내린 결단이 결혼식 불참. 하지만 이 그림에는 어머니가 기쁨에 가득 차서 대관식을 지켜보고 있다.

조제핀과 나폴레옹은 백년해로했을까? 그렇지 않다. 나폴레옹은 마흔 살이 되던 1809년 추운 겨울에 후계자를 낳지 못한다는 이유를 들어 조제핀과 이혼하고 국가의 이익을 위해 오스트리아 왕실인 합스부르크 가문의 마리 루이즈(Marie Louise, 1791~1847)와 다시 결혼식을 올렸다. 그리고 마침내 1811년에 그토록 원하던 아들을 얻었다. 나폴레옹 2세(1811~1832)였다.

조제핀이 전 남편과의 사이에서 낳은 아들과 딸도 그림 속에 있다. 딸은 왼쪽에 줄줄이 서 있는 하얀 드레스를 입은 여인들 중 두 번째에 서 있다. 나폴레옹의 동생 루이 보나파르트(Louis Napoléon Bonaparte, 1806~1810)와 결혼해서 낳은 아들도 함께 서 있다. 이 아들은 나중에 프랑스 공화정이 폐지되면서 나폴레옹 3세(1808~1873)로 등극했다. 조제핀의 아들은 오른편 끝에 지팡이를 뒤로 짚은 채 서 있다.

오른편에 의장을 갖춘 남자 둘과 하얀 드레스를 입은 여인들은 나폴레옹의 형제자매들이다. 당시 형제들은 대관식에 참석하지 않았는데, 다비드의 작업 과정을 지켜보던 나폴레옹이 형제를 그려 넣으라고 지시해서 추가로 넣었다. 오른쪽 하단에 화려하게 정장을 갖춰 입은 남자들은 나폴레옹 시대 장관과 장군 들이다. 이 그림 속에는 다비드도 숨어 있다. 나폴레옹 어머니가 앉아 있는 곳의 위층에 앉아 있다. 두 번째 줄 왼쪽에서 두 번째 남자가 바로 다비드다.

한편 이 그림을 원본 삼아 1822년에 다시 그린 그림이 현재 베르사유 궁전 '대관식 방'에 걸려 있다. 배경은 물론이고 사람 하나하나 동일하게 그려서 작품을 구별하기는 쉽지 않다. 다만 딱 하나 쉽게 구별하는 방법이 있다. 루브르 작품에서는 나폴레옹의 여동생들이 전부 흰색 드레스를 입고 있는 반면, 베르사유 작품에서는 유별나게 한 여성만 분홍색 드레스를 입고 있다. 화가가 평소에 연모했던 여인이라 다른 사람들보다 도드라지게 그렸다고 한다.

갑자기 드는 생각! 나폴레옹이 유럽을 뒤흔들고 있은 때 한반도는 누가 지배하고 있었을까? 조선 후기 시대로 개혁 군주 정조가 조선 부흥을 이끌고 있었다. 이때 발군의 실력을 발휘했던 화가로 김홍도와 신윤복이 있었으니 요즘처럼 문명이 발달한 시기였다면 다비드는 코냑 한 병 옆에 끼고 술 좋아하는 신윤복을 만나러 비행기 타고 조선 땅으로 날아왔을지도 모른다.

No. 17 장 오귀스트 도미니크 앵그르,
〈라 그랑드 오달리스크(La Grande Odalisque)〉, 1814년

장 오귀스트 도미니크 앵그르(Jean Auguste Dominique Ingres, 1780~1867)는 다비드의 제자였다. 스승인 다비드가 고전적 형식미를 바탕으로 장엄함이 넘치는 남성 위주의 대작을 그렸다면, 앵그르는 우아한 이미지를 지닌 여성상을 주로 그렸다. 또한 앵그르는 〈민중을 이끄는 자유의 여신(Le 28 Juilet 1830: La Liberté Guidant le Peuple)〉을 그린 들라크루아와 당대 최고의 라이벌로, 1830년대 이후의 파리 화단은 이 두 사람이 이끌다시피 했다. 다비드, 앵그르, 들라크루아 모두 신고전주의 그림을 그린 화가로, 이들이 활동했던 시기에 우리나라에서는 세도정치가 횡행하여 백성들이 절망의 구렁텅이에서 헤어나지 못하고 있었다. 조선

의 부패상이 최악으로 치닫던 당시에 파리에서는 신고전주의의 대가들이 화려하고 장엄한 대작들을 그려 내고 있었던 것이다. 아, 이 시절에 조선 땅에서는 오원 장승업이 도포 자락에 술병을 차고 다니며 필력을 휘날리고 있었다.

신고전주의는 18세기 중엽에서 19세기 중엽에 걸쳐 유럽에서 유행하던 미술 양식으로 형식과 내용의 정연한 통일과 조화, 명확한 표현 등을 중시했다. 어찌 보면 "영광은 그리스의 것이요, 위대함은 로마의 것이다"라는 작가 에드거 앨런 포(Edgar Allan Poe, 1809~1849)의 시를 그대로 반영하는 미술 사조가 신고전주의라고 할 수 있다.

〈라 그랑드 오달리스크〉는 앵그르가 이탈리아에서 그림 공부를 하고 있을 때 나폴리 왕국의 여왕인 나폴레옹의 누이동생 카롤린 뮈라(Caroline Murat, 1782~1839)에게 의뢰받아 그린 그림이다. 1813년의 일로, 그녀는 앵그르에게 오스만튀르크 제국*의 궁전을 배경으로 하는 오리엔탈풍의 그림을 한 폭 그려 달라고 요청했다. 이듬해 앵그르는 로마에 머물면서 이 작품을 완성했다.

19세기까지만 하더라도 프랑스나 영국 같은 나라에서도 그림 공부는 이탈리아에서 하고 와야 인정을 받았다. 우리가 1980년대까지 학문은 미국, 그림은 프랑스, 음악은 이탈리아 유학을 다녀와야 순탄하게 대학 교수를 할 수 있었던 것과 비슷한 현상이었다. 앵그르도 스물여섯 살이 되던 1806년에 로마로 가서 장장 18년 동안 유학 생활을 했다. 이 시기에 〈라 그랑드 오달리스크〉를 그린 것이다. 하지만 이 작품은 의뢰인에게 전달되지 못했다. 무슨 연유에서인지 확실하지 않지만 아마 그 시절이 나폴레옹의 황제 시대가 끝나갈 무렵으로, 유럽 전체가 전쟁의 소용돌이 속에 놓여 있었기에 납품할 수 없었던 것 같다.

어찌 되었건 앵그르는 이 작품을 1819년 파리 살롱전에 출품했다. 그러나 앵그르의 기대와는 달리 작품은 낙선했다. 작품 속 여성의 허리가 기형적이라는 이유 때문이었다. 심사위원과 평론가 들로부터 '인체가 어떻게 생긴지도 모르는 놈'이라는 비난과 함께 말이다. 아닌 게 아니라 작품 속 여인을 유심히 살펴보면 척추 뼈가 2~3개 정도는 더 있는 것처럼 허리가 길다. 길어도 너무 길다. 이 그림이 유명해지고 나서 관심 있는 의사 몇 명이 일반인보다 척추 뼈가 몇 개나 더 있을지 추정했는데, 결론은 '작품 속 여인은 일반인보다 척추 뼈가 5개 더 있

＊ 14세기부터 있었던 현재 '터키 공화국'의 전신인 국가. 1402년경에는 아나톨리아(소아시아)의 거의 모든 지역을 정복할 정도로 세력을 떨쳤다.

다'였다.

　얼굴 각도도 그렇다. 외계인이 아닌 이상 그림 속 인물처럼 목을 많이 돌릴 수는 없다. 지적을 하자면 끝이 없다. 옆으로 누운 여인의 가슴이 저리 봉긋할 수도 없다. 또한 식초를 아무리 많이 먹고 서커스를 전문으로 하는 유연한 여인이라 해도 옆으로 누운 자세에서 그림처럼 다리를 꼬고 있기는 거의 불가능하다. 비평가들은 이런 점까지 세세하게 지적하며 〈라 그랑드 오달리스크〉를 기교만 많은 그림으로 평가절하했다. 하지만 여성 누드를 즐겨 그린 앵그르답게 이 작품은 여성의 등을 실제보다 길게 그림으로써 앵그르가 표현하고자 했던 매혹적인 여성상이 제대로 드러나게 되었다. 실물로 보는 리얼리티와 회화적 리얼리티가 본질적으로 다름을 이 그림을 통해 알 수 있다.

　이 작품 이후로 옷을 벗은 채 비스듬하게 누운 여인의 그림을 '오달리스크'라 부르기 시작했다. 오스만튀르크 제국 궁전에서 왕의 시중을 들면서 왕을 기쁘게 해 주던 궁녀를 가리키던 말에서 따온 것이다. 또한 이 그림으로 인해 튀르크 여성에 대한 퇴폐적 판타지가 유럽 사회에 퍼졌다.

No. 18 테오도르 제리코,
〈메두사호의 뗏목(Le Radeau de la Méduse)〉, 1819년

　테오도르 제리코(Théodore Géricault, 1791~1824)는 어찌 보면 루브르 박물관이 탄생시킨 화가다. 33년의 짧고도 굵은 인생을 살다 간 그는 루브르 박물관의 전시실에 걸린 여러 나라 대가들의 작품을 모작하면

서 본인의 예술 세계를 정립시켰다.

〈메두사호의 뗏목〉은 제리코가 20대 후반에 그린 그림으로 신고전주의에 반기를 든 낭만주의의 선구적 작품으로 손꼽힌다. 신고전주의와 낭만주의는 18세기 중엽에서 19세기 중엽 사이 유럽에서 동시에 유행했다. 신고전주의 화가들이 질서와 규범에 입각하여 선과 형태를 중시하며 그리스·로마의 역사와 신화를 소재로 한 그림을 주로 그렸다면, 낭만주의 화가들은 직관과 감성, 상상력을 발휘하여 인간 이성의 한계를 뛰어넘는 초월적인 숭고미를 담아냈다.

그림은 실제 일어난 사건을 그린 기록화다. 1816년 여름, 프랑스 정부는 아프리카 세네갈을 식민지로 삼기 위해 군함을 파견했다. 배에는 군인과 관료, 세네갈에 정착할 이주민들이 함께 타고 있었다. 함선의 이름은 '메두사'. 그러나 1816년 7월 2일 오후, 세네갈 해안을 향해하던 메두사호는 암초에 걸려 침몰한다. 배에 타고 있던 사람은 400여 명. 함장을 포함한 간부급 선원들과 고위 관료들은 신속하게 구명정에 나눠 타고 목숨을 건졌지만 나머지 150명 정도 되는 하급 선원들과 일반 승객들은 파선된 배의 잔해로 뗏목을 만들어 겨우 살아남았다. 하지만 안타깝게도 이들은 바로 구조되지 못했다. 12일간이나 이리저리 휩쓸려 다니다 최종적으로 구조된 사람은 열다섯 명에 불과했다. 나중에 조사해 보니 생존자들은 갈증과 굶주림 속에서 어떻게든 살아남기 위해 죽은 자의 시신까지 먹었다고 한다.

프랑스 정부는 처음에 이 사건을 쉬쉬하며 축소 처리하려 했다. 하지만 하나씩 조사해 보니 양파 껍질 까지듯 함선의 문제점이 다양하게 드

러났다. 특히 함장이 문제였다. 퇴역 장교 출신으로 항해에 미숙한 사람을 정부의 고위 관료들이 뇌물을 받고 함장으로 임명한 것이었다. 응당 프랑스 정부가 가장 큰 책임을 져야 할 사건이었다. 하지만 정부의 공식적인 사과는 눈 씻고 찾아도 찾을 수 없었다. 더 어이가 없는 것은 군사재판정에서 내린 판결이었다. 선장인 쇼마레에게 직무 해제와 함께 3년 금고형. 깃털만큼이나 가벼운 선고였다. 여론이 들끓었다. 스물여덟 살의 열혈 청년이었던 제리코도 분노했다. 그는 살아남은 메두사호 사람들의 증언을 들어가며 그림을 그리기 시작했다. 그렇게 해서 탄생한 작품이 〈메두사호의 뗏목〉이다.

작품은 비극적 주제에 걸맞게 어둡다. 오랜 표류 끝에 구조선을 발견한 젊은이가 구조를 갈구하며 목이 터져라 구원을 요청한다. 배가 보인다는 외침에 실신해 있던 사람들도 젖 먹던 힘까지 짜 내어 살려 달라고 절규한다. 완만한 직삼각형 구도로 그림에 안정감을 주면서도 오랜 인체 탐구 속에 그려진 인물들의 절박함이 잘 표현되어 있다.

이 그림을 본 당대 사람들의 평가는 어땠을까? 당시 미술평론가들은 '회화의 표류'라고 비아냥댔다. 아카데믹한 그림만을 최고로 쳤던 당시 평론가의 눈에 이 그림은 그림도 아니었던 것이다. 하지만 오늘날에 와서는 낭만주의 시대를 개척한 그림으로 평가받는다. 구도, 색조, 서사적 내용 등이 잘 어우러진 낭만주의 최고의 걸작 중 하나라는 것이다.

프랑스 땅에서 1816년에 일어난 일이 한국에서는 무려 200여 년 뒤에 발생했다. 프랑스 정부의 무능과 부패, 그 때문에 발생한 메두사호의 침몰. 세월호는? 대한민국 정부는? 유구무언이다.

No. 19 외젠 들라크루아, 〈민중을 이끄는 자유의 여신〉, 1830년

들라크루아는 샤를 10세(1757~1836)의 폭정에 반기를 들어 파리 시민들이 일으킨 1830년 7월 혁명의 영광을 주제로 그림을 그렸다. 이 그림이 바로 7월 혁명을 주제로 그린 〈민중을 이끄는 자유의 여신〉이다. 부제는 〈1830년 7월 28일〉.

샤를 10세는 루이 15세의 손자이자 루이 16세의 동생이다. 나폴레옹이 황제 자리에서 물러나며 왕위를 계승한 형 루이 18세(1755~1824)가 자식 없이 사망하자 1824년 왕위에 올랐다. 하지만 그는 절대왕정으로의 복귀를 위한 정책들을 펼치다가 7월 혁명으로 폐위되었다.

들라크루아가 이 그림을 그린 배경은 형에게 보낸 편지를 통해 추정
할 수 있다.

"내가 조국을 위해 싸워 승리하진 않았지만 적어도 이 조국을 위해
그림을 그려야겠습니다."

수많은 스케치 작업 끝에 석 달 만에 그림이 완성됐다. 자유를 짓밟
힌 시민들 위로 프랑스 삼색기를 든 자유의 여신이, 마치 혁명에는 피
가 동반될 수밖에 없다는 것을 상징이라도 하듯이 긴 총을, 그것도 대
검까지 장착된 장총을 들고 선두에 서서 시민들을 이끌고 있다. 뒤따
르는 사람들은 노동자부터 신흥 부르주아까지 각기 자기 계층을 나

타내는 옷을 입고 혁명에 참여하고 있다. 7월 혁명이 전 국민의 지지를 받는 혁명이라는 의미를 은연중에 말하고 있는 것이다. 자유의 여신 앞에는 양손에 권총을 든 소년도 용감하게 전진하고 있다. 비장미가 풍긴다. 우리나라 5·18민주화운동이 떠오르는 작품이다. 이 작품은 1831년 미술전에 전시되어 열렬한 환영을 받았으며, 혁명 뒤 '시민왕'으로 추대된 루이 필리프(Louis Philippe, 1773~1850)의 지시로 국가가 구입했다. 하지만 정작 정부는 반체제적 성격이 다분하다는 이유로 이 그림을 무려 25년 동안 국민에게 공개하지 않았다.

No. 20 장 오귀스트 도미니크 앵그르, 〈터키탕(Le Bain Turc)〉, 1862년

앵그르는 목욕하는 여인들을 집요하게 그렸다. 이 그림을 완성했을

때 그의 나이는 여든두 살이었다. 처음에는 네모진 나무판에 그려졌고 1859년 프랑스 황실이 구매했는데, 무슨 이유에서인지 앵그르는 이듬해에 이 그림을 지금의 원형 형태로 다시 제작했다. 네모보다는 원형이라 더 신비로운 느낌이 드는 작품이다.

나폴레옹이 만든 첫 번째 승전문
카루젤 개선문Arc de Triomphe du Carousel

루브르 박물관 관람을 마치고 밖으로 나오면 하늘을 쳐다보며 심호흡부터 길고 깊게 하자. 장시간을 실내에만 있었으니 노곤함이 쌓였을 것이다. 한나절이 훌쩍 지나갔다. 맛있는 점심을 먹자. 볼 것 많기로 소문난 파리 시내에서도 루브르 박물관은 다섯 손가락 안에 너끈히 들어가는 인기 관람지다. 그러다 보니 주변에 먹을거리, 마실 거리 들이 많다. 일단 방향을 잡아 보자.

광장의 유리 피리미드 앞에서 북쪽에 있는 오페라 가르니에 방면으로 걸어가 아무 골목이나 들어서자. 맛집이라 소문난 식당을 먼저 정해 놓고 가는 것도 좋지만 여행의 참 재미는 우연 속에서 일어난다. 프랑스 요릿집도 많지만 아시아 맛집들이 자주 눈에 띈다. 라멘, 우동, 덮밥, 베트남 쌀국수, 인도 카레 등등 아마 파리 시내에서 아시아 음식점이 가장 많은 구역이 여기일 것이다. 당연히 한국 식당도 몇 군데 보인다. 골목을 걷다 보면 우리나라 물건을 살 수 있는 한국 슈퍼마켓 '에이스 마트', 'K-마트'도 보인다. 이 간판 저 간판 쳐다보며 초등학교 시절

소풍 가면 자주 했던 보물찾기하듯이 내 취향에 맞는 음식을 찾아보자. 이것 또한 여행의 재미 아니겠는가.

식사를 마치고 나면 다시 루브르 박물관 광장으로 돌아오자. 박물관 광장 앞쪽에 개선문이 보인다. 카루젤 개선문이다. 파리에는 개선문이 세 개나 있다. 가장 먼저 만들어진 것이 카루젤 개선문이고, 두 번째가 에투알 개선문, 세 번째가 현대에 와서 만들어진 신개선문이다. 각 개선문이 멀리 떨어져 있지만 일직선상에 놓여 있다. 그래서 지도상에서 자로 그으면 직선으로 연결된다.

개선문은 고대 로마에서 기원을 찾을 수 있다. 전쟁에서 공을 세우고 귀환하는 황제 또는 장군이 시민들에게 승전 보고를 하는 개선식장의 입구 역할을 했던 것이 개선문이다. 지금도 로마에 당당하게 서 있는 콘스탄티누스 개선문(Arco di Constantino)은 콘스탄티누스 1세 (Constantius I, 274~337)가 '밀비우스 다리의 전투'(312)에서 거둔 승리를 기념하기 위해 세워졌다. 이러한 기념물은 근대 국민국가 시절에 유럽 각지로 전파되었다. 프랑스 파리의 개선문과 독일 베를린의 브란덴부르크 문(Brandenbruger Tor, 1788~1791)처럼 국민들에게 자국의 위대함을 홍보하고 민족의식 및 애국심을 고취하기 위해 대형 개선문을 세운 것이다.

카루젤 개선문은 나폴레옹의 이탈리아 원정과 아우스터리츠 전투

(Battle of Austerlitz, 1805)에서의 승리를 기념하기 위해 자신이 거주하는 튀일리 궁전(Palais des Tuileries) 앞에 정문으로 세웠다. 아우스터리츠 전투? 이 전투는 나폴레옹이 트라팔가르 해전(Battle of Trafalgar, 1805)에서 패한 뒤 유럽 대륙 정복으로 눈을 돌리자 오스트리아 황제 프란츠 2세(Franz I, 1708~1765)가 러시아 황제 알렉산드르 1세(Aleksandr I, 1777~1825)와 동맹을 맺고 아우스터리츠에서 나폴레옹의 프랑스군과 한판 대결을 벌인 전투를 말한다. 나폴레옹은 수적 열세를 극복하고 단 한 번의 돌파로 오·러 동맹군 10만을 4시간 만에 완파하며 오스트리아와의 휴전을 이끌어 냈다. 어찌 보면 이때가 나폴레옹의 최대 전성기라고 할 수 있다.

카루젤 개선문은 1806년에 짓기 시작하여 1808년에 완공했다. 높이는 14.6미터, 너비 19.5미터다. 문 위에는 본래 나폴레옹이 이탈리아를 원정하며 베네치아에서 가져 온 네 마리의 황금빛 말이 장식되어 있었다. 이 말들은 고대 그리스 조각상인데, 5세기 초반에 동로마 제국 황제가 콘스탄티노플*로 가져갔다. 이후 4차 십자군전쟁 당시에 베네치아 상인들이 주도하여 콘스탄티노플을 함락시키면서 전리품으로 자기 고향에 가져가 베네치아의 산마르코 대성당(Basilica di San Marco) 입구에 세워 놓았다. 이러한 사연을 가진 황동 말을 나폴레옹은 파리로 가져와 카루젤 개선문을 만들면서 문 위에 올려놓았다. 하지만 현재

---

* 현재 터키의 이스탄불을 가리킨다. 도시가 형성된 기원전 667년 그리스 시대에는 비잔티움이라 불렸으며, 330년에 콘스탄티누스가 동로마 제국의 수도로 삼으면서 콘스탄티노플이라 불렸다.

카루젤 개선문에는 이 말들이 없다. 나폴레옹이 1814년 황제 자리에서 물러난 뒤, 프랑스 정부는 이 상들을 베네치아로 반환했고, 왕정복고를 상징하는 여신이 마차에 올라탄 청동상을 제작하여 새로 세워 놓았다. 재미있는 사실은 나폴레옹은 로마의 콘스탄티누스 개선문을 파리로 옮겨와 튀일리 궁전의 정문으로 삼으려 했다. 하지만 실행하지는 못했고, 그 대신 콘스탄티누스 개선문에 버금가는 대형 문을 만들도록 지시했다. 그러나 카루젤 개선문은 어찌 된 영문인지 콘스탄티누스 개선문보다 작게 설계되었다. 본인의 의도와는 다르게 훨씬 보잘것없는 문이 세워지자 나폴레옹은 크고 화려한 개선문을 다시 세우라고 지시했고, 이 명령으로 새로 세워진 것이 에투알 개선문이다.

튀일리 궁전은 앙리 2세의 부인 카트린 드 메디치가 남편과 사별한 이후 자신이 거처하기 위해 만든 왕궁이다. 루브르 궁전 바로 앞에 별궁처럼 건설했다. 루이 14세도 베르사유 궁전을 만들 때 잠시 이곳에 거주했으며, 프랑스혁명의 발발로 베르사유에서 시민들에게 붙잡혀 온 루이 16세와 앙투아네트도 이곳에 감금되었다가 탈출을 시도했다. 프랑스혁명 진행 과정에서는 의회 건물로도 사용되었으며, 나폴레옹은 황제로 즉위한 뒤 이곳에 살면서 각종 개혁을 진두지휘했다. 하지만 궁전은 1871년 파리코뮌 당시, 시민들의 격렬한 시위 속에서 불타 없어져 버렸다. 따라서 지금은 광장 주변에서 궁전의 잔적들만 살필 수 있다.

나폴레옹이 만든 두 번째 승전문

에투알 개선문 Arc de Triomphe de l'Étoile

카루젤 개선문의 건축 초기에 문이 지어지는 모습을 보고 크기에 실망한 나폴레옹은 더 크고 웅장한 개선문을 다시 세우라고 명령했다. 이 명을 받들어 건축가 장프랑수아 샬그랭(Jean-François Chalgrin, 1739~1811)이 설계하여 세운 문이 에투알 개선문이다. 이 문을 굳이 '에투알 개선문'이라고 부르는 이유는 개선문이 서 있는 곳이 에투알 광장이기 때문이다. 에투알은 '별'을 뜻한다. 따라서 우리말로 바꾸면 '별 광장'이다. 왜 '별 광장'일까? 공식적인 광장 이름은 '샤를 드 골 광장' 이다. 하지만 개선문을 중심으로 사방에 12대로가 쭉 뻗어 있어서 공중에서 보면 광장 주변이 별 모양이다. 이런 연유로 파리지앵들도 정식 이름인 '샤를 드 골 광장'보다 '에투알 광장'으로 즐겨 부른다.

에투알 개선문은 공사 도중 한 차례 중단되었다. 1812년 나폴레옹이 러시아 원정에 실패하면서 혼란스러운 정국 속에 공사가 중단되어 나폴레옹이 사망하는 1821년까지도 재개되지 못했다. 그러다가 1836년에야 당시 왕이었던 루이 필리프의 명으로 겨우 완성되었다. 따라서 나폴레옹은 살아생전 이 문을 통과하며 승리를 자축하지는 못했다. 다만 1840년 세인트헬레나 섬에 있던 나폴레옹의 시신을 쟁발리드 돔 성당에 안치하기로 결정하면서 시신을 개선문을 통하여 파리로 운구해 왔으니 죽어서는 이 문을 통과할 수 있었다. 현재 나폴레옹의 무덤은 쟁발리드 돔 성당 지하에 있다.

한편 2차 세계대전이 끝난 직후에 영국에서 임시정부를 지휘하던 샤를 드 골 장군은 이 문을 통과하여 파리로 들어온 뒤, 노트르담 대성당에서 파리 해방을 공식 선언했다. 로마 개선장군처럼 프랑스 국민에게 프랑스가 독일과의 전쟁에서 최종 승리했음을 알리는 인증샷 역할을 톡톡히 한 것이다. 아이러니한 것은 파리가 독일군에게 점령당했을 시기에 이 개선문에 나치 독일 국기가 걸렸고, 히틀러가 전차로 이곳을 통과했다는 사실이다.

개선문의 높이는 49미터, 너비는 45미터로, 내부에 계단이 있어서 옥상까지 올라갈 수 있게 설계되었다. 외부 벽에는 나폴레옹 전쟁과 연관된 각종 상들이 조각되어 있다.

문의 맨 위 단(①)에는 나폴레옹이 승리로 이끈 전투의 이름이 전후좌우 빙 둘러 30개 방패에 새겨져 있다. 두 번째 단(②)의 전면 샹젤리제 거리 쪽에는 프랑스 군대가 전투에 나가는 모습을, 후면(③)에는 귀향하는 모습을 각기 새겨 놓았다. 전면의 오른쪽 위 부조상(④)은 1796년 오스트리아와의 전투에서 전사한 프랑수아 세브린 마르소 데그라비에(François Séverin Marceau-Desgraviers, 1769~1796) 장군의 최후의 모습이다.

프랑스혁명 이후 프랑스는 주변 국가들과 대립했다. 각국의 왕실은 프랑스혁명 사상이 자기 나라 땅에 전파될까 봐 좌불안석이 되어 프랑스를 가재 눈으로 째려봤다. 특히 오스트리아가 심했다. 1796년 혁명정부는 혁명의 와해를 염려하여 오스트리아에 선전포고를 하고 대대적인 의용군을 모집하여 한판 대결에 들어갔다. 스물일곱 살의 젊은 마르소 장군은 라인 전선에서 오스트리아군과 싸우다 부상을 당했다.

프랑스군이 모두 후퇴해야 하는 상황에서 그는 아군에게 미칠 영향을 염려하여 자진해서 대열에서 이탈, 홀로 남았다. 그는 오스트리아군의 포로가 된 상태에서 적진에서 병사했다.

왼쪽 위의 부조상(⑤)은 나폴레옹의 이집트 원정 당시 영국의 후원을 받은 오스만튀르크 제국군과 격렬한 전투를 치렀던 아부키르 전투(The Battle of Aboukir, 1799) 장면이다. 감상 위치를 바꾸어 후면을 올려다보자. 문의 오른쪽 위 부조상(⑥)은 1796년 이탈리아 북부의 베로나 근처 아르콜 다리에서 나폴레옹이 이끈 프랑스군이 오스트리아군과 싸우는 장면이다. 왼쪽 부조상(⑦)에는 1798년 프랑스군의 이집트 알

상젤리제 거리에서 본 에투알 개선문 전면

렉산드리아 점령 장면이 새겨져 있다.

전면과 후면 모두 출입문 좌우에 대형 조각상을 세워 놓았다. 전면의 오른쪽 조상(⑧)은 프랑수아 뤼드(François Rude, 1784~1855)의 작품 〈1792년 의용군들의 출정〉이다. 전쟁의 여신 벨로나가 이끄는 의용군들이 오스트리아와의 전쟁을 치르기 위해 결집하는 장면이다. 일명〈라 마르세예즈(La Marseillaise)〉로 알려진 조각상으로 개선문의 모든 조각 작품 중 가장 유명하다. 라 마르세예즈는 우리나라 애국가 같은 프랑스 국가이기도 하다. 작사·작곡자는 공병장교 클로드 조제프 루제 드 릴(Claude Joseph Rouget de Lisle, 1760~1836)이다. 그는 1792년 4월, 프

에투알 개선문 후면

랑스가 오스트리아를 상대로 선전포고를 했다는 소식을 듣고 국경 지대인 라인 강변의 스트라스부르 병영에서 하룻밤 사이에 이 곡을 썼다. 무려 7절까지 있는 가사의 1절만 살펴보자.

나아가자 조국의 아들딸들아,

영광의 날이 왔도다!

압제에 맞서 피 묻은 깃발을 들었노라.

압제에 맞서 피 묻은 깃발을 들었노라.

들판에서도 들리는가?

저 포악한 병사들의 외침이.

그들이 우리의 아들들과 아내들의 목을 베기 위해

우리의 코앞까지 왔다.

무장하라, 시민들이여!

대열을 갖추라!

나아가자, 나아가자!

놈들의 더러운 피가

우리의 밭고랑을 적시도록!

가사는 오스트리아군과 싸우기 위해 출정하는 용사들의 분발을 노래한 내용이다. 정식으로 프랑스 국가가 된 것은 1879년이다. 이 곡을 〈라 마르세예즈〉라 하는 이유는, 당시 전국 각지에서 파리로 모여든 의용군 중 마르세유 사람들이 이 노래를 부르며 온 데서 유래한다. '마르세유의 노래'라는 뜻이다.

개선문 전면의 왼쪽 상(⑨)은 장피에르 코르토(Jean-Pierre Cortot, 1787~1843)의 〈1810년의 승리(Le Triomphe de 1810)〉다. 1810년 오스트리아의 수도 빈 함락을 기념하는 상으로 승리의 여신이 나폴레옹에게 월계관을 씌워 주고 있다. 후면에는 좌우 양쪽에 앙투안 에텍스(Antoine Etex, 1808~1888)가 조각한 상이 놓여 있다. 오른쪽 작품(⑩)인 〈저항(Le Résistance)〉은 전쟁터로 나가는 젊은이들을 수호천사가 지켜주고 있으며, 왼쪽 작품(⑪) 〈평화(Le paix)〉는 로마 신화 속의 지혜의 여신인 미네르바(Minerva)의 보호 속에 전사가 칼집에 칼을 꽂고 있다. 전쟁의 승리로 이제 프랑스 땅에 평화가 왔음을 상징한 것이다.

개선문의 전면 광장에서 바라봤을 때, 오른쪽 옆면(⑫)에는 1792년

에 치른 즈마프 전투(The Battle of Jemappes)가 부조되어 있고 왼쪽 옆면(⑬)에는 나폴레옹 전투사에서 가장 빛나는 전투라 할 수 있는 아우스터리츠 전투 장면이 새겨져 있다. 기둥 안쪽 벽면에는 프랑스 공화정 시대와 나폴레옹 치하에서 치른 128건의 전투 이름과 558명의 장군 이름이 새겨져 있다. 전쟁 중에 전사한 장군의 이름에는 줄이 그어져 있다. 한편 개선문 지하에는 1차 세계대전에서 죽어 간 참전 용사들의 영혼이 잠들어 있다. 이들을 위해 개선문 광장 바닥에 '추억의 불'을 밝혀 놓았다.

프랑스혁명의 시발점인 바스티유 감옥 습격일을 기념하는 프랑스 최고 국경일 7월 14일에는 매년 이 광장에서 군사 행진을 시작하며, 11월 11일에는 나라를 위해 목숨을 바친 군인들을 추모하는 행사가 열린다. 또한 1903년부터 시작하여 매년 7월에 3주 동안 열리는 지옥의 레이스, 세계 최고 권위의 장거리 사이클 대회인 '투르 드 프랑스(Tour de France)'의 피날레 장소도 바로 이 광장이다.

에투알 개선문은 신고전주의 건축 양식으로 지어졌다. 티켓을 사면 건물 안쪽에 설치된 계단을 타고 옥상까지 올라갈 수 있다. 284개의 계단을 밟고 옥상 전망대에 서면, 360도로 펼쳐진 12대로와 촘촘하게 들어선 건물들까지 파리 시내 전경이 한눈에 들어온다.

광장으로 진입하기 위해서는 지하철 1번 출구 앞에 있는 지하 출입구를 통해야 한다. 지상으로는 광장 안으로 들어설 수 없다. 이 점에 유의해야 한다.

파리의 도시 정비는 19세기 중반 나폴레옹 3세 시절에 조르주외

젠 오스만(Georges-Eugène Haussmann, 1809~1891) 남작이 추진했다. 에투알 거리도 본래는 5거리였는데, 지금처럼 12대로가 된 것은 오스만의 도시 정비 결과다. 워낙 곧게 사방으로 뻗어 있어 눈이 시원할 정도로 확 트인 도로지만, 오스만이 결코 좋은 의도로 만든 것만은 아니다. 1789년 프랑스혁명 이후 파리에서는 폭동이 자주 일어났다. 시민들은 그들의 주장을 관철시키기 위해 도로를 점유하고 바리케이드를 친 채 공권력에 저항하곤 했다. 오스만은 생각했다. 도로를 넓게 확장하면 시민들이 바리케이드를 치거나 몸을 숨길 장소가 줄어들 것이라고. 물론 오스만 혼자만의 생각은 아니었을 것이다. 아이디어 제공자는 따로 있었을 것이다. 오스만은 즉각 실행에 옮겨 직선 대로인 12개 길을 에투알 광장을 축으로 부채살 펼치듯이 훤하게 뚫었다. 그런데 참으로 재미있게도 역사를 살펴보면 본래 의도와는 다른 방향으로 결과가 나타나는 경우를 간혹 보게 된다. 12대로 건설이 딱 그랬다. 도로를 확장한 프랑스 정부의 의도와는 전혀 관계없이 이 도로들은 세계 각 도시의 도시 계획에 지대한 영향을 미치며 파리를 관광 명소로 등극시켜 많은 사람들을 파리로 끌어들이고 있다.

프랑스혁명 200주년을 기념하는
신개선문 la Grande Arche

에투알 개선문 옥상에 올라 서쪽을 쳐다보면 멀리 보이는 거대한 빌딩 숲 사이로 구름을 머금고 있는, 건물 같기도 하고 문 같기도 한 대형 건조물이 보인다. 신개선문이다.

빌딩 숲이 있는 곳은 라 데팡스(La Defense) 지구로 파리 서쪽 3존 지역에 프랑스 정부가 마음먹고 만든 유럽 최대 규모의 상업 지구다. 국내 대기업과 외국 다국적 기업의 본사를 유치할 목적으로 1960년대부터 조성을 시작했다. 이 지구의 중앙부에 1989년, 프랑스혁명 200주년을 기념해 높이 105미터의 현대식 개선문을 설치했다. 반투명 유리와 이탈리아산 흰 대리석으로 외벽을 단장한 35층짜리 건물이다. 문 가운데 펼쳐진 구조물은 구름을 상징하며, 시원하게 뻥 뚫린 내부 공간의 폭은 70미터로 샹젤리제 도로의 폭과 같다. 약 32억 프랑을 들여서 지었으니 우리 돈으로 3,500억 원 정도가 투입된 구조물이다. 이 개선문 또한 전망대가 있다.

신개선문의 정식 이름은 '우애의 큰 아치(La Grande Arche de la Fraternité)'이다. 개선문은 전쟁에서의 승리를 기념하는 문이다. 카루젤 개선문, 에투알 개선문 모두 승전 기념문이다. 반면에 신개선문은 승전 기념이 아닌 혁명 200주년 기념사업으로 만들어졌다. 이런 연유로 신개선문은 다른 개선문에 들어가는 '승리'라는 단어를 뺐다. 또한 샹젤리제 도로 축에 있는 카르젤 개선문, 에투알 개선문에 이은 세 번째 개선문이어서 프랑스혁명의 이념인 '자유, 평등, 우애' 중 세 번째 슬로건인 우애를 붙여 정식 이름을 '우애의 큰 아치'로 정했다. 그런데 왜 우리는 이 문을 '신개선문'이라고 부를까? 현대에 와서 새로 만들었기에 그럴 것이다.

신개선문이 서 있는 드넓은 광장 주변에서는 60여 점의 다양한 조각 작품을 볼 수 있다. 그중 알렉산더 콜더(Alexander Calder, 1898~1976)의 〈붉은 거미(L'Araignée Rouge)〉와 세자르 발다치니(César Baldaccini, 1921~1998)의 〈엄지손가락(Le Pouce)〉이 유명하다. 광장 왼편 조형물들을 잘 살피면 우리나라 작가의 작품도 보인다. 임동락 작가의 〈포인트-성장(Point-Croissance)〉이다. 스테인리스스틸과 브론즈를 적절히 배합하여 만든 작품으로 '둥근 알에서 솟아난 나무 등걸에 새순이 돋는 모습'이다. 둥근 알은 '생명의 태동과 탄생', 나뭇가지는 '미래를 향한 꿈과 희망'을 의미한다고 한다. 네덜란드 에드시 중앙 광장에도 이 작품과 비슷한 쌍둥이 작품이 세워져 있어서 우리나라 조각가의 위상을 유럽 사회에 알리고 있다.

한편 현재 라 데팡스의 상업 지구에는 프랑스 정부 기관과 20대 기업 중 14개 기업의 본사가 자리 잡고 있으며, 세계 각국의 1,500여 개 기업체가 입주해 있다고 한다.

프랑스 바로크식 정원의 대표작
튀일리 정원Jardin des Tuileries

튀일리 정원은 정원이라 하기에는 면적이 너무 넓다. 동쪽에 있는 카르젤 광장 끝 지점부터 서쪽 콩코르드 광장 경계선까지가 정원 부지로 7만 5천 평에 달한다. 도심 한가운데 있는 정원치고는 대단히 크고 넓다. 이런 이유 때문에 튀일리 공원이라 부르는 경우가 많지만, 정식 명칭은 분명 '튀일리 정원'이다. 왜 정원이라 했을까?

이곳이 지금과 비슷한 규모로 만들어진 것은 1664년이다. 남편 앙리 2세와 사별한 카트린 드 메디치 왕비가 본인의 거처로 튀일리 궁전을 지은 뒤 부속 정원으로 앞뜰을 화려하게 단장했다. 하지만 궁전은 1871년 파리코뮌 당시 과격한 시민들에 의해 불타 없어지고, 나폴레옹의 명에 의해 궁전의 동쪽 정문으로 세워진 카이젤 개선문과 부속 정원만 지금까지 잘 보존되고 있다. '튀일리'라는 이름은 기와를 뜻하는 프랑스어 '튀일(tuile)'에서 유래되었다. 정원이 들어서기 전인 16세기 때 기와 제조 공장이 이곳에 있어서 붙은 이름이다.

정원을 설계한 사람은 베르사유 정원을 설계한 루이 14세의 수석 정원사 앙드레 르 노트르(André le Nôtre, 1613~1700)다. 훗날 '정원사의 왕'이라는 칭호를 부여받은 그는 이탈리아에서 조경을 공부하고 돌아와 프랑스의 지형과 풍토에 맞는 평면식 정원을 설계하고 시공하여 유럽 정원계에 돌풍을 일으켰다. 이런 그를 고용한 메디치 왕비는 자신이 사는 궁궐 앞뜰을 베르사유 정원만큼이나 화려하고 격조 있게 재단장시켰다.

현재 정원은 시민들에게 무료로 개방되어 대형 분수대를 중심으로 나무 그늘 곳곳에 1인용 의자들을 배치하여 파리지앵들이 잠시나마 쉬어 갈 수 있게 해 놓았다. 왕실 정원이었던 이곳이 시민들에게 개방된 것은 1667년이다. 〈신데렐라(Cinderella)〉의 작가 샤를 페로(Charles Perrault, 1628~1703)가 요청하여 유럽 최초로 일반에게 왕실 정원을 공개했다고 한다.

튀일리 정원처럼 기하학적인 형태로 만들어진 정원을 흔히 '프랑스 바로크식 정원'이라고 한다. 이쯤에서 유럽 정원의 역사를 살펴보자. 15세기 이탈리아 르네상스 시기에 피렌체 일원에서 빌라 정원이 조성되기 시작했다. 이 정원 양식이 16세기 무렵 로마 지역 추기경들의 빌라 정원에서 활짝 꽃피워 알프스 이북 지역까지 확산되었고, 이후 프랑스에서는 정원 설계 유학을 다녀온 르 노트르에 의해 17세기 절대왕정 시대를 대변하는 프랑스식 바로크 정원으로 정착되었다. 반면 영국에서는 18세기로 접어들며, 인위적이고 숨 막힐 정도로 규격화된 프랑스식 정원 양식에 반발하여 독자적인 자연풍경식 정원이 만들어지기 시작했다.

프랑스 바로크식 정원의 특징은 하얀 도화지 위에 자와 컴퍼스를 이용해 직선 위주로 선을 긋는 것처럼 땅을 네모, 세모 등으로 반듯하게 구획 지은 뒤 대칭성을 살려 길을 내고, 화단 안에는 기하학적인 형태로 수목을 심고 가꾸는 데 있다. 이에 반해 영국의 풍경식 정원은 인공적으로 정원을 설계하고 수목을 배치하면서도 최대한 자연미를 풍기게 꽃과 나무를 배치한다. 정원 안에 자연 상태 그대로인 듯 싶은 물길을 설치하기도 하고, 정원 밖의 숲과 정원 안을 구분하지 않아 정원의 안과 밖이 자연스럽게 어우러지도록 한다. 이러한 영국식 정원의 대표작으로는 영화 〈오만과 편견(Pride and Prejudice)〉의 촬영지로 유명한 영국 윌트셔 주의 스투어 강 유역에 위치한 스투어헤드 정원(Stourhead Garden)과 게이 귀족 남자와 레즈비언 여류 작가의 사랑과 우정이 담긴 시싱허스트 정원(Sissinghurst Castle Garden), 처칠의 생가 정원인 차트웰 정원(Chartwell Garden)이 있다.

프랑스식 정원과 영국식 정원을 비교해 보기 위해 굳이 영국까지 갈 필요는 없다. 프랑스 내에도 영국식 정원이 있다. 베르사유 궁전의 정원을 감상하며 대운하 안에 있는 아폴로 분수대까지 내려가자. 이곳에서 오른편으로 방향을 잡아 잠시 걸어가면, 루이 16세가 사랑하는 부인 앙투아네트를 위해 선물한 프티 트리아농(Petit Trianon) 궁이 있다. 본래 이 궁전은 루이 15세가 애인 퐁파두르(Pompadour, 1721~1764) 부인을 위해 축조한 곳이다. 그런데 아들인 루이 16세는 사랑하는 부인 앙투아네트가 첫딸을 낳자 그 기념으로 이 건물을 선사했다. 궁내에서는 왕비 마음대로 무엇이든 해도 된다는 특별 허가까지 덧붙여서.

결혼한 지 7년이 지나도록 아기를 낳지 못해 왕실 사람과 귀족 들의 눈총으로 스트레스가 만만치 않았던 앙투아네트는 이 궁궐을 하사받은 이후 자신의 비밀 아지트로 삼았다. 번잡하고 화려한 베르사유 궁전 생활에 지치면 이곳에 와서 휴식을 취하고는 했다. 이 시절에 앙투아네트는 별궁 옆 숲속에 소박한 시골 냄새가 물씬 풍기는 촌락을 인위적으로 만들었다. 그러고는 간혹 들러 어린아이가 소꿉놀이하듯이 양젖도 짜고 방앗간에서 방아도 찧는 등 짝퉁 시골 생활을 원 없이 즐겼다. 음모와 배신이 횡행하는 왕실 생활에서 받는 스트레스를 이곳에서 풀었던 것이다.

이 마을의 공식 이름은 '왕비의 촌락(Hameau de la Reine)'이다. 이곳이 바로 프랑스 내에서 볼 수 있는 대표적인 영국식 정원이라고 할 수 있다. 파리 시내에도 영국식 정원 분위기를 지닌 공원이 몇 군데 있다.

몽수리 공원(Parc Montsouris), 몽소 공원(Parc Monceau), 뷔트쇼몽 공원(Parc des Buttes-Chaumont)이 그곳이다.

프랑스 바로크식 정원과 영국식 정원의 차이가 머릿속에 그려지지 않으면, 우리나라 전통 정원과 일본 전통 정원의 차이점을 떠올리면 된다. 전라남도 담양에 있는 조선의 전통 정원 '소쇄원'처럼 설계자가 의도를 가지고 정원을 꾸몄지만 자연미를 최대한 살린 정원이 영국식 정원이다. 반면 일본 정원처럼 나무 한 그루, 꽃 한 송이, 화단 안의 모래와 돌까지도 의도를 가지고 자르고 다듬어 인위적 냄새를 풍기면 그게 유럽에서는 프랑스 바로크식 정원이다. 바로크식 정원이라 해서 굳이 바로크 양식과 연계시킬 필요는 없다. 프랑스식 정원이 만들어지고 유행하던 시기가 프랑스 절대왕정의 전성시대인 17세기였고, 이 시기에는 그림부터 공예, 건축, 옷차림에 이르기까지 화려하고 우아미 넘치는 귀족풍 가득한 양식이 유행했는데, 이 모두를 총체적으로 '바로크 양식'이라고 한다. 프랑스식 정원 또한 이 양식이 유행하던 시기에 만들어져서 '바로크식 정원'이라고 칭할 뿐이다.

모네의 수련 대작이 있는
오랑주리 미술관 Musée de l'Orangerie

튀일리 정원을 걷다 보면 서남쪽 모퉁이에 작은 크기의 창 넓은 석조 건물이 보인다. 오렌지 나무 재배 온실을 개조하여 만든 오랑주리 미술관이다. 규모는 작지만 루브르, 오르세와 함께 파리 3대 미술관으로 손꼽히는 곳이다. 예술의 도시 파리에 더 크고 멋진 미술관도 많은데, 이렇게 작은 곳이 3대 미술관이냐며 폄하하진 말자. 공간은 협소하지만 인상파 화가들의 보석 같은 작품이 다수 전시되어 있다. 그래서 별명 붙이기 좋아하는 사람들은 이 미술관을 '제2의 오르세'라고 칭하기도 한다. 인상파 그림 대다수를 전시하고 있는 오르세 미술관이 오랑주리에서 센 강을 건너면 있기 때문이다.

오랑주리에는 클로드 모네(Claude Monet, 1840~1926)가 기증한 〈수련(Nymphéas)〉 연작을 비롯하여 폴 세잔(Paul Cézanne, 1839~1906), 피에르 오귀스트 르누아르(Pierre-Auguste Renoir, 141~1919)와 같은 인상파 대가의 작품은 물론이고, 이탈리아 출신으로 파리에서 주로 활동한 아메데오 모딜리아니(Amedeo Modigliani, 1884~1920)의 작품도 감상할 수 있다. 특히 미술관 0층 두 개의 대형 전시실에 전시된 모네의 〈수련〉 연작 여

덟 점은 전시장 안에 온통 수련만 피어 있는 듯한 느낌을 주어, 모네가 〈수련〉 그림을 그리던 지베르니 연못에 서 있는 기분을 느끼게 한다. 파리에서 서쪽으로 방향을 잡아 70킬로미터쯤 가면 있는 센 강변의 한적한 마을 지베르니에서 모네는 죽을 때까지 물경 43년을 살며 연못의 수련들을 시시때때로 화폭에 담아냈다.

그는 〈수련〉 작업을 50대 후반부터 꾸준히 했는데, 오랑주리 미술관의 〈수련〉 연작은 그가 미술관 내의 타원형 방을 생각하며 특별 맞춤으로 그린 그림이다. 일흔여섯 살에 그리기 시작하여 여든한 살에 완성한 대작이다. 모네는 이 그림을 작업하던 중 백내장으로 한동안 붓을 꺾기도 했다. 하지만 이 소식을 듣고 찾아온, 1차 세계대전 당시 프랑스 총리이자 절친인 조르주 클레망소(Georges Clemenceau, 1841~1929)의 격려의 말을 듣고 두 차례에 걸친 백내장 수술을 받은 뒤 그림을 완

▼ 모네의 〈수련〉 연작 | 오랑주리 미술관 0층 두 개의 대형 전시실에 전시된 모네의 〈수련〉 연작 중 일부. 모네가 일흔여섯 살에 그리기 시작하여 여든한 살에 완성한 대작이다.

성했다. 클레망소가 권한 말은 이러했다.

"그림을 그려요. 당신은 깨닫지 못하고 있지만 당신에게는 불후의 명작을 완성해 낼 힘이 있어요."

클레망소도 파리 도보 여행 중에 만날 수 있다. 미술관을 나와 샹젤리제 거리 쪽으로 걷다 보면 클레망소 광장이 보인다. 이곳에 육중한 몸집의 외투 입은 사람이 서 있는데, 그가 바로 1차 세계대전 직후에 독일을 혹독하게 다루어 '호랑이 수상'으로 소문난 클레망소다.

오랑주리 미술관에 〈수련〉이 걸린 시기는 1927년으로 모네가 하늘로 떠난 이듬해였다. 그는 〈수련〉 연작 여덟 점을 기증하며 단독 작품 전시를 요청했다고 한다. 이에 부응하여 전시관 측은 모네가 염두에 둔 0층 전시장을 〈수련〉만을 위한 특별 전시실로 꾸몄다. 타원형으로 전시된 〈수련〉 연작은 확실히 볼 만하다. 특이한 점은 모네가 이 작품을 1차 세계대전이 끝난 직후인 1918년 11월 11일, 정전을 기념하여 프랑스 정부에 기증했다는 사실이다. 그러나 정부라기보다는 절친 클레망소가 총리 겸 육군장관으로 전쟁을 승리로 이끌었기에 그에게 종전 축하 기념으로 증정했을 가능성이 더 크다.

〈수련〉 대작이 오랑주리 미술관에 걸리고 일반에 공개되기 전날, 클레망소는 여러 수행원과 함께 미술관을 찾아왔다. 이때 당시 그는 친구가 선물한 〈수련〉이 걸린 방에 혼자 있게 해달라고 부탁했다. 잠시 뒤 모습을 드러낸 클레망소의 눈가에는 눈물이 번져 있었다고 한다.

"나는 언제나 이론이 싫었습니다. 다시 말해서 시시각각 변화하는 것을 직접 보고 그에 대한 나의 인상을 표현하고 싶었을 뿐입니다."

모네가 사망하기 반년 전쯤에 했다는 말이다. 그의 말처럼 오랑주리의 〈수련〉 방 중앙에 서서 빙 둘러 보다 보면, 그가 평생을 추구했던 '빛의 예술'에 저절로 감동하게 된다. 마치 깊은 숲속에 들어가 선화(禪畵)를 감상하는 느낌이 든다.

한편 오랑주리는 온실을 개조한 미술관이라서 천장과 벽면의 유리창 사이로 쏟아져 들어오는 자연광이 그림을 감상하는 데 또 다른 묘미를 선사한다. 입장을 기다리는 관광객의 줄이 길더라도 꼭 들어가서 〈수련〉을 감상해 보길 권한다. 기왕에 들어갔다면 지하 전시실까지 둘러보자. '폴 기욤-장 발테르 컬렉션'을 볼 수 있다. 화가를 꿈꾸었으나 재질이 없음을 간파하고 일찌감치 수집가의 길로 들어선 폴 기욤(Paul Guillaume, 1878~1962)과 그가 사망한 뒤 돈 많은 건축가 장 발테르(Jean Walter, 1883~1957)와 재혼한 그의 부인 도메니카가 평생 모은 소장 그림들을 국가에 헌납하여 이곳에 전시해 놓았다.

마리 앙투아네트가 형장의 이슬로 사라진
콩코르드 광장 Place de la Concorde

튀일리 정원 서쪽 입구에서 길을 건너면 대형 광장이 나온다. 콩코르드 광장이다. 튀일리 정원과 콩코르드 광장의 경계선은 대형 관람차가 차지하고 있다. 줄서서 대기하는 사람이 적으면 티켓을 끊어 얼른 타 보자. 관람차 최고점에서 바라보는 파리 풍광이 너무 아름다워 추천하지 않을 수가 없다. 특히 샹젤리제 거리의 쭉 뻗은 모습이 마음을 환히 밝힌다.

유럽 도시의 중세와 근대에서 광장을 빼면 팥 앙금 없는 붕어빵과 같다. 유럽 도시들은 '광장 문화'라는 말이 있을 정도로 광장을 중심으로 거의 모든 일들이 이루어졌고, 지금도 축제, 홍보, 상업 활동과 같은 다양한 일들이 광장 내에서 이루어지고 있다.

파리 시내에는 크고 작은 광장들이 수도 없이 많다. 그중에서 가장 큰 광장이 콩코르드다. 면적이 약 2만 6천여 평에 달하니, 가운데 서면 사방이 탁 트여 먼 곳까지 잘 보인다. 사각형에 가까운 팔각형으로 이루어진 이 광장은 루이 15세의 기마상을 세우기 위해 1755년, 앙주자크 가브리엘(Ange-Jacques Gabriel, 1698~1782)의 설계로 축조되었다. 이름도 당연히 '루이 15세 광장'이었다. 하지만 프랑스혁명 시기에 기마상은 파괴되었고, 그 자리에 단두대가 설치되었다. 광장 이름도 '혁명광장'으로 바뀌었다. 이곳 단두대에서 루이 16세와 앙투아네트는 물론이고, 혁명 지도부를 이끌며 공포정치를 조장했던 로베스피에르마저 처단되었다.

광장 안에는 높이 23미터의 오벨리스크가 우뚝 서 있다. 태양신을 상징하는 오벨리스크는 고대 이집트의 유산이다. 현재 오벨리스크는 고향인 이집트에 9개만 남아 있고, 그 외에는 모두 유럽 땅에서 자동차 매연으로 고생하고 있다. 이탈리아에 11개, 영국과 프랑스 등지에 9개가 있다.

기원전 13세기 전반 것으로 추정되는 콩코르드 광장의 오벨리스크는 이집트의 람세스 2세(Ramesses II, B.C 1303년경~B.C 1213년경) 때 제작된, 테베(Thebes)*의 람세스 사원 앞에 세워진 오벨리스크다. 1829년에 당시 이집트 총독이었던 알바니아 출신 무함마드 알리(Muhammad Ali, 1769~1849)가 프랑스 왕 루이 필리프에게 기증한 것으로, 운송 기간만 4년 정도 걸렸다. 사면에 파라오를 찬양하는 내용이 이집트 상형문자로 가득 새겨져 있다.

오벨리스크 좌우에는 로마의 산 피에트로 광장(Piazza di San Pietro)의 분수를 본뜬 분수대가 설치되어 있다. 1836년에 만든 것으로 바다와 강을 상징하는 분수다. 광장 외곽의 각 모서리에는 여덟 개의 여신상이 세워져 출입문을 대신하고 있다. 마르세유, 낭트, 리옹, 보르도 등 프랑스 내 8대 도시를 상징하는 조각상이다. 신상 모습을 꼼꼼히 살펴보자. 대포 위에 앉은 여신의 관이 성곽 모양이다. 이런 관을 '성벽관'이라 한다. 고대 로마에서는 적의 성을 공략할 때 맨 먼저 성 안에 진입한 병사에게 훈장처럼 '성벽관'을 씌워 주었다. 여기서 유래하여 '성벽관을 쓰고 있는 여신'은 도시 그 자체를 상징한다.

콩코르드 광장으로 이름이 변경되어 정착된 것은 1830년 7월 혁명 이후부터다. 콩코르드는 '화합, 조화'를 뜻한다. 많은 사람이 죽어 갔던 암흑의 역사를 넘어 평화와 화합의 시대로 나아가자는 프랑스 사람들의 염원이 광장 이름에 담겨 있다고 하겠다.

---

* 고대 이집트의 수도로 현재는 이집트 남부에 있는 도시 룩소르(Luxor)를 가리킨다.

호랑이 수상이 서 있는
클레망소 광장 Place de Clemenceau

콩코르드 광장에서 개선문 쪽으로 왼쪽 길을 따라 500미터쯤 가면 사거리에 작은 광장이 나온다. 클레망소 광장이다. 광장 자체가 작고 별다른 특징이 없어서 대부분의 사람들이 그냥 지나치지만 대형 동상 2개가 도로 양편에 서 있어서 인물 구경을 할 만하다.

뚱뚱한 체구에 외투를 입은 동상의 주인공은 1차 세계대전 당시 프랑스 수상으로 전쟁을 지휘했던 클레망소다. 패전한 독일에 혹독한 배상금을 물려 '호랑이 수상'으로 유명하다.

길 건너편에 군복을 입고 서 있는 키 큰 아저씨는 프랑스 사람들이 나폴레옹만큼 사랑하는 위인 샤를 드 골 대통령이다. 2차 세계대전 당시 조국 프랑스가 독일 손에 떨어지자 영국으로 망명하여 대독 항쟁을 지속했으며, 종전 뒤에는 '위대한 프랑스'를 모토로 1960년대 말까지 대통령으로서 프랑스 정치를 주도했던 군인 출신 정치가다.

클레망소 광장에서 센 강변까지 한 블록 전체를 차지하고 있는 집들은 프티 팔레(Petit Palais)와 그랑 팔레(Grand Palais)다. 1900년 파리만국박람회를 위해 지은 건물들로, 프티 팔레는 현재 파리 시립미술관으로 쓰이고 있다. 고대부터 현대까지의 유물과 예술품을 두루 전시하고 있다. 귀스타브 쿠르베(Gustave Courbet, 1819~1877)와 들라크루아의 그림도 있으니 시간 여유가 있으면 관람해도 좋다.

프티 팔레 도로 건너편에 있는 그랑 팔레는 유리로 된 둥근 천장으로 유명하다. 유리 천장이 별거냐고 생각할 수도 있다. 그러나 유물이나 유적을 살필 때 꼭 잊지 말아야 할 것은 그것이 만들어지거나 사용되었던 시기다. 지금은 유리로 만든 건물이나 제품이 평범한 기술에 불과하지만 그랑 팔레가 만들어지던 시기의 유리는 최첨단 제품이었다. 따라서 깨지기 쉬운 유리로 집을 짓는 것은 프랑스의 기술력이 이 정도라는 자신감과 자부심을 세계 사람들에게 알리는 행위이자 관람객을 들끓게 만들 수 있는 깜짝 쇼였다.

지금 그랑 팔레는 극장과 전시관 들이 들어선 문화 공간으로 활용되고 있다. 한국과 프랑스 정부는 양국 수교 130주년을 기념하기 위해 2015년을 '한·불 상호 교류의 해'로 지정했다. 이후 2년 동안 다양한 행사가 프랑스 각지에서 열렸다. 이때 그랑 팔레도 행사장으로 활용되었다. 2016년 4월부터 약 석 달 동안 흙·불·혼을 주제로 삼국시대 토기부터 현대 자기에 이르는 344점의 우리나라 명품 도자기를 전시하여 우리 문화의 아름다움을 파리지앵들에게 선보이기도 했다.

도로 너머로 센 강 쪽에 아스라이 보이는 다리는 알렉상드르 3세교다. 이 다리 역시 1900년 파리만국박람회에 보조를 맞춰 세운 다리로 프랑스와 러시아의 친교를 다지기 위해 러시아 차르 알렉산드르 3세 (Alexander III, 1845~1894)의 이름을 붙였다. 교량 설계 시 정부는 다리에 섰을 때 북쪽의 클레망소 광장과 남쪽의 쟁발리드가 막힘 없이 훤히 보여야 한다는 조건을 내걸었다. 설계자들은 이 조건을 충족시키기 위해 센 강의 다른 다리보다 상당히 낮은 앉은뱅이 다리를 만들었다. 높이가 고작 6미터에 불과하다. 다리는 양편에 곧추서 있는 17미터 높이의 화강암 기둥과 그 위에 놓여 있는 조각상 덕분에 먼 곳에서도 눈에 쉽게 들어온다. 금박으로 화려하게 단장된 날개 달린 말은 페가수스 (Pegasus)이며, 조각상들은 과학·예술·산업·상업을 우의적으로 나타 낸다. 센 강에 놓인 30여 개의 다리 중 가장 멋진 다리로 명성이 자자 하다.

한편 클레망소 광장에서 동편으로 방향을 잡아 500미터쯤 가면 현재 프랑스 대통령의 집무실인 엘리제 궁(Palais de l'Elysée)이 있다. 1718년부터 짓기 시작하여 1722년에 완성된 건물로 루이 15세가 애 첩인 퐁파두르에게 선물한 집이다. 그녀가 죽자 금융업자에게 넘어가 지금처럼 확장되었다고 한다. 또한 엘바 섬에서 극적으로 탈출하여 재 기를 도모한 나폴레옹이 벨기에의 워털루 전투에서 영국에 패한 이후 1815년 6월 22일 두 번째 양위 문서에 서명하고 세인트헬레나로 유배 를 떠난 곳도 바로 이곳이다. 1873년 이래로 현재까지 프랑스 대통령 관저로 사용되고 있다. 위치를 파악하기 힘들면 클레망소 광장에 서 있는 샤를 드 골이 눈길을 주고 있는 방향으로 길을 잡아 도로를 건너 가서 100미터 정도 걸어가면 경비병이 군데군데 서 있는 건물이 나온 다. 엘리제 궁이다.

파리의 광화문대로
샹젤리제 거리 Avenue des Champs-Élysées

〈오! 샹젤리제(Les champs-Élyées)〉라는 유명한 샹송이 있다. 1969년

에 만들어져 전 세계적으로 크게 히트를 치면서 파리에 대한 동경심을
갖게 만든 노래다. 곡조가 경쾌하고 후렴구가 중독적이어서 어깨가 절
로 들썩거린다. 가사 전체를 우리말로 번역하면 다음과 같다.

낯선 이에게 마음을 열고 거리를 산책했어요.

누군가에게 인사하고 싶었는데 바로 당신이었어요.

당신에게 아무 말이나 건넨 건

당신과 친해지고 싶어서였어요.

오! 샹젤리제, 오! 샹젤리제.

샹젤리제에는 태양이 빛날 때나 비가 내릴 때나

한낮이나 한밤이나 여러분들이 원하는 것은 모두 다 있답니다.

내게 말했지요. 어느 지하 카페에서 아침부터 저녁까지

기타만 치고 사는 미친 녀석들과 약속이 있다고.

그래서 난 당신을 따라가 노래하고 춤을 추었지만

입맞춤은 생각도 못했어요.

오! 샹젤리제, 오! 샹젤리제.

샹젤리제에는 태양이 빛날 때나 비가 내릴 때나

한낮이나 한밤이나 여러분들이 원하는 것은 모두 다 있답니다.

어제저녁에는 모르던 두 사람이 오늘 아침 거리에서는

긴 밤 지새우며 완전히 마음을 빼앗긴 연인이 되었어요.

에투알 광장에서 콩코르드 광장까지 오케스트라와 수많은 현악기들

동틀 무렵의 온갖 새들이 사랑을 노래해요.

오! 샹젤리제, 오! 샹젤리제.

샹젤리제엔 태양이 빛날 때나 비가 내릴 때나

한낮이나 한밤이나 여러분들이 원하는 것은 모두 다 있답니다.

이 노래 가사대로라면 샹젤리제 거리는 하룻밤 사이에 낯선 이들도 죽고 못 사는 사이가 되는 '연인의 거리'다. 정말 그럴까? 그건 아니겠지만 세계적으로 워낙 유명한 거리이기에 파리를 가면 누구나 반드시 걷고 오는 길이다.

샹젤리제는 콩코르드 광장에서 에투알 개선문까지 연결된 폭 70미터, 인도까지 포함하면 124미터, 길이 2킬로미터 정도로 곧게 뻗어 있는 가로수길이다. 차도와 인도 사이에 오래된 마로니에와 플라타너스가 개선장군처럼 도열해 있어서 더운 여름에도 걷기에 안성맞춤이다.

이 길을 조성하는 데 아이디어를 낸 사람은 앙리 4세의 부인 마리 드 메디치 왕비였다. 17세기 중반이었다. 그녀는 늪 지대였던 현재 샹젤리제 지역을 튀일리 정원에서 이어지는 산책길로 만들고 싶었다. 정원 설계자 앙드레 르 노트르(André Le Notre, 1613~1700)에게 가로수길 설계를 의뢰했다. 르 노트르 이 사람, 참 대단하다. 프랑스 정원의 역사에서 이 사람이 빠지면 정리가 되지 않을 정도다. 일 드 프랑스 지역의 대표적 정원인 보르비콩트 성(Château de Vaux-le-Vicomte), 베르사유 궁전, 튀일리 정원 등 17세기 절대왕정 시기 바로크식 정원의 대표작들

은 대부분 르 노트르의 설계로 완성되었다.

르 노트르는 왕비의 의도대로 곧게 뻗은 대형 가로수길을 완성했다. 물론 처음 만들어질 때부터 지금처럼 아름다운 길은 아니었다. 나무를 심고 대로를 닦아 놓았으나 사람이 거의 살지 않아 도둑과 매춘만 성행했다. 이런 길이 번화가가 된 시기는 19세기 후반이다. 오스만 남작이 파리 시내를 대대적으로 정비하면서 신흥 부자들의 취향에 맞는 상점과 갤러리, 식당 등이 하나둘씩 들어섰다. 가로수는 세월 따라 점점 자라고 가지들도 옆으로 팔을 벌려 짙은 그늘을 선사했다. 어찌 보면 세월이 샹젤리제를 지금과 같은 명성을 지닌 명품 가로수길로 변신시킨 것이다. 서울 하면 '명동', 파리 하면 '샹젤리제'라고 할 수 있다.

도로 주변에 관광 상품부터 일상용품을 파는 가게들이 즐비하다. 카페와 식당도 지천이다. 느긋하게 아이 쇼핑을 즐기며 쉬멍 놀멍 하기에 좋다. 여행 도중 갑자기 활동하기 편한 옷을 사고 싶다면 자라(ZARA)나 H&M의 문을 열고 들어가자. 둘 다 우리나라에도 매장이 있는 패스트 패션몰로, 물가 비싼 파리에서 그나마 싼 가격에 입기 편한 옷을 살 수 있는 곳이다.

그 밖에 어린아이들의 발길을 멈추게 하는 '디즈니 스토어'도 보이며, 프랑스 젊은이들의 최신 문화 아이템을 빠르게 감지할 수 있는 가전·컴퓨터·음반·책·전자기기 등을 파는 복합 매장 '프낙(Fnac)'도 둘러볼 수 있다. 우리나라 젊은층도 좋아하는 패션 액세서리를 파는 '아가타' 매장도 찾을 수 있다.

전 세계적으로 이름 높은 명품 루이 뷔통 본점도 보인다. 루이 뷔통은

1854년에 설립된 회사다. 설립자가 루이 뷔통(Louis Vuitton, 1821~1892)
이므로 회사 이름이 어디서 유래되었는지는 쉽게 알 수 있다. 회사 설
립 초창기에는 여행용 가방을 주로 만들었다. 당시는 귀족들이 마차를
타고 여행을 할 때였고, 여행 가방은 반원형의 대형 트렁크였다. 뷔통
은 마차의 실내 공간은 좁은데 트렁크가 대형인 데다 반원형이어서 속
빈 강정처럼 실속이 없다고 여겼다. '어떻게 하면 마차 안의 공간을 효
율적으로 이용할 수 있을까?' 궁리하던 뷔통은 여러 번의 개선 작업 끝
에 드디어 혁신적인 가방을 만들어 냈다. 어떻게 개선했을까? 별게 아
니다. 반원형의 가방을 평평한 사각 디자인으로 바꿨을 뿐이다.

　성공한 사람들의 인생을 살펴보면 딱히 그들이 천재라서 성공한 것
이 아니다. 그저 자기 일을 열심히 하면서 불편함을 편리함으로, 복잡
함을 단순함으로 개선하는 과정에서 시대 운과 맞아떨어져 대성공을
거두었을 뿐이다. 내가 내심 존경하는 오마하의 현인 워런 버핏(Warren
Buffett, 1930~)도, 마이크로소프트 창업자 빌 게이츠(Bill Gates, 1955~)도
그런 유형이다. 천재라고 해서 다 성공을 거두지는 않는다. 열정과 적
절한 시대 운이 천재적 기질과 융합될 때 큰 성공은 따라온다. 작은 성
공은 열정 하나만으로도 가능하지만 말이다.

　뷔통 역시 그랬다. 평평한 대형 사각 트렁크는 귀부인들의 화사한
드레스를 구기지 않고도 좁은 마차 안에 효율적으로 실을 수 있었다.
루이 뷔통 제품이 최고라는 소문은 삽시간에 파리 상류층에 퍼졌다.
자고로 유행은 남자보다 여자가 이끈다. 재미있는 사실은 이 트렁크
가 대히트를 치며 다른 회사들도 너도나도 짝퉁 루이 뷔통을 만들기

시작했다는 점이다. 19세기에도 루이 뷔통 짝퉁이 있었다니 소가 웃을 일이다. 창업자의 아들이자 2대 사장인 주르주 뷔통(Georges Vuitton, 1857~1936)은 고민 끝에 다른 회사들이 도용하기 힘든 루이 뷔통만의 디자인을 개발했다. 1896년이었다. 아버지 이름 이니셜인 LV와 당시 프랑스 사회에서 크게 유행하던 일본 문화를 상징하는 벚꽃과 별 문양을 반복적으로 배열한 독특한 도안이었다. 이 디자인으로 만든 가방들은 날개 돋친 듯 팔려 나갔다. 루이 뷔통 신화를 탄생시킨 '모노그램 캔버스' 라인의 시작이었다. 지금도 이 라인은 철 따라 유행 따라 변주되며 인기리에 팔리고 있다.

샹젤리제는 그리스 신화 속에서 영웅들의 영혼이 머무는 사후 세계 '엘리시움(Elisium)'에서 유래한 이름으로 '천국의 뜰'이라는 의미가 담겨 있다. 서쪽으로 곧게 뚫린 대로여서 노을빛에 붉게 물든 마로니에 길은 천국의 길처럼 아름답다.

콩코르드 광장에서 출발하여 느릿느릿 이곳저곳에 눈길 주며 걷다 보면 어느덧 샹젤리제의 끝인 에투알 광장에 도착한다. 광장으로 들어가서 에투알 개선문 옥상에 서 보자. 360도로 펼쳐진 12대로가 장관이다. 이틀째 걷기 관광은 이곳에서 마무리 짓자.

혹여 신개선문까지 가 보고 싶다면 더 이상 걷지 말고 지하철 역사로 내려가 교외 전철인 RER-A선을 타자. 걸어서 가기에는 너무 멀다. 7킬로미터 이상 걸어야 한다. 또한 메트로 승차권이 있더라도 일회용이라면 반드시 RER 전용 승차권을 구매해서 타자. 잊어서는 안 된다. 크게 낭패를 당한다. 신개선문은 메트로 1회용 승차권인 t+로 갈 수 있는 구역이 아니다. 신개선문이 있는 라 데팡스 지하철역에서 출구를 통과할 때 티켓을 반복해서 넣어도 삐 소리만 나고 문은 열리지 않는다. 역무원이 보면 해당 티켓 값의 10배나 되는 벌금을 물어야 하는 등 두루두루 손해니 꼭 RER 전용 승차권으로 이동해야 한다. 모빌리스(1일 교통권)와 나비고(1주일 또는 1개월 사용권), 관광객을 위한 파리 비지트 카드는 사용할 수 있다.

파리 지하철은 한국 지하철만큼 쾌적하지 않다. 1900년에 파리만국박람회를 개최하며 개통되었으니 지하철 역사가 100년이 훨씬 넘었다. 그만큼 시설들이 낡았다. 겨울에도 지린내 등 불결한 냄새가 나고 천장에서 물이 뚝뚝 떨어지지만 여름에는 더 심하다. 타고 내릴 때 우리 지하철처럼 문 앞에서 문이 열리기를 느긋하게 기다려서도 안 된다. 대부분 수동 조작이다. 문에 부착된 버튼을 누르거나 손잡이를 위로 올려야 문이 열린다. 파리에서 대중교통을 이용할 때 제일 쉬운 방법은 파리지앵이 어떻게 하는지 눈치껏 봐 두었다가 그대로 따라하는 것이다. 세상 어디를 가든 기계 작동법은 대체로 비슷비슷하다. 당황하지만 않으면 어떻게든 해결된다. 궁하면 통하는 것은 만고불변의 진리다.

메트로는 파리 시 안을 코스별로 운행하는 지하철로 서울로 따지면 1~9호선이다. 총 14개 노선이 주로 1존과 2존 내에서 열심히 파리 지앵들을 실어 나르고 있다. A~E까지 총 5개 노선이 운행되는 RER은 파리 시내와 외곽 지역을 연결해 주는 고속전철이다. 서울로 치면 인천, 의정부, 천안 가는 전철이다. 구간은 1존부터 5존까지 나뉘어 있으며, 각 역에 따라 요금이 다르다. 그러니 탈 때는 요금표를 잘 확인해야 한다.

이제 이틀째 관광 끝!

▲ 신개선문 | 프랑스혁명 200주년을 기념하는 의미로 1989년에 만들어졌다. 문 가운데 펼쳐진 구조물은 구름을 상징한다.

◀ 카루젤 개선문 | 파리의 개선문 세 개 중 가장 먼저 만들어졌다. 나폴레옹의 이탈리아 원정과 아우스터리츠 전투에서의 승리를 기념하기 위해 세웠다.

▼ 튀일리 공원 | 베르사유 정원을 설계한 앙드레 르 노트르가 조경했다. 왕실 정원이었던 이곳은 1667년 시민들에게 개방되어 파리지앵들의 안식처가 되어 주고 있다.

▲ 콩코르드 광장 | 루이 16세와 마리 앙투아네트 그리고 혁명 지도부를 이끌었던 로베스피에르가 처형된 곳이다. 이집트가 선물한 오벨리스크도 보인다.

▲ 샹젤리제 거리 | 샹송 제목으로도 유명한 이 거리는 명품 가로수길로 변신해 많은 관광객을 불러 모으고 있다.

▲ 클레망소 동상 | 1차 세계대전 당시 프랑스 총리로 전쟁을 지휘했던 클레망소. '호랑이 수상'으로 유명했다.

Part 3

샤요 궁전에서
알마 광장까지

3day

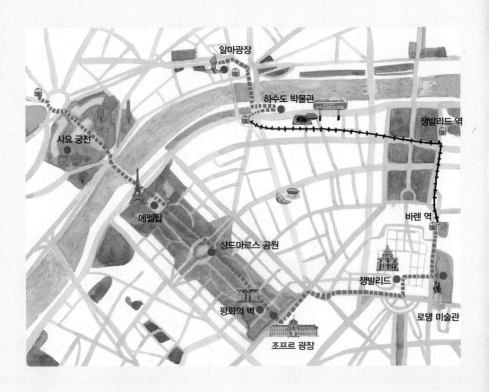

세계인권선언이 채택된 곳

샤요 궁전Palais de Chaillot

사흘째 도보 답사의 시작점은 샤요 궁전이다. 시간적으로 여유가 없으면 이 궁전은 굳이 들어가지 않아도 된다. 특색이 있거나 연륜이 깊은 궁이 아니다. 그럼에도 사흘째 답사를 이곳에서 시작하는 이유는 에펠탑이 가장 위풍당당하게 보이기 때문이다. 은하수를 사이에 두고 서로를 그리워하는 견우와 직녀처럼, 샤요 궁전과 에펠탑은 센 강을 사이에 두고 마주 보고 있다. 탑이 워낙 높이 솟구쳐 있어서 파리 시내 어디에서건 눈만 들면 에펠탑이 보이지만, 샤요 궁전 앞에서 보는 에펠탑이 가장 훤칠하다.

이 궁전은 1937년 파리만국박람회를 위해 지은 건물이다. 좌우 대칭 구조의 신고전주의 양식으로 마치 독수리가 날개를 활짝 편 것 같은 자태를 지니고 있다. 현재 서쪽 건물은 해양 박물관으로 이용하고 있고, 동쪽 건물은 건축·문화유산 단지로 각종 전시장이 들어서 있다. 중앙 광장 지하에는 3천여 명의 관객들을 동시에 수용할 수 있는 규모와 시설을 갖춘 국립극장이 있다. 고전극과 현대극을 비롯하여 프랑스 국내외의 다양한 작품들이 공연되고 있으며, 국제회의나 국가기념행사 장소로도 종종 사용된다. 1948년 세계인권선언을 채택하는 유엔 총회가 이곳에서 열렸다. 샤요 궁전에 갔다면 하늘 높이 치솟은 에펠탑을 배경으로 멋의 도시 파리에 다녀간다는 인증 샷을 반드시 찍자.

파리의 랜드마크
에펠탑 Tour Eiffel

"진실로 비극적인 가로등"

-소설가, 레옹 블루아(Leon Bloy, 1846~1917)

"불완전하고 혼란스러우며 일그러진 체육관 장비 같은 철 기둥"

-시인, 프랑수아 코페(François Coppée, 1842~1908)

에펠탑 설계안이 공모되고, 탑이 실제로 올라가던 시점에서 프랑스의 문화계를 이끌던 지식인들이 에펠탑을 향해 너도나도 한마디씩 던진 비난의 일부다. 지금은 프랑스를 대표하는 상징물이지만 초창기에는 이처럼 흉물스런 괴물 취급을 받았다.

탑의 설계자는 알렉상드르 귀스타브 에펠(Alexandre Gustave Eiffel, 1832~1923)이다. 1889년 파리에서 열릴 만국박람회를 돋보이게 하고 프랑스의 기술력을 전 세계 사람들에게 과시하기 위해 조직위원회는 1886년 5월, 300미터 철탑 설계안을 공모했다. 짧은 공모 기간이었음에도 조직위에 접수된 설계안은 100개가 넘었다. 심사단은 만장일치로 에펠의 설계안을 채택했다.

그런데 문제는 예산이었다. 에펠이 탑을 세우려고 조직위원회와 협의해 보니 탑 건설은 거의 불가능에 가까웠다. 300미터짜리 탑을 세우려면 아무리 허리띠를 졸라매도 650만 프랑은 있어야 했다. 그런데 조직위원회가 제시한 공사비는 150만 프랑이었다. 에펠은 고민했다. 포기할 것인가, 아니면 사비를 들여서라도 공사를 끝내고 이익을 남기는 방법을 모색할 것인가. 에펠은 과감히 후자를 선택했다. 계획된 예산보다 더 들어가는 돈은 에펠이 개인적으로 염출하되, 향후 20년간 탑에서 나오는 수익금은 에펠이 모두 갖는 조건이었다. 탑을 세운 뒤 정산해 보니 총금액은 800만 프랑 정도였다. 에펠의 손해가 만만치 않았다. 에펠이 멍청했던 것일까? 아니다. 오히려 에펠은 셈속이 빠른 돈벌이의 귀재였다. 그 이유는 조금 뒤에 밝히기로 하자.

1889년 3월 31일에 준공식이 거행되었다. 에펠은 파리 시 의원들과 함께 프랑스 국기를 꼭대기에 게양했다. 지상 300미터 이상에 국기를 게양한 나라는 당시 프랑스뿐이었다. 조직위원회의 당초 의도와 딱 맞아떨어졌다. 세계인의 이목을 집중시킴과 동시에 자국인의 자긍심을 높이는 데 탑이 크게 기여한 것이다.

1889년 5월 6일, 드디어 만국박람회가 개막되었다. 공식적으로 탑에 오른 첫 번째 행운은 박람회 관람 차 파리에 온 영국 왕 에드워드 7세 (Edward Ⅶ, 1841~1910)와 그의 가족에게 주어졌다. 6월 10일이었다. 이후 돈만 내면 신분에 관계없이 누구든지 에펠탑 안으로 들어가 식사를 하고 음료도 마시면서 파리 시내를 조망할 수 있었다. 탑의 높이는 정확히 300.5미터, 들어간 강철은 1만 8천 톤, 리벳과 나사가 250만여 개 사용되었다.

완공 이후의 에펠탑은 곧장 파리의 상징물이 되었고, 세계 건축사에 한 획을 그은 위대한 건축물로 자리매김했다. 당시 기술력으로는 엄두내기도 힘든 대공사에 난공사였기에 사고도 생겼을 것이라고 짐작하겠지만, 사고는 단 한 건도 발생하지 않았다. 에펠의 계획과 감독이 치밀했던 덕분이었다.

에펠은 어릴 때부터 지독한 노력파였다. 학과 공부는 별로였어도 상상력이 매우 풍부했다. 학교를 졸업한 뒤에는 철골 구조의 교량설계자로 사회생활을 시작했는데, 난관에 처하면 기발한 발상과 새로운 해결책으로 위기를 극복하고는 했다. 게다가 성격이 꼼꼼해서 어림짐작으로 하는 일이 일절 없었다. 오로지 철저한 계산과 확실한 결과만을 바탕으로 여러 공사를 진행해 나갔다. 이런 성향으로 프랑스 내 여러 철교들을 큰 사고 없이 만들었으며, 그로 인해 프랑스 철교 구축 기술은 선진 기술을 가진 영국을 능가하기 시작했다.

에펠은 또한 프랑스가 만들어 미국에 선물한 뉴욕 베들로 섬의 명물 〈자유의 여신상〉의 제작 과정에도 관여했다. 미국 독립 100주년을 기념하여 프랑스가 미국에 보낸 〈자유의 여신상〉은 프레데릭 오귀스트 바르톨디(Frédéric Auguste Bartholdi, 1834~1904)가 총책임자였지만 내부의 철골 구조는 에펠의 작품이다. 무게 225톤, 횃불까지의 높이 46미터, 오른손에는 평화의 상징으로 횃불을 쥐고 있고, 왼손에는 미국의 독립기념일인 1776년 7월 4일이라는 날짜가 적힌 독립선언서를 들고 있는 〈자유의 여신상〉. 여신상의 발은 노예 해방을 상징하는 듯 쇠사슬을 밟고 있으며, 날카로운 송곳을 꽂아 놓은 것 같은 뾰족한 머리관은 지구촌 곳곳으로 자유가 퍼져 나간다는 의미를 담고 있다.

재미있는 사실은 파리 센 강에도 짝퉁 '자유의 여신'이 서 있다는 점이다. 파리 시를 관통하는 강의 하류에 있는 그르넬 다리(Pont de

Grenelle) 아래에 있는 인공섬 시뉴 섬 서쪽 끝자락에 서 있는 이 여신 상은 뉴욕의 여신상과 모양은 닮았으나 훨씬 작다. 프랑스에 살던 미국인이 주도하여 〈자유의 여신상〉을 선물해 준 프랑스에 답례하는 차원에서 1889년 프랑스혁명 100주년을 기념하여 기증한 것이다. 여신상의 왼손에 들린 판에는 미국 독립기념일인 '1776. 7. 4'와 프랑스혁명 기념일인 '1789. 7. 14'라는 날짜가 새겨져 있다. 처음 세워질 당시에는 에펠탑을 향하고 있었으나, 1937년 파리만국박람회 때 뉴욕 〈자유의 여신상〉이 있는 서쪽으로 방향을 조정하여 지금은 마주 보는 모습으로 서 있다.

다시 에펠탑 이야기로 돌아가자. 만국박람회의 성공에 에펠탑이 크게 기여한 뒤 반대파의 비난은 잠잠해졌을까? 그렇지 않다.

"높고 깡마른 철사다리로 된 피라미드, 키클롭스의 거대한 기념물이 올려질 것처럼 세워진 기반 위에 공장 굴뚝처럼 서 있는 우스울 정도로 가는 뼈대."

소설 『여자의 일생(Une vie: l'humble Verite)』, 「목걸이(La Parure)」 등을 쓴 세계적인 작가 기 드 모파상(Guy de Maupassant, 1850~1893)이 에펠탑에 선사한 악담이다. 설계 단계에서 이미 20년 동안 에펠 회사에서 운영하기로 약속된 건조물이었지만, 박람회 기간 동안에도 프랑스의 여론 주도층은 파리 경관을 해친다는 이유로 에펠탑 해체를 계속 주장했다. 모파상은 물론이고 졸라, 폴마리 베를렌(Paul-Marie Verlaine, 1844~1896), 알렉상드르 뒤마(Alexandre Dumas, 1802~1870) 등 300명이 넘는 지성인들이 에펠탑을 없애 달라는 탄원서에 서명했다. 특히 모파상과 시인 베를렌은 유별나게 에펠탑을 싫어했다. 모파상은 평소에 야외에서 식사하는 것을 즐겼는데 에펠탑이 들어선 뒤에는 탑 안에 있는 식당을 자주 찾았다. 이를 이상하게 여긴 신문기자가 물었다. "선생님, 탑을 그렇게 싫어하시면서 왜 이 식당에는 자주 옵니까?" 모파상이 대답했다. "파리 시내에서 흉물스런 에펠탑이 안 보이는 유일한 장소가 여기밖에 없는데 나더러 어쩌란 말이오." 지어낸 이야기일 수도 있지만 모파상 입장에서는 능히 그러고도 남았을 에피소드다. 시인 베를렌은 에펠탑이 보기 싫어 길을 걸을 때는 좁다란 골목으로만 다니며 의도적으로 에펠탑을 쳐다보지 않았다고 한다.

여론이 비난 일색이자 프랑스 정부는 계약 기간이 만료되는 20년 뒤에는 에펠탑을 해체하겠다고 약속했다. 그러나 탑은 지금도 건재하다. 탑 위에 설치한 송신탑이 에펠탑을 구제했다. 라디오가 각 가정에 보급되면서 1918년 탑 꼭대기에 송신탑을 설치했는데, 파리에서 에펠탑만큼 전파 방해 없이 넓은 지역으로 방송을 내보내기 좋은 구조물은 없었다. 정부는 20년 전의 약속을 무시하고 에펠탑을 영구 보존하기로 결정했다. 1957년에는 16미터 정도의 텔레비전 안테나까지 덧붙여서 현재 에펠탑의 높이는 세워질 때보다 더 높은 324미터가 되었다. 에펠탑에 가면 엘리베이터를 타고 전망대를 오르기 위해 관광객들이 낮이고 밤이고 줄을 서 있다.

밖에서 바라보는 에펠탑도 좋지만 안으로 들어가 전망대에서 내려다보는 파리 경관도 맛깔지다. 전망대는 세 군데에 있다. 57미터 지점의 제1전망대, 112미터 지점의 제2전망대, 276미터의 제3전망대. 제2

전망대까지는 계단과 엘리베이터를 모두 이용할 수 있지만 제3전망대는 엘리베이터로만 올라갈 수 있다. 제1전망대에는 탑의 역사를 전시한 미니 박물관과 우체국이 있다.

이곳을 찾은 외국인 중에는 독일 독재자 히틀러도 있다. 2차 세계대전 당시 파리를 점령한 그는 에투알 개선문을 통해 파리로 입성해 에펠탑에 올랐다. 하지만 고생은 좀 했다. 당시에도 엘리베이터가 가동되긴 했지만 운전자가 따로 있었는데, 이 운전자들이 모두 피난을 가 버려 계단으로 전망대에 올랐다고 한다.

제2전망대에는 화장실과 기념품점이 있으며, 그날까지의 입장객 수를 보여 주는 전광판도 설치되어 있다. 2002년에 입장객 수가 2억 명을 돌파했다고 한다. 고급 레스토랑 '쥘 베른(Juels Berne)'도 2층에 있다. 전망대에서는 입장할 수 없고, 식당으로 통하는 전용 엘리베이터가 따로 있다.

파리의 거센 바람을 피부로 직접 느낄 수 있는 곳은 제3전망대다. 고소공포증이 있는 사람이라면 약간 힘들겠지만 360도로 펼쳐지는 파리

시가지의 전망은 이루 말할 수 없을 정도로 아름답다. 유리로 둘러싸인 전망대와 야외 전망대 부분으로 나뉘어 있는데, 유리벽의 실내 전망대에는 세계 각국의 국기와 함께, 각 나라와 에펠탑 사이의 거리가 표시되어 있다. 계단으로 올라가는 야외 전망대에는 에펠과 발명왕 '토머스 에디슨(Thomas A. Edison, 1847~1931)의 밀랍 인형이 전시되어 있고, 테이블에는 에디슨이 발명해 1900년 그랑 팔레에서 최초로 선보인 축음기 모형이 놓여 있다. 전망은 말할 것 없이 좋다. 맑은 날에는 사방으로 67킬로미터까지 볼 수 있다고 한다.

야간에는 탑 전체에 설치된 조명으로 파리의 야경이 더 화사해진다. 특히 새벽 1시까지는 매시 정각에 10분간 다양한 색깔의 조명이 반짝이며 회전등이 춤을 춰서 마치 클럽에 온 것 같은 분위기를 자아낸다. 밀레니엄 시대를 맞이하여 2001년에 3만여 개의 전구를 설치, 빛의 축제를 연출했다고 한다. 이 시간에 센 강 유람선을 타고 있으면 파리가 더 매력적으로 다가온다.

마지막 궁금증 하나! 에펠은 에펠탑을 짓는 데 투입한 사비를 모두 거두어들였을까? 5월에 시작하여 10월까지 지속된 박람회 기간에만 하루 1만 명이 넘는 사람들이 에펠탑을 찾았고, 수익금만 650만 프랑이었다. 본인이 부담했던 액수를 박람회 기간 내에 모두 회수해 버린 것이다. 에펠의 예측이 딱 맞아떨어진 결과였다.

육사 연병장이었던
샹드마르스 공원 Champ-de-Mars

한때 인기 있었던 텔레비전 프로그램 〈꽃보다 할배〉에서 신구 선생은 샹드마르스 공원의 푸른 풀밭 위에 어깨 베개를 하고 본인의 유행어 "니들이 게 맛을 알어"를 패러디한 "니들이 파리를 알어"를 유머러스하게 말하며 행복감에 빠져든다. 에펠탑에서 프랑스 육군사관학교까지 이어지는 샹드마르스 공원은 그런 곳이다.

공원은 본디 육군사관학교 연병장이었다. 공원 이름인 '마르스(Mars)'는 태양을 도는 행성인 '화성'을 의미하지만, 화성을 뜻하는 단어 'Mars'는 '전쟁의 신'에서 유래된 행성 이름이다. 따라서 사관학교 학생들의 군사 훈련장인 이곳을 '마르스 공원'이라 이름 붙인 것은 적절한 작명법이라 할 수 있다. 1908년부터 공원으로 정비하여 근 20년을 꾸준히 가꾸어 지금과 같은 광활한 잔디밭과 녹음 짙은 나무 그늘을 만들어 냈다.

이 공원에서는 그동안 다양한 국가 행사들이 치러졌다. 대표적으로 1889년에 개최된 파리만국박람회가 이곳을 중심으로 열렸다. 매년 7월 14일에는 프랑스의 최대 국경일을 기념하기 위한 화려한 불꽃놀이 쇼가 야간에 30분간 펼쳐진다.

샹드마르스 공원과 조프르 광장을 구분 짓는 경계선 역할을 하는 조형물이 공원의 남쪽 입구에 서 있다. '평화를 위한 벽(Mur pour la Paix)'으로 세계 각국의 다양한 언어로 32개의 기둥과 유리벽에 '평화'를 적어 놓았다. 조프르 광장도 그렇고, 길 건너편에 있는 육군사관학교도 그렇고, 조금 더 가면 있는 쟁발리드도 그렇다. 이 구역은 군대와 연관된 시설물이 유독 많다. 작가는 이런 것을 염두에 두었는지, 평화를 강조하는 조형물을 샹드마르스 공원 입구에 설치했다. 이스라엘 예루살렘에 있는 '통곡의 벽'에서 영감을 받아 조각가 클라라 알테르(Clara Halter, 1942~)와 건축가 장미셸 윌모트(Jean-Michel Wilmotte, 1948~)가 공동으로 제작하여 2000년 3월 30일에 세웠다. 굳이 3월에 세운 이유는, 로마 신화에 등장하는 전쟁의 신 '마르스'에서 3월(March)이 탄생했기 때문이다. 전쟁이 지구상에서 사라지기를 바라는 간절한 마음이 탑 안에 온전히 담겨 있다. 세종대왕이 가여운 백성들을 위해 친히 만든 한글도 보인다. 평화, 평화, 평화, 평화. 그럼에도 지구촌 어디에선가는 지금도 인간이 인간에게 총부리를 겨누며 서로를 죽이는 살상을 벌이고 있다. 인간 세상의 아이러니다.

두 군인의 이름이 떠오르는
조프르 광장 Place Joffre 과 구 육군사관학교 École Militaire

조프르 광장은 1차 세계대전 당시 프랑스 육군사령관을 지낸 조제프 조프르(Joseph Joffre, 1852~1931)를 기리기 위해 육군사관학교 앞 넓은 마당에 조성한 광장이다. 광장에는 조프르 기마상이 서 있다.

조프르 기마상 뒤편에 프랑스 국기가 걸린 르네상스식 건물은 예전의 육군사관학교 건물이다. 파리에서 멀리 떨어진 코르시카 촌놈 나폴레옹도 이곳 사관학교를 졸업하고 포병으로 근무하며 능력을 인정받아 초고속 승진 끝에 대국 프랑스의 황제 자리까지 거머쥐었다.

프랑스 군대 역사에서 나폴레옹은 지금도 깨지지 않는 신기록을 하나 가지고 있다. 육군사관학교를 16세 3개월의 나이로 졸업했다는 점이다. 아마 이 최연소 졸업 기록은 앞으로도 깨지지 않을 것 같다. 졸업생 58명 중 42위였다고 하니, 사관학교 시절에는 별 볼일 없는 장삼이사였다. 그런데 특이하게도 수학에서만큼은 발군의 실력을 발휘했다. 포병의 전략 전술 수립에 수학적 두뇌는 반드시 필요하다. 덕분에 포병 장교로 활약하며 전공을 크게 세웠다.

나폴레옹은 독서력도 왕성했다. 전쟁터에 나갈 때 책을 실은 마차를 반드시 동행시켰으며, 틈만 나면 장소에 구애받지 않고 책을 읽었다. 나폴레옹의 성공이 어디에서 왔는지 알 수 있는 사례다.

육군사관학교는 현재 다른 곳으로 이전되어 이 건물은 국방연구소나 군사자료관 등으로 활용되고 있다. 나폴레옹이 사관생도 시절에 1년여를 머물렀던 기숙사 방은 건물 안에 아직도 잘 보존되고 있다고 한다.

나폴레옹의 무덤이 있는
쟁발리드 Hôtel des Invalides

쟁발리드는 젊은 시절 국가를 위해 목숨을 걸고 싸우다 부상으로 퇴역한 군인들을 위한 병원 겸 주거 시설이었다. 한국으로 치면 보훈병원을 겸한 군인 양로원이라 하겠다. 짧게 줄여 '쟁발리드'라고 부르나,

정식 이름은 퇴역 군인 주거지란 뜻의 '오텔 데 쟁발리드'다.

건물은 17세기 후반에 지어졌는데, 루이 14세가 파리 교외의 들판에 퇴역한 상이군인들의 주거지를 짓도록 명령하면서 시작되었다. 예산은 현역에 복무하고 있던 군인들의 급료 5년 치를 징수한 기금이었다. 당시 프랑스는 절대군주 체제를 유지하고 자국의 영광을 대내외에 과시하기 위해 여러 차례 전쟁을 도발하고 있었다. 그러다 보니 전쟁터에서 부상당한 군인들이 정부가 감당하지 못할 정도로 많이 발생했고, 이들은 먹고살기 위해 무리를 지어 몰려다니며 절도와 강도짓을 자행했다. 큰 전쟁 이후 나타나는 후유증 가운데 하나다. 우리나라도 6·25 직후에 이런 현상이 있었다.

정부는 이들을 무조건 범죄자 취급하며 내칠 수 없었다. 전쟁터에서 목숨을 걸고 싸우는 군인들의 사기를 위해서라도 퇴역 부상 군인들을 감싸야 했다. 이런 이유가 복합적으로 작용하여 만들어진 군인 복지 시설이 '쟁발리드'다.

설계자는 건축가 리베랄 브뤼앙(Libéral Bruant, 1635~1697)으로, 그는 외부 뜰과 안뜰을 갖춘 장대한 집을 지었다. 이후 17세기 후반에 군인들을 위한 생루이 데 쟁발리드 성당(Église Saint-Louis des Invalides)이 지어졌고, 18세기 초반에는 왕실 예배당인 돔 성당(Église du Dôme)이 추가로 만들어졌다. 베르사유 궁전 확장 공사에 참여한 쥘 아르두앵 망사르(Jules Hardouin Mansart, 1646~1708)가 설계하여 1706년 공사를 시작했지만, 건축 도중에 사망하여 로베르 드 코트(Robert de Cotte, 1665~1735)가 1708년에 완성했다.

성당 중앙의 황금빛 원형 돔은 수십 만 장의 금박 조각을 이어 붙여 찬란한 자태를 자랑하고 있으며, 실내의 원형 천장에는 샤를 드 라 포스(Charles de la Fosse, 1636~1716)가 그린 프레스코화*가 장식되어 있다. 예수와 12사도에게 보검을 바치는 루이 9세(1214~1270)를 그린 그림이다. 루이 9세는 경건한 신앙심을 바탕으로 가톨릭 수호에 최선을 다한 왕이었다.

돔 성당 지하에는 나폴레옹의 유해가 안치되어 있다. 나폴레옹은 이탈리아 원정에서 부상당한 상이군인들을 위로하기 위해 이곳을 자주 찾았다. 또한 나폴레옹의 제안으로 1802년부터 수여되기 시작한 프랑스 최고 훈장 레지옹 도뇌르(Ordre de la Légion d'Honneur)의 첫 수여식이 이 성당에서 열렸다. 이런 인연 때문인지 프랑스 정부는 나폴레옹의 시신을 이곳에 안치했다.

다만 그가 죽은 직후부터 이곳에 그의 무덤이 있었던 것은 아니다. 나폴레옹은 워털루 전투에서 패한 뒤 귀양 간 세인트헬레나 섬에서 죽었으며 무덤 또한 그곳에 있었다. 이 무덤을 파헤쳐 유골을 파리로 이전해 온 시기는 그가 죽은 지 19년이 지난 1840년이었다. 당시 프랑스 국왕 루이 필리프는 영국 정부와 7년여의 협상 끝에 유해를 파리로 가져올 수 있었다. 함선에 실린 유골은 센 강과 대서양이 만나는 항구 도

---

* 석회를 칠한 벽면이 마르기 전에 그림을 그리는 벽화 기법. 고구려 고분벽화도 대부분 이 방식으로 그려졌다.

시 르 아브르(Le Havre)에 도착한 뒤, 센 강을 거슬러 올라 파리에 당도
했다. 정부 주도로 장엄한 장례식이 치러졌으며, 열여섯 필의 말이 끄
는 대형 마차에 실려 나폴레옹의 유해는 쟁발리드 돔 성당의 원형 돔
아래 최종 안치되었다.

관은 보주(Vosges) 지방에서 채석해 온 푸른 화강암 위에 러시아산
붉은 석영암으로 제작했다. 제단 뒤의 입구에는 "나는 나의 영혼이 센
강가에 머물기를 원한다. 내가 그토록 좋아했던 프랑스인들과"라는 문
구를 새겨 놓았다. 관 주변 360도를 빙 둘러 별도로 만들어 놓은 방에
는 나폴레옹의 형인 조제프 보나파르트(Joseph Bonaparte, 1768~1844),
동생인 제롬 보나파르트(Jérôme Bonaparte, 1784~1860), 루이 14세 시
절에 국경 수비를 위해 여러 요새를 건설한 보방(Sébastien le Prestre de
Vauban, 1633~1707) 장군, 1800년 처음으로 돔 성당에 유해가 안치된
튀렌(Vicomte de Turenne, 1611~1675) 장군의 유해가 놓여 있다.

나폴레옹의 유일한 아들인 황태자 에글롱(L'Aiglon, 1811~1832)도 아
버지와 함께 돔 성당 안에 잠들어 있다. 1811년 나폴레옹과 그의 두 번
째 부인인 오스트리아 황녀 루이즈 사이에서 태어난 그는 나폴레옹 실
각 이후 왕위를 이어받아 나폴레옹 2세가 되었으나, 실제로 나라를 다
스리지는 못하고 어머니를 따라 외가인 오스트리아 궁정에서 자랐다.
1832년 스물한 살의 젊은 나이에 폐결핵으로 사망했는데, 평소에 나폴
레옹을 흠모하던 히틀러가 파리를 점령하면서 1940년 그의 시신을 옮
겨 와 아버지 옆에 안장시켜 주었다.

생루이 데 쟁발리드 성당은 병사들을 위한 성당으로 나폴레옹 실각

전까지는 프랑스가 전쟁에서 획득한 외국 군대의 휘장을 보관했고, 지하에는 전쟁에서 공을 세운 장군들의 무덤이 있다. 쟁발리드 전체 건물의 거의 대부분을 점유하고 있는 군사박물관(Musée de l'Armée)은 19세기 후반에 쟁발리드에 설립된 포병박물관과 군사역사박물관을 통합하여 1905년에 설립했다. 프랑스 요새들의 모형을 전시한 군사입체모형박물관(Musée des Plans-Reliefs), 2차 세계대전 당시의 공훈을 기리는 해방훈장박물관(Musée de l'Ordre de la Libération) 등이 들어서 있다. 한편 쟁발리드에는 지금도 퇴역 군인들을 치료해 주는 국립병원이 있으며, 비록 소수지만 퇴역 장성들도 이곳에서 살고 있다.

동서남북 전체가 건물로 둘러싸인 내부 마당의 정식 이름은 '명예의 안뜰(Cour d'Honneur)'이다. 가장자리에 프랑스 육군이 사용한 대형 대포가 열을 맞춰 전시되어 있으며, 나폴레옹의 청동상도 서 있다.

파리 시민들의 휴식처가 되고 있는 센 강가까지 이어진 군사박물관 출입문 밖의 대형 잔디 정원에는 17~18세기에 사용되었던 청동 대포들이 전시되어 있다. 이들 대포는 1차 세계대전의 휴전 협정 기념일에 축포를 울리기도 했다. 2차 세계대전 당시에는 독일군이 본국으로 가져가기도 했지만, 전쟁이 끝난 이후인 1946년에 반환받아 지금까지 정원의 지킴이 역할을 하고 있다.

한편 쟁발리드는 프랑스혁명의 도화선 역할을 한 바스티유 감옥 습격 사건과도 인연이 있다. 1789년 7월 14일 파리 시민들이 바스티유 감옥을 습격할 때 사용한 무기 대다수는 당일 아침 쟁발리드로부터 탈취한 것이었다. 경비병의 저항이 있었지만 군중들은 다수의 힘으로 그들을 제압하고 지하에 있던 무기고에서 3만여 정의 소총과 20여 문의 대포를 약탈했다. 쟁발리드 책임자는 시위대의 무기 탈취를 염려하여 사전에 상이군인들을 동원하여 화승총의 뇌관을 제거하려 했지만 혁명 분위기에 휩싸인 상이군인들이 의도적으로 작업을 지연시켜 많은 총이 온전한 상태에서 시민들에게 넘겨졌다. 그리고 이 무기들이 프랑스혁명을 성공으로 이끈 원동력이 되었다.

로댕의 조각 작품이 숨 쉬는
로댕 미술관 Musée Rodin

로댕 미술관은 본래 개인 저택이었다. 당대의 인기 건축가 장 오베르(Jean Aubert, 1680~1741)가 18세기 전반에 설계했다. 건물 주인은 유가증권에 투자하여 떼돈을 만진 상인 페랑 드 모라(Peyrenc de Moras, 1686~1732)였다. 하지만 모라는 이 집에서 오래 살지 못하고 2~3년 뒤에 세상을 하직했다. 그 뒤 이 주택은 부인의 소유로 넘어갔다가 18세기 중반에 비롱(Louis Antoine de Gontaut Biron, 1747~1793) 장군의 집이 되었다. 이처럼 주인이 여러 번 바뀐 개인 집이 오귀스트 로댕(Auguste Rodin, 1840~1917)의 조각상과 그가 생전에 수집했던 다양한 예술품을 전시하는 미술관으로 변신한 데에는 사연이 있다.

집은 비롱이 세상을 떠난 18세기 후반 이후에 무도회장, 대사관저로 임대되었으며 심지어는 수도원 여학교로도 사용되었다. 이런 집이 1905년 교회와 국가의 재산을 분리하는 법령이 제정되면서 국가 재산으로 귀속되었다. 정부는 이 집을 창작 활동을 장려하기 위해 예술인들의 활동 공간으로 제공했으며 장 콕도(Jean Cocteau, 1889~1963), 앙리 마티스(Henri Matisse, 1869~1954), 이사도라 덩컨, 라이너 마리아 릴케(Rainer Maria Rilke, 1875~1926) 등이 이곳을 무대로 왕성한 작품 활동을 했다.

로댕은 생전에 파리 근교 뫼동(Meudon) 지역의 빌라 데 브리앙(Villa des Brillants)에 거주하며 작품을 제작했다. 이런 그에게 한때 비서로 재직했던 릴케가 본인이 살고 있던 비롱 저택을 소개해 주었다. 로댕은 정원이 넓은 이 저택이 마음에 들었다. 로댕은 1908년에 이곳에 살기 시작하여 세상을 떠날 때까지 10년 동안, 파리에 있을 때는 이곳에서 조각도 하고 소묘도 즐기면서 삶을 관조했다.

하지만 1911년 프랑스 정부는 저택 부지의 다양한 활용 방법을 모색하며 집을 철거하려 했다. 이때 로댕은 이 집을 살리기 위해 국가에 통 큰 제안을 했다. "내 작품과 소장품을 국가에 기증할 테니 저택을 없애지 말고 내 이름의 미술관으로 활용합시다." 프랑스 정부는 몇 년을 고민했다. 결론은 1916년에야 내려졌다. '로댕의 컬렉션 기부와 미술관 건립에 관한 법'을 만들어 의회를 통과시켰다. 로댕 미술관의 탄생이었다.

미술관 개관은 2년여의 준비 기간을 거쳐 1919년에야 이루어졌다. 1919년이면 우리 땅에서는 일제 식민 지배에 항거하는 3·1만세시위 운동이 일어났을 때다. 안타깝게도 로댕은 본인 이름을 단 미술관의 개관을 지켜보지 못하고 1917년 11월에 세상을 떠났다.

현재 미술관의 정원에는 대형 조각 작품이 주로 전시되어 있으며, 2층으로 나뉘어 있는 실내에는 총 17개의 전시실에 로댕의 작품들과 평소 그가 수집했던 소장품들이 함께 전시되어 있다. 0층에는 9개 전시실이 있다. 대체로 제작 연대순으로 작품들이 진열되어 있으니 전시실에 부착된 번호 순서대로 관람하면 시기별 작품 경향의 변화까지 살필 수 있다. 1~8전시실은 로댕의 조각 작품이 전시되어 있고, 9전시실에는 그가 남긴 소묘와 사진 들이 걸려 있다. 0층 전시 공간을 돌다 보면 그의 제자이자 연인이었던 카미유 클로델(Camille Claudel, 1864~1943)의 작품도 감상할 수 있다.

로댕은 40대 중반에 열아홉 살의 클로델을 만났다. 1883년이었다. 그는 이미 유명세를 떨치던 조각가여서 이곳저곳에서 들어오는 주문에 응하느라 정신이 없었다. 그에게는 함께 작품을 만드는 조수들이 많았다. 클로델도 조수 겸 제자로 로댕 공방에 입문했다. 클로델은 나이에 비해 재능이 출중했다. 대성할 가능성이 있었다. 이를 꿰뚫어 본 로댕은 그녀의 천부적 재능을 높이 사서 다른 제자들보다 더 큰 애정을 주었다. 처음에는 스승으로서의 아가페적 사랑이었지만, 이내 두 사람 사이는 남녀 간의 에로스적 사랑으로 변해 버렸다. 클로델의 부모도 모르는 비밀 연애였다. 당시 로댕에게는 정식 부인은 아니지만 오랜 기간 함께 살아온 동거인이 있었다. 로즈 뵈레(Rose Beuret, 1844~1917)였다.

클로델과 로댕의 사랑은 10여 년 정도 잘 유지되었으나, 1892년쯤부터 파열음이 나기 시작했다. 1893년에 클로델은 로댕의 문하를 떠나 홀로서기에 나섰다. 하지만 실패했다. 독자적으로 꾸민 전시회가 혹평 속에 막을 내렸다. 그녀는 미쳐 가기 시작했다. 전시회 실패가 로댕의 방해 때문이라고 생각했다. 점점 영혼이 파괴되어 가며 대인 기피 증세를 보이던 그녀는 끝내 정신이상자가 되어 세상을 떠나는 순간까지 30여 년을 정신병원에서 보내야 했다. 천재 조각가 로댕을 흠모하고 사모하여 그에게 모든 것을 바친 대가치고는 너무나 가혹한 결과였다.

로댕 미술관 전시실에서는 클로델 외에도 한때나마 그녀의 연적이었던 뵈레도 로댕의 작품 속에서 만날 수 있다. 1865년에 로댕이 제작한 〈꽃 장식 모자를 쓴 소녀(Jeune Fille au Chapeau Fleuri)〉의 모델이 한평생 로댕을 위해 헌신했던 뵈레다. 로댕과 뵈레는 어찌 보면 운명적인 관계다. 로댕은 일흔여섯 살이 되던 1916년에 뇌졸중이 발병했다. 그는 자기 아들까지 낳아 준 뵈레의 노후가 걱정되었다. 1917년 2월, 로댕은 일흔일곱 살의 나이로 뵈레와 정식으로 결혼식을 올렸다. 뵈레의 평생 소원과 가슴 깊이 맺힌 한을 동시에 풀어 준 일대 사건이었다.

하지만 뵈레는 결혼식을 올린 지 몇 주 뒤 폐렴으로 저세상 사람이 되었다. 그해 11월 17일 로댕도 하늘나라로 떠났다. 임종을 앞둔 그는 정신이 혼미해진 상태에서 아내를 찾았다. 간병하던 사람들이 뵈레는 이미 세상을 떠났다고 말해 주자 로댕은 혼잣말로 중얼거렸다. "아니 그녀 말고, 파리 여자……." 파리 여자가 누굴까? 상상력이 풍부한 사람들은 클로델이라고 생각한다. 0층 전시실에는 로댕이 클로델과 관계가 멀어지기 시작할 무렵인 1892년에 제작한 클로델의 조각상이 한 점 놓여 있다. 〈작별(L'Adieu)〉이다.

1층에는 8개의 전시실이 있다. 이 중 13전시실에는 로댕이 평소에 수집한 그림들과 고대 유물들이 전시되어 있다. 로댕 미술관은 정원만 들어가려 해도 유료 티켓을 끊어야 한다. 입장객 수로만 보면 파리 시내의 모든 미술관 중 루브르 박물관, 오르세 미술관 다음이 로댕 미술관이라고 한다. 시간 여유가 많으면 실내 미술품까지 감상하는 것이 좋다. 다만 아무리 촉박하더라도 정원은 꼭 둘러보자. 정원만 본다면 입장료 부담이 없다. 1유로다. 아담하게 잘 가꿔진 프랑스식 정원 곳곳에 배치된 조각상들을 감상하는 맛이 좋다. 다음은 전시장 안팎에서 장콩이 눈길을 준 작품들이다.

〈코가 깨진 사나이(L'Homme au Nez Cassé)〉, 1863년

로댕이 조각가의 길로 들어서서 파리 살롱전에 처음으로 출품했던 작품이다. 모델은 로댕이 작업했던 공방에서 허드렛일을 하던 노인이다. 1863년에 완성하여 1864년 살롱전에 출품했다. 결과는? 미끄러졌다. 그렇지만 로댕은 굴하지 않고 지속적으로 〈코가 깨진 사나이〉 시리즈를 제작했다. 오르세 미술관에는 1878년에 제작한 〈코가 깨진 사나이〉가 전시되어 있다. 로댕의 비서로 한동안 재직했던 독일 시인 릴케는 이 작품의 매력을 다음과 같이 묘사했다.

로댕은 이 늙고 못생긴 남자의 머리 형태로 오직 하나의 감각을 전달하고 있는 듯하다. 그것은 부러진 코에 점점 고통이 심해지고 있으니 도와 달라고 외치는 것이다. 우리는 이 작품의 형상들에 집중함으로써 인생의 실체를 보게 된다. 이 얼굴에는 대칭적인 요소가 하나도 없다. 이 얼굴은 아무것도 반복하지 않는다. 마치 인생이 그렇듯……

청동상은 찰흙으로 형상을 만들어 이를 석고로 형을 떠서 틀을 만든 뒤 청동 주물을 틀 속에 부어 완성한다. 이런 제작 과정 때문에 본을 뜰 틀이 만들어지면 그 틀이 부서지지 않는 한, 동일한 청동상을 계속 제작할 수 있다. 로댕의 〈생각하는 사람〉이나 〈칼레의 시민〉, 〈지옥의 문〉 등이 세계 곳곳에서 모두 진품 행세를 하는 이유가 여기에 있다.

로댕은 조각과 소조에 모두 능통하지는 못했다. 찰흙을 정교하게 매만지는 일에는 천부적인 소질이 있어서 매우 잘했으나 대리석과 같은 돌을 조각하는 재주는 별로였다. 그래서 궁색하게 살던 젊은 시절에도 찰흙으로 형태를 만드는 일은 본인이 직접 했지만, 청동상을 만드는 일은 조수에게 맡기는 경우가 많았다. 이름이 알려진 이후에는 이러한 분담 작업이 더 잦았다. 아무튼 로댕은 공방에서 찰흙으로 노인상을 만들었는데, 밤에 추위가 너무 심해서 코 부위가 떨

어져 나갔다. 이걸 다시 매만지지 않고 그대로 청동상으로 제작한 것
이 〈코가 깨진 사나이〉다. 따라서 이 작품은 우연과 필연의 교차점에서
탄생한 '우연이 가져다 준 필연의 작품'이라고 할 수 있다.

〈청동시대(L'Âge d'Airain)〉, 1877년

젊은 시절 한때, 로댕은 파리에서 일감을 구하지 못하자 벨기에로
이주하여 건축 장식 직공으로 근근이 먹고살았다. 이 시절인 1877년,
벨기에 브뤼셀에서 제작하여 브뤼셀 미술가 동인전에 출품한 작품이
〈청동시대〉다. 이 작품이 전시장에 첫선을 보였을 때 비평가들은 "살
아 있는 모델을 석고로 떠서 고스란히 옮겨 놓은 것 같다"며 비난했다.
하지만 로댕은 낙심하지 않고 파리 살롱전에 재차 출품했다. 처음에

는 낙선했지만 동료 조각가들이 탁월한 작품
이라고 입소문을 내 준 덕에 3등상을 받을 수
있었다. 현재 오르세 미술관에 소장된 〈청동
시대〉 작품이 살롱전 입상작이다.

이 작품도 그렇고 〈칼레의 시민〉이나 〈생각
하는 사람〉 같은 로댕의 주요 작품들은 세계
각처에 여러 점이 있다. 청동상과 같은 주형
물의 경우 형틀만 있으면 동일한 작품을 여러
점 제작할 수 있기 때문이다.

로댕의 대표작이라 할 수 있는 〈지옥의 문〉
과 〈칼레의 시민〉 진품은 우리나라에도 있다.

삼성문화재단이 1994년 구입한 청동 주조물로 각각 7번, 12번 에디션이다. 에디션은 틀로 찍어 낸 조형물이나 판화·사진처럼 복제가 가능한 예술 작품을 여러 개 반복해서 생산할 때 붙이는 일련번호다. 프랑스 정부는 열두 번째 작품까지만 로댕의 진품으로 인정하고 있다. 미술품 거래상들은 삼성이 〈지옥의 문〉과 〈칼레의 시민〉 두 작품의 구입비로 대략 100억 원을 썼으며, 이 작품의 현재 가치는 수백 억 원에 이를 것으로 추정하고 있다.

〈지옥의 문(La Porte de l'Enfer)〉, 1880~1890년

1871년 프랑스 정부는 화재로 불타 버린 감사원 건물 자리에 장식미술박물관 건축을 계획하면서 로댕에게 박물관 특성에 맞는 청동 출입문 제작을 의뢰했다. 제작에 응한 로댕은 죽음에 대항하는 저주받은 이들의 절망적인 투쟁을 형상화한 문을 만들려고 했다. 작품의 제목은 〈지옥의 문〉. 모티프는 단테(Durante degli Alighieri Dante, 1265~1321)의 『신곡(La Divina Commedia)』과 샤를 보들레르(Charles Pierre Baudelaire, 1821~1867)의 『악의 꽃(Les Fleurs du Mal)』에서 취했다. 실제 제작은 1880년에 시작되었지만 작품 제작 도중 정부가 박물관 건립을 중단하면서 작품 의뢰도 없던 일이 되고 말았다.

그런데 어떻게 해서 〈지옥의 문〉은 지금도 세계 도처에서 관람객을 맞이하고 있을까? 로댕이 정부의 발주 중단에도 개의치 않고 죽을 때까지, 그러니까 무려 37년 동안 이 작품의 제작에 매달렸기 때문이다.

문에는 지옥에 있는 인간 영혼들의 고통과 번뇌, 죽음을 보여 주는 인물 조상들이 펼쳐져 있다. 문 위 중앙에는 지옥 군상들을 지켜보며 생각에 잠긴 고뇌하는 인간이 앉아 있다. 종교 예술품이라면 단언컨대 예수상이 놓여 있을 자리다. 그러나 로댕은 예수 대신 고뇌하는 인간을 앉혀 놓았다. 시인 단테를 염두에 둔 설정이라고 한다.

〈지옥의 문〉은 로댕의 완성작이 아니다. 그는 죽을 때까지 이 작품을

매만졌지만 완성하지 못하고 세상을 떠났다. 지금 우리가 보고 있는 〈지옥의 문〉은 로댕 사후에 미술관의 수석학예관이 로댕이 생전에 작업해 놓은 형틀들을 최대한 작가의 제작 의도에 맞게 짜 맞추어 설치해 놓은 것이다. 1926년의 일이었다.

〈생각하는 사람(Le Penseur)〉, 1888년

본래 〈생각하는 사람〉은 〈지옥의 문〉의 상단에 앉아 있는 상이었다. 하지만 로댕은 1888년에 이 조상을 독립시켜 크게 확대한 단독 상으로 다시 제작했다. 이 작품에 대해 무슨 설명이 필요하겠는가. 한때 로댕의 비서였고, 로댕 사후 그의 전기를 쓴 시인 릴케의 언설로 작품 평을 대신하자.

> 그는 말없이 생각에 잠긴 채 앉아 있다. 그는 고뇌하는 인간의 모든 힘을 기울여 사유하고 있다. 그의 온몸이 머리가 되었고, 그의 혈관에 흐르는 피가 뇌가 되었다.

현재 로댕 미술관에 있는 〈생각하는 사람〉은 1906년 파리 시에 기증되어 팡테옹 광장에 세워졌다. 이후 로댕 미술관이 개장되면서 1922년 미술관 정원으로 이전되어 현재까지 미술관을 찾아오는 로댕 마니아들과

대화를 나누고 있다.

〈발자크(Balzac)〉, 1898년

로댕의 작품 중에서 내가 좋아하는 작품은 청동상 두 점이다. 〈발자크〉와 〈칼레의 시민〉이다. 특히 〈발자크〉는 사실주의 문학을 개창한 프랑스 소설가 오노레 드 발자크(Honoré de Balzac, 1799-1850)의 평소 모습을 적나라하게 표현해서 좋다.

로댕은 1891년에 프랑스문학협회로부터 소설가 발자크의 조상을 의뢰받았다. 3미터 크기의 발자크상을 최장 18개월 내에 제작하여 3만 프랑에 넘긴다는 내용이었다. 하지만 이 조각상은 문학협회가 인수를 거부하여 납품하지 못했다. 납기일을 어겼고, 거리에 세울 공공 조각상으로 적합하지 않다는 이유에서였다. 문학협회가 생각하기에 로댕이 만든 조상은 사실주의 문학의 선구자 발자크의 위업을 드러내기에는 턱없이 부족했다. 너무나 초라했다. 그러나 발자크가 평소에 어떻게 살았는지 알면 로댕이 왜 7년여에 걸쳐 납품 기간까지 어겨 가면서 이 상을 이처럼 볼품없이 만들었는지 이해할 수 있다.

발자크는 키가 작고 몸집이 비대했으며, 배는 보름달만큼 나온 배불뚝이 양반이었다. 또 낭비벽이 심했던 데다 일확천금을 노리고 투기에까지 손을 뻗쳐 30대에 이미 엄청난 빚을 지고 있었다. 이런 그에게 돈벌이 수단은 글쓰기밖에 없었다. 그는 쓰고 또 썼다. 작업은 주로 밤에 했다. 도미니크 수도사들이 제복 위에 걸치는 망토를 귀밑머리까지 올려 쓰고 하루 평균 40여 잔의 커피를 마시며 쓰고 또 썼다. 이렇게 해

서 나온 대작이 19세기 파리의 일상생활과 풍속을 고스란히 담고 있는
『인간 희극(La Comédie Humaine)』이다. 총 70여 편으로 이루어진 연작
소설로 등장인물만 2천 명이 넘는 대하소설이다. 발자크는 생전에 말
했다. "나는 굴이 무너져 목숨을 걸고 곡괭이를 휘두르듯 그렇게 글을
썼다." 물론 그가 부자였다면 이렇게 절박하게 글을 쓰지는 않았을 것
이다. 그의 글쓰기의 원동력은 '빚'이었다. 그래서 채무는 다 갚았을까?
1850년 쉰한 살, 뇌졸중으로 죽을 때까지 평생을 빚더미에서 헤어나지
못했으며, 채권업자들의 빚 독촉에 몰려 파리에서만 열여섯 번 이사해
야 했다.

　1847년까지 살았던 집은 다섯 가구가 함께 사는 공동 주택으로 워
낙 시끄러워 "내가 이 집에 살면서
아이들의 떠드는 소리 때문에 일을
못해 연간 3만 프랑은 못 벌었다"
라고 투덜거렸다. 그럼에도 이 집을
떠나지 않고 장기간 산 이유는 앞문
외에 비밀통로 같은 뒷문이 있어서
빚쟁이들이 들이닥칠 경우 잽싸게
도망칠 수 있었기 때문이었다. 실제
로 정면에서 보면 그가 살던 집은
1층으로 보이는데, 뒤편 언덕 아래
에서 보면 3층 집이다. 파리 16구의
르누아르 거리 47번지에 있는 이

집은 1948년에 파리 시가 매입하여 발자크 기념관으로 꾸며 놓았다. 또한 그가 마지막으로 기거했던 파리 8구 발자크 거리 11번지 집에는 그의 마지막 거처였음을 알리는 현판을 붙여 놓았다.

이처럼 절박한 인생을 산 발자크를, 그것도 자신이 존경하는 인물을 평범하게 조상할 생각이 로댕에게는 전혀 없었다. 그래서 탄생시킨 상이 망토를 둘러쓰고 밤 작업에 열중하며 글감을 골똘히 생각하는 발자크상이다. 이러한 각고의 노력 끝에 잉태한 조각상을 문학협회는 대문호 발자크를 모독했다는 이유로 인수하기를 거절했고, 미술비평가들은 '비대한 괴물', '형체 없는 뚱보상'이라고 혹평했다. 이런 이유 때문인지 로댕은 살아생전에 이 상을 청동상으로 주조하지 않았다. 현재 우리가 보는 청동 발자크상은 로댕 사후 20여 년이 지난 1939년에 주조되어 몽파르나스 바뱅 역 교차로에 세워진 것이다.

여기서 퀴즈 하나! 발자크는 30대 초반부터 50대 초반까지 20여 년 동안 총 몇 편의 작품을 남겼을까? 91편이다. 평균 잡아 1년에 4~5편 정도를 썼으니, 확실히 다작을 했던 작가임이 분명하다. 프랑스가 자랑하는 대문호이고, 사실주의 문학의 개척자로 유명세를 치르고 있는 소설가이니 최소한 그의 작품 한 편은 읽어야 하지 않겠는가. 장콩이 권하고 싶은 책은 『고리오 영감(Le Père Goriot)』이다. 딸들 교육을 잘못시킨 탓에 평생 동안 악착같이 일해서 일구어 낸 재산을 일시에 탕진하고 비참하게 죽어 가는 고리오 영감에 대한 소설이다. 돈을 많이 버는 것도 중요하지만 더 중요한 것은 돈을 바람직하게 쓰는 일이다.

프랑스와 영국은 1337년부터 1453년까지 무려 116년 동안 전쟁과 휴전을 반복하며 길고 긴 전쟁을 벌였다. 유럽의 역사에서는 이 전쟁을 '백년전쟁'이라고 부른다. 프랑스 왕위 계승권 다툼과 영토 분쟁으로 일어난 전쟁이었다.

로댕의 역작 〈칼레의 시민〉은 백년전쟁 당시 영국군에 포위당한 칼레 시를 구하기 위해 여섯 명의 시민 대표가 목숨을 바치려 했다는 칼레 사람들의 일화를 소재로 삼은 기념상이다. 로댕에 의해 19세기 후반에 제작되었으며, 원본은 현재 칼레 시청 앞 광장에 세워져 있다. 작품의 소재가 된 칼레의 시민 일화는 다음과 같다.

프랑스 북부의 항구 도시 칼레는 도버 해협을 사이에 두고 영국 본

토와 마주 보고 있다. 영국에서 유럽 대륙으로 가는 최단 거리에 있기에 사람들의 왕래가 잦은 교통의 요지로, 전쟁이 일어나면 프랑스로서는 반드시 지켜야 하는 요충지였다. 여기가 무너지면 수도인 파리까지 위험에 처한다. 이런 요새를 점령하기 위해 1346년 에드워드 3세(Edward III, 1312~1377)가 이끄는 영국군은 도버 해협을 건너와 성을 함락하기 위해 전력을 다했다.

바닷가 절벽 위에 쌓은 성은 1년여 동안 무너지지 않았다. 칼레 시민들은 성 안에서 한마음 한뜻으로 성을 지키기 위해 최선을 다했다. 하지만 달도 차면 기우는 법이다. 1년 정도 지나자 성채 안의 양식이 간당간당했다. 더 이상 버틸 재간이 없었다. 시민들은 항복 의사를 밝히며, 문을 열 테니 시민 전체의 목숨을 보장해 달라고 항복 조건을 제시했다. 영국 왕은 처음에는 거절했으나 측근인 월터 매니(Walter Manny, 1310~1372) 경이 관용을 베풀 것을 요청하자 그제야 항복을 수용하는 조건을 제시했다. 시민들을 살려 주는 대신, 칼레 시 지도자 여섯 명의 목숨을 자진 납세하라는 조건이었다. 이 소식을 접한 성 안에서는 난리가 났다. 어느 누가 선뜻 나서겠는가. 이때 칼레 시의 최고 부자 외스타슈 드 생 피에르(Eustache de Saint-Pierre)가 솔선하여 나섰다. 그의 희생정신에 감격한 유지들이 하나둘 손을 들어 총 일곱 명이 죽음의 길을 자원했다.

피에르가 제안했다. 이튿날 가장 나중에 오는 사람을 남겨 두고 먼저 온 여섯 명이 자진하여 영국군에 가기로. 이튿날이 되었다. 정해진 시각에 피에르만 현장에 나타나지 않았다. 의아하게 여긴 사람들이 그의 집을 찾아갔을 때 그는 이미 자택에서 목숨 줄을 끊어 버린 뒤였다. 혹시라도 살고 싶은 충동이 다른 사람들의 마음속에서 꿈틀거릴 것을 염려하여 먼저 자결해 버린 것이다. 남은 여섯 명은 피에르의 죽음에 용기를 얻어 스스로 목에 밧줄을 매고 성문 열쇠를 든 채 에드워드 3세 앞으로 나아갔다. 다행히 에드워드 3세는, 태아에게 해가 될 것을 우려한 임신한 왕비 필리파 에노(Philippa of Hainault, 1314~1369)의 간청을 받아들여 그들을 살려 주었다. 상류층이 지녀야 할 도덕적 의무인 '노블레스 오블리주(Noblesse Oblige)'를 언급할 때 반드시 회자되는 사례다.

19세기 중반, 칼레 시는 이들의 희생정신을 기리고 애국심을 고취하기 위해 시민 대표들의 지도자였던 피에르의 상을 제작하기로 결정했다. 그러나 제작을 맡았던 조각가 다비드 당제(David d'Angers, 1789~1856)의 갑작스런 죽음과 프랑스-프로이센 전쟁(1870~1871)으로 실행되지 못했다. 19세기 후반인 1884년이 되어서야 칼레 시는 로댕에게 다시 제작을 의뢰했다.

로댕은 심혈을 기울여 1889년에 작품을 완성했다. 하지만 칼레 사람들은 로댕의 작품이 만족스럽지 않았다. 그러고 보면 로댕은 자기만족으로 작품을 제작했지 구매자의 입장은 일절 고려하지 않았던 것 같다. 〈발자크〉도 그렇고 〈칼레의 시민〉도 그렇고 구매자들이 거절한 것을 보면 말이다. 작품을 본 칼레 시 당국은 당황했다. 그들이 원한 것은 분명 위기에 처한 칼레 시를 불굴의 의지로 구한 영웅적 지도자 상이었다. 그런데 로댕의 작품은 곧 들이닥칠 죽음에 대한 공포가 고스란히 표현된 나약한 인간 군상이었다. 기념상은 칼레 시청 앞에 세워질 예정이었으나 비난 여론을 누그러뜨리기 위해 바닷가의 한적한 리슐 리외 공원에 버려지듯 세워졌다. 로댕 사후에야 그의 작업에 대한 재 평가 작업이 이루어지면서 이 작품의 탁월성 또한 재인식되어, 1924년 에 당초 세우기로 했던 지금의 위치로 옮겨 왔다.

로댕의 거푸집으로 제작된 프랑스 정부 공인의 〈칼레의 시민〉은 총 12점이다. 칼레 시청 광장, 덴마크 코펜하겐의 클립토테크 미술관, 벨 기에 마리몽 왕실박물관, 런던 국회의사당 광장 등에 세워졌는데, 서울 에도 한 점 있다. 삼성문화재단에서 사들인 작품으로 12번째 주조 작 품이다.

파리 하수도를 볼 수 있는
하수도박물관Musée des Egouts

프랑스가 자랑하는 대문호 위고의 작품 중에 『레 미제라블(Les Miserable)』이 있다. 우리말로 번역하면 '불쌍한 사람들'로, 작가가 19세 기 후반인 1862년에 탈고한 소설이다. 이 소설이 파리에서 발표될 때, 우리 땅은 고종이 집권하던 시기로 삼정의 문란 속에 전국 방방곡곡 에서 민란이 우후죽순처럼 일어나던 시절이었다. 왜 굳이 프랑스 땅과 우리 땅에서 일어난 사건을 비교하냐고? 『레 미제라블』을 보면 19세기 후반 프랑스 사람들의 팍팍한 삶도 조선 사람들만큼 만만치 않았을 것 같기 때문이다.

『레 미제라블』은 18세기 후반에 발발한 프랑스혁명 이후 지속적으로 발생하는 혁명과 전쟁의 와중에서 배를 채우기 위해 범죄를 저질러야 했던 한 죄수의 일생을 통해 인간의 존엄성과 삶의 의미를 되돌아보게 하는 작품이다. 주인공이 장 발장(Jean Valjean)이니, 아마 누구나 아는 소설일 것이다. 소설로 미처 보지 못했다면 최소한 영화나 뮤지컬로는 보았을 것이다. 특히 뮤지컬은 세계 4대 뮤지컬로 손꼽히는 대작이다. 흔히 〈캣츠(Cats)〉, 〈오페라의 유령(The Phantom of the Opera)〉, 〈미스 사이공(Miss Saigon)〉, 〈레 미제라블〉을 4대 뮤지컬이라고 한다. 이렇게 자세히 설명해도 작품 내용이 가물가물할 수 있으니 소설 내용을 간단하게 요약해 보자.

추위에 떨며 굶주리고 있는 일곱 조카들을 위해 빵을 훔치다 체포된 장 발장은 19년 동안 감옥살이를 한 뒤 출옥한다. 감옥을 나온 그에게 세상 인심은 차갑기만 하다. 누구 하나 따뜻하게 맞아 주는 사람이 없다. 오직 한 사람, 미리엘 주교만이 그를 따뜻하게 대해 주었다. 하지만 돈이 필요했던 장 발장은 미리엘 주교의 호의에도 불구하고 제단의 은촛대를 훔쳐 도망간다. 여기서 끝나면 소설이 아니다. 장 발장은 경찰에 붙잡혀 오고, 미리엘 주교는 장 발장의 입장을 대변해 준다. 주교의

태도에 감화받은 장 발장은 이름을 마들렌으로 바꾸고 열심히 일해서 소읍의 시장 자리까지 올라간다. 시민들의 존경을 한몸에 받는 그를 오직 한 사람 자베르 경관만은 의심을 풀지 않고 계속 주시한다.

이 무렵! 엉뚱한 사람이 장 발장이라는 혐의를 받고 체포되어 재판을 받는다. 고민 끝에 장 발장은 본인이 장 발장임을 스스로 밝히고 감옥에 갇힌다. 하지만 예전에 그의 공장에서 일한 적이 있는 팡틴이 죽기 직전임을 알고 그녀와의 약속을 지키기 위해 탈옥을 감행한다. 장 발장을 만난 팡틴은 어린 딸 코제트를 부탁하고 세상을 떠난다. 장 발장은 그 자리에서 체포되어 또다시 감옥에 들어가지만, 코제트를 뒷바라지하기 위해 다시 탈옥하여 자베르 경관의 눈을 피해 파리에 숨어든다.

열심히 일한 끝에 장 발장은 다시 예전과 같은 자산가가 되었고, 코제트도 아름다운 아가씨로 성장하여 준수한 젊은이 마리우스와 연인 사이가 된다. 그러나 두 사람 사이를 못마땅하게 생각한 장 발장은 코제트와 잠적하고, 마리우스는 깊은 절망에 빠진다. 바로 그 무렵, 민중 봉기가 일어난다. 마리우스는 봉기에 뛰어들어 싸우다가 온몸에 부상을 입는다. 그대로 내버려 두면 죽을 수밖에 없는 마리우스를 장 발장이 구출한다. 장 발장은 실신한 마리우스를 업고 하수도 속을 이리저리 방황하다가 턱밑까지 추격해 오는 경찰관을 극적으로 피해 집에 돌아온다. 부상에서 회복된 마리우스와 코제트를 맺어 준 장 발장은 두 사람에게 본인의 과거를 이야기한 뒤 숨을 거둔다.

하수도박물관 이야기를 하려다가 갑자기 『레 미제라블』의 줄거리를 장황하게 풀어 낸 이유는 소설 속 이 문장 때문이다.

"파리의 땅 밑에는 또 하나의 파리가 있다."

명문장이다. 하수도박물관에 들어가 보면 이 문장이 어떤 뜻인지 바로 이해할 수 있다. 『레 미제라블』은 매우 방대한 소설이다. 그러나 우리나라에서는 대부분 축약본으로 번역되어, 읽는 재미는 있으나 위고가 이 소설을 쓴 본래의 진한 의미는 느끼기 힘들다. 무삭제판 『레 미제라블』을 접한 사람들은 두 번 놀란다고 한다. 한 번은 방대한 내용 때문이고, 또 하나는 축약본으로 읽은 장 발장의 인생역정 이야기가 실제 원작에서는 3분의 1 정도에 불과하고, 3분의 2는 19세기 초반 프랑스 사회의 모습과 풍습으로 가득 채워져 있기 때문이다. 예를 들어 장 발장이 수도원 담장을 뛰어넘는 장면에서는 수도원 제도에 관한 장황한 이야기를 곁들이며, 실신한 공화주의자 마리우스를 등에 업고 하수도 속을 이리저리 헤맬 때에는 파리 하수도의 장구한 역사와 구조를 구구절절 풀어 놓는다.

소설 속에 묘사된 하수도처럼 파리 시의 하수도는 연륜도 깊을뿐더러 지하에 개설된 또 하나의 도로망이다. 1850년 오스만 남작이 파리 환경개선사업을 벌일 때 외젠 벨그랑(Eugène Belgrand, 1810~1878)이 하수처리 시스템을 개발하여 하수도를 지하에 만들면서 19세기 후반에는 그 길이가 600킬로미터에 달했고, 지금은 파리에서 이스탄불까지의 거리보다 한참 긴 2,400킬로미터의 하수도가 파리 지하에 거미줄처럼 촘촘히 연결되어 있다. 파리 시의 길을 전부 합해도 1,400킬로미터라고 하니, 파리는 지상보다 지하에 더 촘촘한 길을 가지고 있다. 배보다 배꼽이 더 큰 격이다. 또한 파리에는 지상에 전신주가 하나도 없는데, 그게 가능한 이유도 하수도 시설이 잘 되어 있기 때문이다. 모든 전선과 통신선이 하수도 안에 들어가 있다.

이런 하수도가 파리에 생기기 전에 파리 시내는 어땠을까? 파리지앵들은 집 안에서 나오는 오수를 어디에 버렸을까? 굉장히 궁금한 질문이지만 대답은 정말 간단하다. 출입문이나 창문을 열고 거리에 '그냥 버렸다'. 생활하수뿐만 아니라 쓰레기나 요강 같은 휴대용 변기에 담긴 똥오줌마저도 길에다 바로 쏟아부었다. 이 때문에 근대화로 접어들던 시기까지도 파리 거리는 엉망진창이었으며 위생 상태 또한 좋지 못했다. 비 오는 날의 거리는 더 심했다. 왕궁이나 성당 앞의 대로에나 박석 포장이 되어 있었지, 대부분의 도로는 흙길이어서 발을 내딛기가 겁날 정도였다고 한다. 파리에서 향수 가게가 번성했던 이유, 하이힐이 탄생한 배경, 양산이 개발된 근거도 어찌 보면 파리 시의 오물 가득한 진흙탕길 때문이었다. 악취를 감추기 위해 향수를 찾는 사람들이 많았으며, 똥 덩어리 떠다니는 암모니아 냄새 가득한 흙탕길을 걸으며 발에 오물이 닿지 않게 하려고 하이힐을 만들어 냈다. 한 가지 재미있는 사실은 요즘은 하이힐이 여성 전용이지만 프랑스에서 유행하던 초창기에는 귀족 남성들도 애용하는 최첨단 신발이었다는 점이다. 루이 14세처럼 키 작은 상류층 남성들은 키 높이 신발로 하이힐을 애용하기도 했다.

양산 또한 그랬다. 양산은 햇볕을 가리는 용도로만 사용했을 것 같지만, 실상은 그렇지 않았다. 양산이 파리에 첫선을 보일 당시에는 햇볕 차단보다 오물을 피하는 데 더 많이 활용되었다고 한다. 빗길에 차가 지나가며 인도로 물을 확 끼얹었을 때 잽싸게 우산을 펼쳐 방어해 본 경험이 있을 것이다. 하수도 시설이 정비되기 전의 파리지앵들도 양산을 필수품처럼 겨드랑이에 끼고 다니다가 마차가 지나가며 오물이 튀기면 이를 막는 데 양산을 사용했다고 한다.

요즘 유럽 도시들을 돌아다니다 보면 우리나라에서 보기 힘든 청소 장면이 하나 보인다. 청소부들이 빗자루로 도로를 청소하기보다는 대형 솔이 달린 청소차를 운전하며 청소를 하고 있는 모습 말이다. 차량 주변에서는 화재를 진압하는 소방서 직원 복장을 한 청소부들이 대형 호수로 물을 뿌리며 차가 미처 제거하지 못한 쓰레기들을 하수도로 한꺼번에 쓸어 넣는다. 이렇게 청소할 수 있는 이유도 결국은 지하에 대형 하수도가 설치되어 있기 때문이다.

파리 시는 파리 하수도의 일부를 볼 수 있도록 알마교(Pont de l'Alma) 근처에 하수도박물관을 만들어 놓았다. 방문이 가능한 세계 각지의 하수도박물관 중에서 가장 크다고 한다. 지상에 어떤 길이 있는지 알 수 있도록 표시되어 있고, 하수도와 관련된 다양한 기구들도 전시되어 있다. 박물관 내에서 볼 수 있는 가장 특이한 청소 용구는 대형 볼링공처럼 생긴 쇠볼이다. 하수가 불어날 때 이 볼을 굴려 정체되어 있는 찌꺼기들을 내려보냈다고 한다. 잘 구르지 않을 때는 쇠볼에 달린 줄을 직접 잡고 끌고 다니며 찌꺼기들을 제거했다. 이외에도 파리 하수도의 구조와 역사, 하수구 청소법, 맨홀에 귀중품을 빠뜨렸을 때 찾는 방법까지 살필 수 있다. 하지만 해설이 전부 프랑스어로 쓰여 있어서 해독이 안 되면 말짱 도루묵이다. 그저 '아, 파리 하수도는 이렇게 생겼구나' 정도만 관찰하고 나올 뿐이다.

로댕 미술관에서 하수도박물관까지 도보로 가기에는 조금 멀다. 느릿느릿 해찰 부리며 걸어가는 것도 좋지만 다리가 아프면 과감하게 지하철을 타자. 바렌 역에서 13호선을 타고 쟁발리드 역까지 가서 RER C 선으로 환승하여 퐁 드 알마 역에서 내리면 된다. 도합 두 역이다. 파리 지하철은 워낙 촘촘하게 거미줄처럼 연결되어 있어서 지하철만으로도 쉽고 편하게 파리 시내를 관광할 수 있다. 다만 계단이 많고 환승 거리가 길어 도보 10분 이내의 짧은 거리는 지상을 걸어 다니며 관광하는 편이 더 효율적이다.

다이애나 황태자비를 추모하는
알마 광장 Place de l'Alma

하수도박물관을 나와 앞쪽에 있는 알마 다리를 건너면 알마 광장이다. '알마'는 나폴레옹 3세 시절에 러시아를 상대로 벌인 크림 전쟁(1853~1856)에서 승리한 알마 전투(1854)를 기념하기 위해 붙인 이름이다. 광장에는 〈자유의 불꽃(Flamme de la Liberté)〉이 있다. 1989년 인터내셔널 헤럴드 트리뷴(International Herald Tribune)이 〈자유의 여신상〉이 들고 있는 횃불을 본떠서 만들었다.

1997년 8월 31일, 영국의 전 황태자비 다이애나 스펜서(Diana Spencer, 1961~1997)가 이곳 알마 광장 밑을 지나는 터널에서 교통사고로 사망했다. 이런 사연 때문에 〈자유의 불꽃〉은 다이애나 비를 추억하는 사람들이 놓고 간 기념물과 글귀로 둘러싸여 다이애나 추모비처럼 보인다. 지금도 다이애나를 기려야 할 일이 있을 때는 이 횃불 앞에서 추모 집회가 열리곤 한다.

알마 다리 밑에는 특이한 조각상이 하나 서 있다. 〈주아브(Le Zouave) 상〉이다. 지금은 아니지만 최근까지도 센 강물의 범람을 측정하는 수위 지표로 삼았던 조상이다. 파리 시청은 주아브의 발이 물에 잠기면 강변도로를 폐쇄하고 비상 홍수 대책을 세우며 긴장한다고 한다. 무릎까지 강물이 불면 유람선을 비롯한 모든 배의 운항도 중지시킨다.

1910년에 일 드 프랑스에 비가 폭포처럼 쏟아져 주아브 어깨까지 물이 찬 적이 있다고 한다. 센 강물을 측정한 이후 최고 수위로 8.62미터였다. 2016년 6월 초순에도 잦은 비가 내려 주아브의 허리까지 물이 찼는데, 로이터 통신에서 이 모습을 사진으로 찍어 세계 각국에 전송하기도 했다. 센 강의 수위는 보통 1~2미터 정도인데, 1982년 홍수 때 6미터를 넘은 이후 34년 만에 6미터를 넘겼으니 세계 토픽감이 될 만했다.

〈주아브상〉은 1856년 나폴레옹 3세 시절에 다리를 만들며 함께 세운 동상이다. 주아브는 제국주의 시절 프랑스가 북아프리카에 만든 민병대로 크림 전쟁에서 크게 활약했던 부대다. 알마 다리에는 크림 전쟁 때 공을 세운 4개 부대를 상징하는 조각상이 세워져 있었는데, 1970년대 중반에 3개는 다른 곳으로 이전하고 지금은 〈주아브상〉만 다리를 지키고 있다.

알마 광장 쪽의 다리 위 강변에는 파리를 방문하는 관광객들이 가장 많이 타는 유람선 바토무슈(Bateaux-Mouches)의 선착장이 있다. 선착장에서 출발하여 상류로 거슬러 올라가 시테 섬 위에 있는 생루이 섬을 돌아 선착장에 배를 대기까지 무려 1시간 10분 정도 걸린다. 한국어 방송도 나와 파리 경관을 쉽게 이해할 수 있을뿐더러, 출국 전에 국내에서도 할인 티켓을 살 수 있다.

　파리의 여름은 낮이 길다. 서머타임까지 적용되어 어둠이 깔리려면 저녁 9시가 넘어야 한다. 야간에 느긋하게 유람선에 올라 센 강을 유람하며 주변 경관을 감상하는 것도 꽤나 멋지다. 유람선은 바토무슈 외에 바토 파리지앵(Bateaux Parisiens), 바토 뷔스(Bateaux Bus) 등이 있는데 선착장의 위치가 다 다르다. 바토 파리지앵은 각종 패스 소지자에게 할인 혜택을 제공하니 국제학생증이나 유레일패스를 소지하고 있다면 이 유람선을 타야 돈을 절약할 수 있다. 바토 뷔스는 시티투어 버스처럼 유효기간 동안 원하는 곳에서 승선하고 내릴 수 있는 유람선이지만 관광객들이 선호하는 배는 아니다.

▲ 자유의 불꽃 | 영국의 다이애나 전 황태자비가 알마 광장 밑을 지나는 터널에서 교통사고로 사망하면서 다이애나 추모비 같은 역할을 하고 있다.

◀ 샤요 궁전 | 1937년 파리만국박람
회를 위해 지은 건물. 샤요 궁전 앞에
서 보는 에펠탑은 매우 인상적이다.

◀ 에펠탑 | 처음에는 많은 파리 시민
들의 혹평과 비난을 들었지만, 지금은
파리를 상징하는 대표적인 건축물이
되어 관광객을 불러 모으고 있다.

▲ 평화를 위한 벽 | 샹드마르스 공원과 조프르 광장을 구분 짓는 경계선 역할을 하는 조형물. 유리벽 하단에 '평화'라고 쓴 우리말도 보인다.

▲ 조프르 광장과 구 육군사관학교 | 당당하게 서 있는 조제프 조프르 사령관의 동상 뒤에 르네상스식 건물인 구 육군사관학교 건물이 보인다.

▲ 쟁발리드 돔 성당 | 18세기 초반에 지어진 왕실 예배당. 성당 중앙의 황금빛 원형 돔은 수십 만 장의 금박 조각을 이어 붙여 만들었다. 돔 성당 지하에는 나폴레옹의 유해가 안치되어 있다.

▲ 하수도박물관 | 빅토르 위고의 소설 『레 미제라블』에 등장하는 "파리의 땅 밑에는 또 하나의 파리가 있다"라는 문장의 의미가 단번에 이해되는 곳이다.

▲ 로댕 미술관 | 로댕이 1908년부터 10년 동안 머물렀던 저택. 1919년에 로댕 미술관으로 탈바꿈했다.

Part 4

아베스 지하철역에서
물랭 루즈, 오르세 미술관까지

4 day

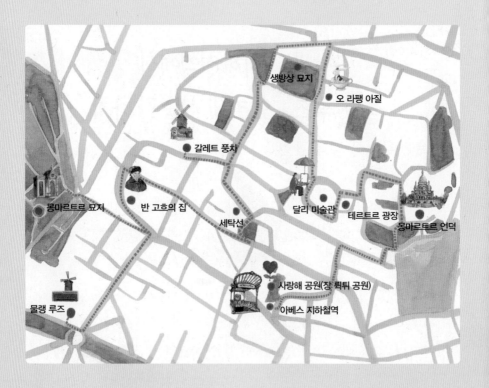

생방상 묘지

오 라팽 아질

갈레트 풍차

몽마르트르 묘지   반 고흐의 집   세탁선   달리 미술관   테르트르 광장

몽마르트르 언덕

사랑해 공원(장 뢱퇴 공원)

물랭 루즈   아베스 지하철역

아르누보 양식의 입구가 인상적인

아베스Abbesses 지하철역

　나흘째는 아베스 지하철역에서 시작하자. 파리 시 어느 구역에서 잠을 자든 지하철을 타고 환승하여 12호선 아베스 역에서 하차하면 된다. 오전 답사는 몽마르트르 지역이다. '순교자의 언덕(Mont des Martyrs)'에서 유래된 몽마르트르는 산은 고사하고 언덕 하나 변변히 없는 평야 지대 파리에서 거의 유일한 고지대다. 파리에서 최고 높은 곳이 해발고도 129미터 정도 되니 이 도시가 얼마나 평평한 땅인지 짐작할 수 있다.

　3세기 중반 파리에 포교를 왔던 생드니가 이곳 언덕에서 순교한 뒤 잘려진 머리를 옆구리에 끼고 현재 파리 북부의 생드니 성당이 있는 곳까지 걸어갔다는 전설에서 지역 이름이 탄생했다.

　몽마르트르에서 내려다보는 파리의 시내 풍광은 아름답기로 유명하다. 하지만 19세기 후반 무렵부터 형편이 궁색했던 젊은 예술가들이 값싸게 기거할 수 있는 곳을 찾아 이곳에 둥지를 틀면서 그들에 관한 다양한 이야깃거리가 존재하는 장소로 더 유명세를 치르는 동네이기도 하다. 피카소, 고흐, 모딜리아니, 마티즈, 아폴리네르, 앙드레 드랭(André Derain, 1880~1954) 등 이름만 대면 바로 고개를 주억거릴 작가와 예술가 들이 이 지역에 모여 살며 몽마르트르의 명성을 높여 주었다.

　한편 몽마르트르는 옛날 거리 모습을 간직한 골목이 많아 영화나 광고, 드라마가 자주 촬영되는 장소이기도 하다. 우리나라 드라마 〈파리의 연인〉이 이곳을 배경으로 촬영되었으며, 세계적으로 히트를 친 감미로운 프랑스 영화 〈아멜리에(Amelie of Montmartre)〉도 많은 부분을 이곳에서 촬영했다.

아베스 역에서는 엘리베이터를 반드시 타자. 멋모르고 아무 생각 없이 계단을 오르다 보면 몽마르트르 언덕에 도착하기도 전에 지쳐 버린다. 플랫폼이 지하 36미터에 있어서 나선형 계단을 땀 뻘뻘 흘리며 한참을 올라와야 지상에 설 수 있다. 파리 지하철역 중 가장 깊은 곳에 플랫폼이 있으며, 이런 연유로 엘리베이터 또한 파리에서 가장 대형이다. 한 번에 무려 100명이 탈 수 있는 엘리베이터가 아베스 역에 있다.

엘리베이터로 올라왔다고 몽마르트르 언덕으로 직행하면 안 된다. 나흘째 일정을 이 역에서 시작하는 이유가 있다. 바로 이 역의 지하로 들어가는 입구의 외관을 보기 위해서다.

녹색 페인트가 칠해진 철골 구조의 역사 입구는 프랑스 건축가 엑토르 기마르(Hector Guimard, 1867~1942)가 아르누보 양식으로 유리와 철재 가격이 떨어지기 시작하던 20세기 초반에 만들었다. 당시에 기마르는 총 141개의 역사 입구를 디자인했는데, 현재 원형 그대로 남아 있는 역사는 단 두 곳이다. 하나가 아베스 역, 또 하나는 지하철 2호선 서쪽 종점인 포르트 도핀(Porte Dauphine) 역이다.

'새로운 예술'을 뜻하는 아르누보(Art Nouveau)는 19세기 말에서 20세기 초반에 유럽은 물론 미국과 남미에서도 선풍적인 인기를 끈 예술 양식이다. 직선을 최대한 배제하고 덩굴식물을 모티프로 한 유연한 곡선, 식물과 생물에서 따온 장식성이 강한 철제 난간, 섬세한 꽃무늬의 반복된 패턴 등이 주요 특징이다. 합리성과 기능성을 배제한 채 형식과 탐미적인 면에만 집착하다 보니 유행 기간은 짧았지만, 지금도 이 양식의 영향을 받아 만드는 공예품이 적지 않다. 우리나라에서는 한때 이 양식이 대대적인 선전 속에 아파트 실내 장식으로 선풍적인 인기를 끌기도 했다. 일반적으로는 '아르누보'라 하지만 영어권에서는 '모던 스타일(Modern Style)', 독일에서는 '유겐트 양식(Jugendstil)', 이탈리아에서는 영국 런던에 있는 백화점 리버티에서 볼 수 있는 새로운 양식이란 의미에서 '리버티 양식(Stile Liberty)'이라 칭했다. 또한 프랑스에서는 이 양식을 기마르가 즐겨 활용했던 양식이란 의미에서 '기마르 양식(Style Guimard)'이라 부르기도 한다.

역사를 나오면 작은 회전목마가 있는 공터가 보인다. 규모는 작지만 파리지앵들에게는 낭만의 장소로 소문난 아베스 광장이다. 뱅글뱅글 돌아가는 회전목마가 인상적이다.

사랑으로 가득한 '사랑해 벽'

장 릭튀 공원 Square Jehan Rictus

아베스 광장 바로 옆에 장 릭튀 공원이 있다. 이 공원에 잠시 들러 보자. 많은 시간은 필요 없다. 10분 정도면 된다. 공원 안에 전 세계 300여 개의 언어로 1천여 개의 '사랑해' 문장을 써 놓은 '사랑해 벽(Mur des Je t'aime)'이 있다. 이 벽 때문에 우리나라 사람들은 이 공원을 주로 '사랑해 공원'이라고 부른다.

1980년대 프레데리크 바롱(Frédéric Baron)이 동생과 함께 여러 외국 대사관을 찾아가 모은 '사랑해' 단어들을, 동양 문자로 캘리그래피를 연마하던 클레르 키토(Claire Kito)에게 쓰도록 제안하여 공동으로 설치한 작품이다. 바롱은 상처받은 마음을 사랑으로 치유한다는 취지에서 이 작품을 제작했다고 한다. 벽면을 유심히 살피면 한글로 쓴 "사랑해", "나는 당신을 사랑합니다", "나 너 사랑해"가 보인다.

낭만의 장소
몽마르트르 Montmartre

파리에서 추억과 낭만의 장소로 두 곳을 손꼽으라면 대체적으로 '샹젤리제'와 '몽마르트르'를 선택한다. 뭉게구름이 자욱한 여름 한나절에 몽마르트르 언덕에 서서 바라보는 파리 풍광은 눈부시게 아름답다. 파리에서 가장 높은 언덕이다 보니 전망이 좋기도 하지만, 잔디밭에 앉아 여유롭게 햇살을 즐기는 사람들과 유서 깊은 카페, 거리 화가들의 작품을 구경하는 일도 재미있다.

계단이 많아 생피에르 광장 초입에서 케이블카 퓌니쾰레르(Funiculaire)를 타고 오르는 것이 괜찮은 선택이지만, 기왕에 간 언덕이니 느긋하게 걸으면서 이곳저곳 눈길 주는 것이 더 좋다. 단, 계단을 오르내릴 때나 공원에서 풍광을 감상할 때 넋을 놓고 있으면 안 된다. 실로 만든 엉성한 팔찌를 강매하는 일명 '팔찌단' 사람들이 곳곳에서 호시탐탐 호갱이 되어 줄 관광객을 노려보고 있다. 공짜라며 다짜고짜 달려들어 팔에 강제로 팔찌를 채우고는 당당하게 돈을 요구하니 조심해야 한다. 관광객이 많은 곳이다 보니 당연히 소매치기도 들끓는다. 가짜 경찰복을 입고 신분증을 요구하며 사기를 치는 경우도 있으니, 자유로운 여행을 즐기되 몽마르트르 언덕에서는 조금 긴장해야 한다.

하얀 돔이 운치를 더해 주는
사크레쾨르 대성당 Basilique du Sacré-Cœur

몽마르트르 정상에는 하얀 돌로 온몸을 치장한 성당이 서 있다. 사크레쾨르 대성당으로 프랑스가 프로이센과의 전쟁에서 패한 뒤 침체된 국민의 사기를 고양시킬 목적으로 모금을 통해 세운 예배당이다.

1870년 프랑스의 선전포고로 프로이센과 전쟁이 벌어졌다. 프로이센은 언젠가는 프랑스와 한판 붙으려고 군비를 강화하며 결전 준비를 단단히 하고 있었는데, 프랑스는 프로이센의 힘이 어느 정도인지 충분히 따져보지도 않고 자기들이 세계 제1의 군사 강국이라는 자만심 속에 전쟁을 시작했다. 당시 프랑스 왕은 나폴레옹 3세였다. 이 전쟁은 단기전으로 끝났다. 승자는? 프로이센이었다. 전쟁 개시 2개월도 못 되어 나폴레옹 3세는 국경 지대에서 전투를 치르던 중 포로가 되고 말았다. 왕이 전투도 변변히 치르지 못하고 포로로 붙잡히자 파리에서는 혁명이 발생했다. 나폴레옹 3세를 왕위에서 끌어내리고 임시정부를 만들어 프로이센의 침공에 대비했다. 하지만 중과부적이었다. 한번 사기가 꺾인 프랑스군은 오합지졸이 되어 1871년 파리가 함락되면서 무조건 항복을 선언해야 했다.

파리 시민들은 임시정부의 항복을 이해하지 못했다. 정부의 무능함을 비판하며 사회주의자와 노동자 들이 들고일어났다. 그들은 노동자들 위주의 혁신정부를 구성하여 프로이센과 싸우며 프랑스 전체를 개조하려 했다. 파리코뮌의 탄생이었다. '코뮌(Commune)'은 주민 자치제를 일컫는다. 프랑스 내에서는 왕이나 영주의 권력 남용을 방지하는 제도로 이미 12세기부터 실시되고 있었다. 이러한 전통의 연장선에서 1871년 혁명으로 만들어진 새 정부는 자기들의 정부를 '파리코뮌'이라고 했다. 하지만 오래 집권하지는 못했다. 베르사유에 머무르고 있던 기존 정부가 프로이센군의 협조 속에 정규군을 동원하여 파리코뮌을 지지하는 시민들을 무차별적으로 학살했기 때문이다. '피의 일주일'이라 기록되고 있는 치열한 시가전 끝에 코뮌 지도부는 완전히 진압되었다. 3만 명에 가까운 시민이 학살되었고 4만 명이 군사 재판에 회부되었으며 그중 1만여 명이 사형 혹은 징역형을 선고받았다.

이후 프랑스는 3공화국 체제로 넘어가면서 침체된 국민의 사기를 고양시키고 사회 통합을 이루고자 전 국민이 모은 성금으로 생드니 성인의 순교지인 몽마르트르 언덕에 사크레쾨르 대성당을 지었다. 1919년에 축성된 성당으로 이스탄불의 성 소피아 성당을 본떠 비잔틴 양식으로 지었다. 정면 파사드 위의 청동 기마상은 잔 다르크와 루이 9세다. 성당의 주 출입문은 청동으로 주조했는데 최후의 만찬을 비롯해 그리스도의 생애를 담은 장면들이 부조되어 있다. 제단 뒤에는 세계에서 가장 큰 그리스도의 대형 모자이크가 설치되어 있고, 높이 84미터의 종탑에는 프랑스에서 가장 거대한 종이 걸려 있다. 무게 약 19톤, 직경 3미터의 대형 종이다.

성당 중앙 부위 원형 돔의 꼭대기에는 전망대가 설치되어 있다. 티켓을 끊어 200개가 넘는 계단을 한 발 한 발 오르다 보면 파리 시내가 한눈에 들어온다. 외관을 장식한 하얀 돌들은 파리 남부의 샤토 랑동(Château Landon)에서 채취해 온 돌들로, 세월이 흐를수록 흰빛이 더 선명해지는 특징을 지닌 석재라고 한다.

거리 화가들의 야외 갤러리
테르트르 광장 Place du Tertre

사크레쾨르 대성당에서 서쪽으로 방향을 잡아 1~2분 가면 작은 언덕 위에 오롯이 들어서 있는 소담한 광장이 나온다. 테르트르 광장이다. 테르트르는 '작은 언덕'을 뜻한다. 한때 이곳은 처형 장소였다고 한다. 아마 모르긴 몰라도 무지한 원주민들을 개종시키기 위해 왔던 생드니 신부도 이곳에서 목이 잘렸을 것이다. 그런 곳이 19세기 후반 무

렵부터 가난한 화가들이 몰려들어 그림을 그리고 파는 야외 갤러리로 변모되었다. 지금도 많은 화가들이 이곳에서 여행객들의 초상화를 그리며 생계를 유지하고 있다. 아마추어 화가처럼 보이지만 화가 대부분이 예술협회에 등록된 그림 실력이 탄탄한 사람들이라고 한다. 초상화를 그리는 비용은 25~30유로로, 우리 돈으로 3~4만 원이다. 화가들이 그림 그리는 것을 구경하는 재미도 좋다. 다만 사진을 찍고 싶을 때는 각별히 주의해야 한다. 화가들 중 일부는 유난히 사진 찍히는 것을 싫어한다. 촬영 금지 표시가 부착되어 있으면 찍지 말자.

광장 주변에서 식사를 하고 싶다면 레스토랑 라 메르 카트린(La Mère Catherine)을 찾아가 보자. 18세기 말에 문을 연 200년이 넘는 역사를 지닌 유서 깊은 식당이다. 도로 건너에는 스페인 출신의 초현실주의 화가 살바도르 달리(Salvador Dali, 1904~1989)의 그림을 전시하는 '달리 미술관'도 있다. 4차원의 정신세계를 가진 달리와 대화를 나누고 싶다면 이곳도 방문하자.

토끼로 유명해진 술집
오 라팽 아질Au Lapin Agile

19세기 후반에 개장한 술집이다. 본래 이 집은 실내에서 발생한 살인 사건으로 인하여 '암살자의 술집(Cabaret des Assassins)'이라 불렸다. 하지만 화가인 앙드레 질(André Gill, 1840~1885)이 식당을 위해 그려 준 '냄비 속에서 술병을 들고 뛰쳐나오는 토끼' 그림이 인상적이어서 날

쌘 토끼라는 뜻의 '라팽 아질'로 불리기 시작했다. 이 토끼를 보고 싶으면 외벽을 유심히 살피면 된다. 유리 액자 속의 포스터에서 날�쌘 토끼가 여행자를 맞이하고 있다.

19세기 후반, 몽마르트르 일대는 파리 시의 외곽 지대로 집값이 쌌다. 돈이 궁했던 젊은 화가들은 값싸게 지낼 곳을 찾아 이곳 일대에 진을 치기 시작했다. 하나둘 모이다 보니 예술가 촌이 형성되었고, 그들은 밤에는 주로 라팽 아질에서 문학과 예술을 논하며 불타는 가슴을 달랬다. 프랑스의 대표적 샹송 가수 에디트 피아프(Édith Piaf, 1915~1963)가 한때 이곳에서 노래를 불렀으며 피카소와 모딜리아니는 거의 날마다 이곳에서 밤을 지새웠다. 아질의 단골손님이었던 소설가 피에르 마코를랑(Pierre Mac-Orlan, 1883~1970)의 추억 한 자락을 들어보자.

몽마르트르 언덕 위, 생뱅상 거리와 솔 거리의 구석진 모퉁이에 마치 귀머거리 램프처럼, 일세기 반 동안이나 계속된 카바레 라팽 아질이 있다. 이 이상한 작은 성탄의 집에서는 저마다 자신의 감동적인 샹송을 들을 수 있다.

피카소의 그림 중에 〈라팽 아질에서(Au Lapin Agile)〉라는 작품이 있다. 아질에서 어릿광대 복장을 한 피카소가 브랜디 한 잔을 마시고 있는 그림이다. 술집은 지금도 영업 중이다. 추억의 샹송 공연과 함께 예전처럼 술을 팔고 있다.

라팽 아질 옆에는 포도밭과 묘지가 있다. 몽마르트르의 완만한 경사

지대는 18세기만 해도 포도밭이었다. 이런 곳이 부동산 투기 붐과 함께 건물이 들어서면서 점차 사라져 갔다. 물론 재배 환경이 좋은 부르고뉴나 보르도 지방 포도원들과의 경쟁에서 밀려 없어진 측면도 있다.

20세기 전반에 이곳 일대에 살던 예술가들이 몽마르트르의 포도밭이 하나둘 사라지는 것을 안타깝게 여겨 파리 시에 복구를 요청했다. 시청은 1932년 이곳에 2천 그루의 포도나무를 심어 상징적이나마 예전 모습을 상기하도록 했다. 해마다 1톤 정도의 포도를 생산하는데 수확량이 너무 적어 포도주를 만들지는 않고, 매년 10월 첫째 주 토요일부터 며칠 동안 포도 수확을 기념하는 축제만 연다.

공원 묘지는 생뱅상 묘지다. 포도밭의 수호성인인 생뱅상의 이름을 묘지명으로 사용했다. 우리에게는 낯선 이름들이지만 프랑스에서는 목에 힘깨나 준 작가나 화가, 음악가 들이 묻혀 있는 곳이다.

르누아르 그림으로 유명한
갈레트 풍차 Maoulin de la Galette

몽마르트르 언덕에는 17세기에 30여 대 이상의 풍차가 설치되어 있었다. 파리에서 가장 높은 언덕이다 보니 바람이 다른 지대보다 막힘없이 잘 불어 방앗간이 많이 들어선 것이다. 이 중 지금은 갈레트 풍차와 라데 풍차(Moulin du Radet) 두 대만 남아 있다.

갈레트 풍차는 17세기 전반에 세워져 처음에는 블뤼트팡 풍차(Moulin de Blute-fin)라 불렸다. 갈레트 풍차로 이름이 바뀐 시기는 19세

기 말이다. 이 풍차가 있는 방앗간을 19세기 전반에 춤을 추는 무도회
장 겸 술집으로 개조하여 많은 이들을 불러들였는데 풍차 이름 '갈레
트'는 방앗간 주인이 우유와 함께 만들어 판 작은 빵에서 유래되었다.
지금도 이곳은 레스토랑으로 운영되고 있다.

  18세기 전반에 만들어진 라데 풍차는 20세기 전반에 댄스홀로 변신
하기도 했지만 세월과 함께 파손되었다가 20세기 후반에 지금의 모습
으로 복원되었다.

  몽마르트르의 풍차들은 화가들에게 다양한 영감을 주었다. 오르
세 미술관에 전시된 피에르오귀스트 르누아르(Pierre-Auguste Renoir,
1841~1919)의 〈갈레트 풍차에서의 무도회(Bal du Moulin de la Gialette)〉
는 19세기 갈레트 풍차 주변의 풍광을 잘 보여 주고 있다. 르누아르는
인상파 화가답게 직접 무도회장에 캔버스를 펼쳐 놓고 빛의 움직임을
주시하며 이 그림을 그렸다고 한다.

〈아비뇽의 처녀들〉의 탄생지
세탁선Bateau-Lavoir

  19세기부터 파리에서 살았던 사람들은 19세기 말에서 20세기 초반

의 파리를 '벨 에포크(belle époque)'라 부르며 특별한 추억에 잠기곤 했다. '좋은 시대'라는 뜻으로, 이 시기의 파리는 과거에 볼 수 없었던 풍요와 평화를 누렸다. 거리에는 우아한 복장을 한 신사 숙녀 들이 넘쳐흘렀으며, 물랭 루주와 같은 쇼장에서는 캉캉 춤을 추는 여인들이 흥청망청하는 뭇 남성들의 마음을 훔쳤다.

세계 각처의 젊은 예술가들이 낭만과 자유를 찾아 파리로 몰려들었다. 하지만 이들에게 파리의 화려함은 그림의 떡에 불과했다. 예술혼 하나로 파리까지 왔지만 '좋은 집과 맛난 음식'은 언감생심, 먹고살기 자체가 힘에 겨웠다. 치기 어린 젊은 예술가들은 집값이라도 아껴 보려고 달동네인 몽마르트르 언덕으로 모여들었다.

이들 중에서 점차 이름을 알리는 예술가가 하나둘 나타나기 시작했다. 덩달아 몽마르트르도 위상이 높아져 갔다. 특히 에밀구도 13번지는 더 그랬다. 화가 막심 모프라(Maxime Maufra, 1861~1918)가 이곳에 자리 잡은 이후, 폴 고갱(Paul Gauguin, 1848~1903)이 입주하면서 갈 곳 없는 예술가들의 아틀리에 겸 숙소로 북적대기 시작했다. 1890년 초 스페인에서 파리로 온 피카소도 이곳에 자리 잡았고, 「미라보 다리」의 시인 아폴리네르를 비롯해 마티스, 모딜리아니도 이곳에 눌러앉았다. 자기들끼리는 집 이름을 '세탁선'이라 불렀다. 당시 센 강가에는 큰 배를 여러 척 띄워 놓고 옷을 빨아 주는 대형 세탁소가 있었다. 시인 막스 자코브(Max Jacob, 1876~1944)가 작가와 화가 들이 옹기종기 모여 살며 북적대던 몽마르트르의 작은 집이 마치 센 강변의 세탁공장 배처럼 생겼다고 해서 붙인 별명이 '세탁선'이었다.

피카소는 이곳에서 입체파의 시작을 알리는 그림 〈아비뇽의 처녀들 (Les Demoiselles d'Avignon)〉을 그렸다. 프랑스의 도시 아비뇽이 아니다. 〈아비뇽의 처녀들〉은 피카소가 파리로 오기 전에 살았던 스페인 바르셀로나에 있는 아비뇽 거리의 밤거리 여성들을 그린 그림이다.

안타깝게도 세탁선은 1970년 화재로 불타 버렸다. 이후 이 자리에는 다층 주택이 지어졌으며, 지금은 주택의 0층 일부에 세탁선 시절 이곳에서 살았던 작가와 예술가 들의 사진과 약력을 걸어 놓아 이곳이 세탁선의 현장임을 알려 주고 있다.

고흐와 테오가 함께 살았던
빈센트 반 고흐의 집 Maison de Vincent Van Gogh

풍차에서 아래로 내려와 몽마르트르 묘지 쪽으로 가면 고흐가 한때 살았던 집을 볼 수 있다. 고흐는 1886년부터 2년간 이곳에 살면서 그림을 그렸다. 그는 1853년 네덜란드에서 목사의 아들로 태어났다. 어린 나이에 서점과 화구상의 종업원으로 일하다 뜻한 바가 있어 신학교를 나와 부목사 생활을 잠깐 하기도 했다. 그런 그가 본격적으로 화가의 길을 걸은 것은 스물여섯 살 때였다. 이 무렵 화구상 종업원으로 있던 동생 테오(Theo Van Gogh, 1857~1891)와 함께 살았던 집이 몽마르트르 주택 3층이었다. 지금은 일반인이 살고 있어서 고흐가 예전에 살았다는 명패만 1층 출입문 옆에 살짝 붙여 놓았다.

에밀 졸라의 무덤이 있던
몽마르트르 묘지 Cimetière de Montmartre

반 고흐의 집에서 서쪽으로 조금만 가면 몽마르트르 묘지가 나온다. 입구를 통해 묘지에 들어서는 순간, 유교 관습에 물든 한국 사람이라면 대경실색할 풍경을 하나 만난다. 수십 기의 무덤 위로 철로가 만들어져 기차가 지나가는 것이다. 기찻길 옆 묘지도 아니고 기찻길 밑 묘지라니.

파리 시에는 크게 3개의 공원 묘지가 있다. 이른바 '3대 묘지'로 불리는데, 페르 라셰즈 묘지(Cimetière du père Lachaise), 몽파르나스 묘지, 몽마르트르 묘지가 바로 그것이다. 이들 묘지를 파리지앵들은 동묘지, 남묘지, 북묘지라 부르기도 한다. 우리에게 묘지, 특히 공동묘지는 귀신이 나오는 곳으로 인식되어 낮에도 혼자 가기가 꺼려지는 장소다. 마을 안이나 인근에 묘를 쓰려고 하면 집값이 떨어진다며 집단 민원이 제기되기도 한다. 하지만 유럽 묘지들은 정원처럼 가꾸어 놓아 사시사철 시민들의 휴식처가 되어 준다. 산 자와 죽은 자의 공간을 명확히 구분하여 사는 한국 사람으로서는 쉽게 이해하기 어려운 부분이다.

예전에는 파리 곳곳에 지금보다 더 많은 공동묘지가 있었다. 성당과 병원에 부속묘지가 있었고, 주택가 주변에도 공동묘지가 심심치 않게 있었다. 이런 묘지들을 전부 모은 것은 프랑스혁명 시기였다. 혁명정부는 다방면에서 개혁을 추진했는데, 묘지 정책도 새로운 시각에서 접근했다. 200여 개의 성당과 병원의 부속묘지들을 없애고, 시내 곳곳에 있던 공동묘지들도 정리했다. 이들 묘지에서 나온 연고자 없는 유골들은 파리 남부에 있는 카타콤(Catacomb)에 전부 가져다 안치했다. 카타콤은 세계 최대의 지하 동굴 무덤이다. 파리 시 남부 몽파르나스 묘지 남쪽에 있는 당페르로쉬료(Denfert-Rochereau) 지하철역 부근에 있다.

도대체 무슨 생각으로 동굴에 무덤을 썼을까? 파리는 5세기 이후 도시화가 진행되며 이곳저곳에 묘지들이 계속 생겨나 18세기에 들어서서는 더 이상 무덤 쓰기가 어려울 정도로 포화 상태가 되었다. 이를 심각하게 여긴 혁명정부는 국민 보건과 도시계획 차원에서 '묘지 설치와 관리에 관한 대개혁령'을 제정하여 파리 외곽에 3개의 대형 공중 묘지를 설치하는 대신 기존 묘지들을 대부분 없애기로 했다. 이때 없앤 묘지들에서 나온 유골 중 연고가 없는 유골 약 800만 개를 이곳 동굴에 가져다 1.7킬로미터의 긴 동굴 양측에 마치 장작을 쌓듯이 차곡차곡 쌓아 놓았다. 파리 시가 유골들을 쌓는 데만 100여 년이 걸렸다고 한다. 아이러니한 것은 해골들을 쌓아 놓은 곳임에도 프랑스 정부는 이곳을 박물관으로 단장하여 시내 초등학생들의 필수 견학 코스로 지정해 놨다는 점이다. 세계 각지에서 몰려온 많은 관광객들도 이곳을 보러 온다. 하수도를 박물관으로 만들어 돈을 벌지 않나, 해골 동굴을 개방하여 돈을 벌지 않나 프랑스 사람들의 상술도 중국 사람 못지않다. 동굴 안에는 "당신도 언젠가는 이렇게 된다"라는 의미심장한 문구도 붙어 있다.

동굴은 2차 세계대전 당시에 레지스탕스들의 비밀 아지트로 사용되었으나, 본래는 로마 시대 채석장이었다. 이런 곳을 프랑스 건축가 기요모(charles-Axel Guillaumot, 1730~1807)가 로마의 지하 무덤에서 영감을 얻어 유골 안치소로 탈바꿈시켰다.

파리의 3대 묘지 중 가장 먼저 개장한 곳은 페르 라셰즈 묘지로 1804년에 조성되었다. 이어서 1824년에 몽파르나스 묘지가 문을 열었고, 1825년 몽마르트르 묘지가 장례객들을 맞이했다.

몽마르트르 묘지에 묻힌 수많은 인물 중에 우리가 알 만한 사람은 인상주의 화가 에드가 드 가(Edgar De Gas, 1834~1917), 상징주의 화가 귀스타브 모로(Gustave Moreau, 1826~1898), 러시아 출신 발레리노 바츨라프 니진스키(Vatslav Nizhinskii, 1890~1950), 『적과 흑(Le Rouge et le Noir)』의 작가 스탕달(Stendhal, 1783~1842), 작곡가 루이 엑토르 베를리오즈(Louis Hector Berlioz, 1803~1869), 자연주의 문학의 대가 졸라 등이다. 이들 중에서 가장 눈에 띄는 것은 졸라의 무덤이다.

졸라는 『목로주점』, 『나나(Nana)』를 쓰며 대작가의 반열에 올랐다. 그는 빈민들의 처참한 생활상을 묘사하는 데 탁월한 재능을 발휘했다. 졸라 본인은 하층민의 적나라한 생활상을 소설화하는 것이 인간 삶을 개선하고 진보시키는 데 도움이 된다고 여겼다. 또한 그는 진실과 정의를 사랑하는 이상적 사회주의자였다. 그의 이러한 성향을 잘 보여주는 사례가 '드레퓌스 사건'에 대한 개입이다.

1894년 10월, 프랑스 육군참모본부에서 근무하는 유대인 알프레드 드레퓌스(Alfred Dreyfus, 1859~1935) 대위가 적국인 독일에 군사 기밀을 팔았다는 혐의로 체포되었다. 이 사건은 반유대주의 신문들이 너도나도 과장되게 기사를 쓰면서 프랑스 전역에 알려졌다. 드레퓌스는 시종

일관 자신은 간첩 행위를 하지 않았다고 결백을 호소했다. 하지만 군법회의는 그에게 유죄를 선고했다. 그는 감옥으로 이송되면서 수천 명의 사람들에게 비난을 받았고, 군복 단추가 뜯겨졌으며, 대검은 동강났다. 죄를 지은 군인에게 내리는 모욕이자 징벌이었다. 장교로서 최대의 수모를 당한 것이다. 그러나 사건은 여기서 끝나지 않았다. 드레퓌스는 3년 뒤에 군사 법정에 다시 섰다. 군사 기밀 누설의 진범이 밝혀진 것이었다. 귀족 출신 페르디낭 에스테라지(Ferdinand Walsin Esterhazy, 1847~1923) 소령의 짓이었다. 그런데도 군 지휘부는 이 사실을 애써 무시하며 에스테라지 소령에게 무죄를 선고했다. 진범인 줄 뻔히 알면서도 신분이 고귀한 정통 프랑스 혈통 에스테라지의 범죄 행각을 드레퓌스라는 유대인에게 전가시킨 것이었다.

졸라는 1차 재판 때부터 드레퓌스 대위에게 죄가 없다고 굳게 믿고 그의 편에서 석방운동을 펼쳤다. 그런데 무죄라고 확신한 2차 재판에서 드레퓌스가 유죄로 선고되자 졸라는 대통령에 쓰는 편지 형식의 고발장을 신문 지면에 발표했다. 지금까지 명문으로 회자되는 「나는 고발한다…!(J'accuse…!)」였다. 이 글을 실은 신문 『로로르(L'Aurore)』는 단 몇 시간 만에 30만 부가 팔려 나갔다고 한다.

신문 기고 후 졸라는 어떻게 되었을까? 진실을 말한 대가는 혹독했다. 졸라의 글은 유대인에 대한 반감이 널리 퍼져 있던 프랑스 사회를 충격 속으로 몰아넣었다. 사람들은 유대인을 옹호하는 졸라에게 등을 돌렸다. 프랑스 의회 의원들이 적극적으로 나서서 졸라를 법정에 세웠다. 그는 황당하게도 징역 1년에 벌금 3천 프랑을 선고받았다. 그리고 선고 당일에 영국으로 추방당했다. 이 당시 졸라는 이미 프랑스 내에서 소설가로 명성을 크게 떨쳐 프랑스 최고 훈장인 레지옹 도뇌르까지 받은 유명 인사였다. 이런 그를 프랑스 정치인들이 우매한 여론과 손잡고 철저히 배척했던 것이다. 그러나 진실은 언젠가 드러나는 법! 드레퓌스는 죄가 없음을 간신히 인정받아 1906년 복권되었다. 하지만 졸라는 드레퓌스의 복권 소식을 하늘나라에서 들었다. 1899년 영국에서 파리로 되돌아온 졸라는 1902년에 가스 중독 사고로 이미 불귀객이 되어 있었다.

세계 역사를 살펴보면 '드레퓌스 사건' 같은 어이없는 일들이 의외로 많다. 우리나라만 해도 그러하다. 해방 이후 지금까지 지속적으로 일어나고 있는 간첩조작 사건들이 그러하며, 1991년에 있었던 '강기훈 유서 대필 사건'은 더욱 그러하다. 한국판 드레퓌스 사건으로 떠들썩했던 이 사건은 폭압적이고 위악적인 공권력으로 인해 한 개인의 인권이 크게 침탈당한 사건이었다. 2006년에야 대법원의 재심 끝에 무죄 판결이 났으니, 진실이 밝혀지는 데 무려 15년이나 걸렸다. 민주사회를 지향하는 민주공화국에서 이게 말이나 될까 싶지만 이런 일이 지금도 일어나고 있으니 참으로 난망하다. 이걸 어찌 보아야 할까. 대한민국 헌법 제1조는 다음과 같다.

제1조 ① 대한민국은 민주공화국이다. ② 대한민국의 주권은 국민에게 있고, 모든 권력은 국민으로부터 나온다.

우리나라의 정체성을 규명하는 이 조항이 반드시 지켜지는 건강한 사회에서 살고 싶다는 바람이 꿈이 아닌 현실이 되려면 국민 전체가 공권력 남용에 대해 항상 경계하고 감시해야 한다.

졸라는 사망 직후 몽마르트르 묘지 제19구역에 묻혔다. 하지만 프랑스 정부는 그가 타계한 지 10년 만인 1912년에 그를 국립묘지인 팡테옹으로 이장했다. 몽마르트르의 무덤 자리는 그가 묻혔던 곳이라는 증거로 비석을 그대로 놓아 두어 역사적 기념물로 보호하고 있다. 시일이 오래 걸릴 뿐 진실과 정의는 언젠가는 승리한다. 역사 속의 진리이자 격언이다. 졸라가 신문에 기고했던 「나는 고발한다…!」의 일부 내용을 소리 내어 읽어 보자.

> 대통령님, 저는 진실을 말하겠습니다. 왜냐하면 정식으로 재판을 담당한 사법부가 만천하에 진실을 밝히지 않는다면 제가 진실을 밝히겠다고 약속했기 때문입니다. 제 의무는 말을 하는 것입니다. 저는 역사의 공범자가 되고 싶지 않습니다. 만일 제가 공범자가 된다면 앞으로 제가 보낼 밤들은 유령이 가득한 밤이 될 것입니다.
>
> 역겨운 드레퓌스 사건이 당신의 이름을, 아니 당신의 정권 그 자체를 더럽히고 있습니다. 이것이야말로 모든 진실과 정의를 파괴하는 최악의 오점입니다. 일은 벌어지고 말았습니다. 프랑스는 더럽혀졌습니다. 역사는 당신의 정권 아래에서 프랑스 사회를 배반한 범죄가 자행되었다고 기록할 것입니다.

캉캉 춤으로 문전성시를 이루었던

물랭 루주 Moulin Rouge

붉은 풍차를 랜드마크 삼고 있는 카바레다. 몽마르트르 묘지에서 블랑슈(Blanche) 지하철역으로 방향을 잡아 걸어오면 바로 보인다. 붉은 풍차가 너무 강렬하게 다가와 누가 봐도 '물랭 루주'임을 알 수 있다. 카바레 이름 '물랭 루주'는 우리말로 '붉은 풍차'라는 뜻이다. 19세기 말에 개장한 업소로 몽마르트르 언덕의 대표적 유흥장이었다. 우리나라에서 카바레는 중년의 춤꾼이 바람피우는 무대 정도로 여기지만, 원래 카바레는 성인들을 대상으로 춤과 노래를 공연하는 극장식 무대였다.

귀족의 후예였지만 어린 시절 사고로 인해 키가 152센티미터에서 멈춰 버려 평생을 절뚝거리며 피터팬처럼 살았던 화가 앙리 드 툴루즈 로트레크(Henri de Toulouse Lautrec, 1864~1901)는 이 무대를 기록 사진처럼 캔버스에 담아냈다. 주인의 요청으로 물랭 루주 포스터까지 그리며 평생 출입을 보장받았다고 하니, 이 카바레와 로트레크는 한 몸이나 진배없었다. 그러나 환락 장소를 매일 출근하다시피 하며 구석진 자리에서 독한 술을 마시며 붓질을 하다 보니 간이 남아나질 않았다. 결국 로트레크는 알코올 중독으로 서른일곱 살에 하늘 나라로 떠났다.

화려한 나날을 보낸 물랭 루주도 끝은 있었다. 프렌치캉캉 춤으로 한 시대를 풍미했으나, 손님이 줄어들어 20세기 초반에는 영화관으로 탈바꿈했다. 이후 다시 쇼 공연장으로 개장되었지만 예전 명성에는 미치지 못한 채 지금은 관광객들을 상대로 간신히 연명하고 있다. 물랭 루주 옆은 피갈 거리로 아주 오래전부터 성인 업소가 밀집된 구역이다. 야간에는 불법적인 호객 행위가 판을 치는 곳이니 호기심이 일더라도 접근하지 않는 것이 좋다.

인상파 그림들의 보고
오르세 미술관Musée d'Orsay

오후에는 기차역을 미술관으로 개조한 오르세에 가 보자. 19세기 초반을 풍미했던 아르누보 양식으로 지어진 웅장한 오르세 미술관은 1900년 파리만국박람회 때 호텔과 함께 지어진 기차역이었다. 건축가 빅토르 랄루(Victor Laloux, 1850~1937)의 설계로 지어진 이 역사는 선로가 15개나 되었고, 함께 지어진 호텔은 객실이 370여 개였다. 하지만 적자로 인해 영업이 중단되었고, 한때 호텔과 극장으로 활용되기도 했으나 철거까지 고려될 정도였다. 절체절명의 위기에 처한 이 건물을 미술관으로 변모시킨 것은, 오르세 역이 만들어질 당시인 19세기의 예술품을 한자리에 모아 전시하자는 멋진 제안 때문이다. 개조 작업은 1986년에 이루어졌다. 외관은 그대로 둔 채 내부 구조만 전시실로 활용할 수 있게 바꾸었다.

파리 시내에서 19세기 중반 이전의 작품을 오롯이 감상하려면 루브르 박물관을 가야 한다. 이곳에 근대 이전 작품이 다수 전시되어 있다. 오르세 미술관은 19세기 중반부터 1차 세계대전이 발발하던 1914년까지 제작된 작품들을 보관 전시하고 있다. 그 이후 현대 작품은 퐁피두센터 국립현대미술관을 찾아가면 된다. 이 세 곳만 잘 감상해도 프랑스는 물론 서양 미술 전체의 흐름을 거의 완벽하게 파악할 수 있다.

오르세 미술관은 인상파와 후기 인상파들의 그림과 조각 작품 위주로 근대화 시대의 미술품들을 전시하고 있다. 마네, 모네, 르누아르, 고갱, 고흐, 로트레크, 밀레 등 중고등학교 시절 미술 시간에 이름깨나 들어 본 화가들의 작품은 대부분 오르세에서 실물로 감상할 수 있다.

사실 루브르 박물관 관람은 워낙 전시물이 방대하고 관람객이 많아, 명절 전날 발 디딜 틈 없는 시골 장터에 나가 간신히 물건 하나 집어드는 느낌이 든다. 예술품을 감상하는지, 사람 구경을 하는지 헷갈릴 때가 많다. 반면 오르세 미술관은 19세기 중반부터 50년 안팎의 세월 동안 제작된 작품들, 그것도 연대순으로 일목요연하게 전시해 놓은 동선이 무척 효율적이어서 작품 보기가 편하고 즐겁다. 이런 연유로 양쪽 모두를 관람한 사람들 중 다수는 시간이 촉박하다면 루브르는 생략하고 오르세를 가라고 추천한다. 나 역시 파리 여행 중 일정상 딱 하나의 미술관만 가야 한다면 루브르보다 오르세를 추천하고 싶다.

관람 동선은 전시실에 부착된 번호 순서대로 1번 전시장부터 72번 전시장까지 차근차근 살피면 된다. 0층에 1~23전시실이 있으며, 5층에는 29~47전시실이, 2층에는 51~72전시실이 있다. 따라서 0층을 감상한 뒤 안쪽에 있는 5층 직통 에스컬레이터를 타고 올라가서 5층을 먼저 보고, 2층을 감상하는 것이 효율적인 오르세 관람법이다. 빠르면 3시간, 꼼꼼히 살피면 5시간 정도면 흡족하게 잘 감상했다는 생각이 들 것이다. 오후 한나절 미술 감상으로는 오르세 미술관이 제격이다.

꼭 보고 싶은 작품이 있었는데 그 작품이 없다고 실망하지는 말자. 이 미술관은 좁은 공간을 확장하고 유지 보수에 필요한 자금을 마련하기 위해 국외 미술관에 작품 대여를 많이 한다. 따라서 전시장 내에 상설 전시되는 작품도 때에 따라 없을 수 있다.

안내대에는 한국어로 된 오디오 가이드와 한글 리플릿도 있으니 이런 것들을 적절히 활용하면 좀 더 맛있는 오르세 기행을 할 수 있다. 다음은 장콩의 눈으로 선택한 '오르세 15선'이다.

No. 1 장프랑수아 밀레, 〈만종(L'Angélus)〉, 1859년

시골에 살던 어린 시절, 머리를 자르러 이발소에 가면 이 그림이 유리벽 위에 붙어 있었다. 아마 1960~1970년대에 밀레 그림이 안 붙어 있는 이발소는 거의 없었을 것이다. 왜 그렇게 밀레 그림이 붙어 있었는지 아직도 궁금하다.

장프랑수아 밀레(Jean-François Millet, 1814~1875)는 프랑스 바르비종파(École de Barbizon)의 대표 화가다. 19세기로 접어들면서 유럽에서는 역사화나 인물화가 판을 치던 아카데믹한 그림 풍에 반발하여 다양한 미술 사조가 출현하기 시작했다. 이 시절에 직접 자연과 부대끼면서 자연의 아름다움을 충실히 재현하고자 하는 화가들도 대두되었으니, 이들이 그린 그림을 '자연주의'라고 한다. 영국에서는 존 컨스터블(John Constable, 1776~1837)이 이 유파의 대표 작가이며, 프랑스에서는 파리 남쪽 근교 지역인 바르비종에서 농부들과 함께 살며 그림을 그린 장바티스트카미유 코로(Jean-Baptiste-Camille Corot, 1796~1875)나 밀레가 대

표적이다.

가톨릭교가 번성했던 프랑스에서는 하루에 세 번 교회 종소리가 울리면 하던 일을 멈추고 경건한 마음으로 기도를 올리는 사람들이 많았다. 수확철에 감자를 캐던 부부도 아마 그러했을 것이다. 멀리 교회당에서 울리는 은은한 종소리에 부부는 하던 일을 멈추고 대지와 하나가 되어 신의 은총에 감사한다. 밀레 또한 독실한 가톨릭교 신자였으니 농부 가족의 신앙심이 남다르게 다가왔을 것이다. 농촌 출신인 그는 "일생을 통해 전원밖에 보지 못했으므로 나는 내가 본 것을 솔직하게, 그리고 되도록 능숙하게 표현하려 할 뿐이다"라고 말할 정도로 농부들

의 일상 모습을 경외심을 가지고 그렸다. 배경으로 등장하는 예배당은 지금도 저녁 기도 시간이 되면 〈만종〉을 기념하여 종을 친다고 한다.

〈만종〉이 완성될 당시 밀레의 생활은 입에 풀칠하기도 어려울 만큼 가난했다. 물감 살 돈은 고사하고 가족들이 당장 먹을 식량조차 구하지 못할 때가 많았다. 밀레에게 거의 유일한 희망은 그림을 팔아 가족들을 배불리 먹이는 일이었다. 밀레는 〈만종〉을 그리면서 최소 2천 프랑은 받으리라 기대했다. 미국 부자가 의뢰한 그림이었기 때문이다. 하지만 기대와 달리 작품은 팔리지 않았다. 파리 살롱전에 전시되고 나서야 벨기에 사람이 겨우 78파운드를 내고 작품을 가져갔다.

그러나 10여 년이 지난 뒤 전세는 역전되었다. 작품을 탐내는 사람들이 너도나도 달려들었다. 〈만종〉은 1만 2천 파운드에 고국으로 되돌아왔다가 다시 미국으로 팔려갔다. 〈만종〉이 경매에 나오자, 돈 많은 부자들이 서로 사겠다며 눈독을 들였다. 일순간에 45만 프랑까지 치솟았다. 프랑스 정부까지 작품 구매에 달려들었다. 반드시 프랑스가 작품을 소장해야 한다는 여론을 등에 업고 루브르 박물관이 정부를 대표해 경매에 나섰다. 미국 사람들이 끝까지 달려들어 프랑스 사람들의 애간장을 태웠다. 값이 계속 올라 결국은 56만 프랑에 루브르가 낙찰받았다.

하지만 자존심 상하게도 루브르 박물관은 56만 프랑을 치를 예산이 없었다. 프랑스 예술계가 나서서 모금운동까지 전개했지만 결국 그림은 미국예술연합에 넘어가 버렸다. 이 그림을 백화점 재벌이었던 알프레드 쇼샤르(Alfred Chauchard, 1821~1909)가 3만 2천 파운드, 약 8백만 7천 프랑에 다시 가져왔고 그는 상처 입은 프랑스 사람들의 자존심을 회복시켜 주며 루브르 박물관에 그림을 무상으로 기증했다. 이후 〈만종〉은 오르세 미술관이 개관하면서 루브르에서 오르세로 이전되어 관람객을 맞이하고 있다.

No. 2 장프랑수아 밀레, 〈이삭 줍는 여인들(Des Glaneuses)〉, 1857년

밀레 본인이 농부의 아들이어서 그랬는지 그의 그림에는 농부에 대한 애정이 가득 담겨 있다. 추수가 끝난 들판에서 농부의 아내이자 촌부인 세 여인이 이삭을 줍고 있다. 이들에게는 한 알의 알곡도 감사함 그 자체다. 척박한 농촌에서 가난한 삶을 끈질기게 일구어 가는 모습에 감탄을 넘어 경건함마저 느낀다.

이 그림 역시 당대에는 인정받지 못했다. 미술비평가들은 '가난한 사람들을 자극해 사회 폭동을 선동하는 그림'이라며, 작품 속 세 여인을 '빈곤을 조장하는 세 여신'이라 폄하했다. 이런 악평과 가난에 시달린 밀레는 단 몇 프랑에 이 그림을 팔아야 했다. 그럼에도 밀레는 "나를 감동시키는 것은 인도주의적 인간미가 넘치는 예술이다"라고 말하며 바르비종에서 농촌 현실을 담은 그림을 꾸준히 그렸다.

No. 3 에두아르 마네, 〈올랭피아(Olympia)〉, 1863년

인상주의 화풍의 선구자 에두아르 마네(Edouard Manet, 1832~1883)의 작품이다. 지금 보아도 파격적인 그림인데 당시에는 어땠겠는가.

"미술사에서 〈올랭피아〉만큼 사람들의 비웃음과 야유를 산 작품은

없었다. …… 주말이면 그림을 보러 온 사람들이 너무 많아서 작품을 가까이에서 보기 불가능할 지경이었다."

작품이 전시장에 공식적으로 걸렸던 1865년에 나온 전시평 중의 일부다. 마네의 그림들은 사실주의와 인상파 사이에서 교량 역할을 하고 있다. 하지만 발표 당시 이 그림은 목에 리본을 묶은 여성 모델이 창녀의 부도덕함을 연상시킨다는 이유로 관람객과 비평가 들로부터 엄청난 비난을 받았다. 또한 살롱전 심사위원들은 꽃다발이 완성되지 않았다는 이유를 들어 이 작품을 탈락시키려 했다. 아닌 게 아니라 하녀가 들고 있는 꽃을 자세히 보면 간명하게 붓질한 흔적만 있어서 꽃이 뭉개져 보인다. 하지만 마네의 이런 붓 터치가 그를 '인상파의 시조'로 등극하게 했다.

작품은 이탈리아 우피치 미술관(Galleria degli Uffizi)에 소장된 베첼리오 티치아노(Vecellio Tiziano, 1488년경~1576)의 〈우르비노의 비너스(Venere di Urbino)〉를 패러디했으나 실제 모델이 있었다. 마네의 〈풀밭 위의 점심〉에도 등장하는 '빅토린 뫼랑(Victorine Meurent, 1844~1927)'이 그 주인공이다. 동시대 다른 작가들도 즐겨 찾던 모델로 환락가의 여인이었다고 한다. 하지만 그녀도 그림 실력이 좋아서 1876년 파리 살롱전에 작품이 걸렸다.

마네가 죽은 뒤 〈올랭피아〉는 경매를 통해 미국으로 넘어갈 뻔했다. 이때 모네를 비롯한 프랑스 인상주의 화가들이 공동으로 돈을 마련하여 작품을 산 뒤 국가에 기부했다. 『르 피가로(Le Figaro)』에 기고한 모네의 글을 살펴보면, 왜 인상파 화가들이 그래야 했는지 파악할 수 있다.

장관님, 우리는 〈올랭피아〉를 장관님께 맡깁니다. 프랑스의 영광이자 기쁨이었던 작품들이 미국인의 손에 들어갈 위험에 처해 있습니다. 이 것이 우리가 〈올랭피아〉를 사기로 한 이유입니다. 〈올랭피아〉는 예술 가의 스승인 마네의 위대한 승리의 기록입니다.

마네는 1883년에 쉰한 살의 나이로 사망했다. 매독 균이 퍼져 다리 를 잘라 내는 수술을 받았는데, 그 후유증 때문이었다. 마네는 〈올랭피 아〉를 자신의 대표작이라 생각해서 죽을 때까지 소장하고 있었다. 그 러나 홀로 남은 부인이 생활고로 그림을 자꾸 경매에 내놓으려 하자 이를 보다 못한 모네가 1890년, 인상파 화가들과 함께 기금을 마련하 여 부인으로부터 1만 9,415프랑에 그림을 사들여 정부에 기증했다. 부 인이 처음 요구한 가격은 2만 5천 프랑, 현재 가치로 따지면 우리 돈 5천만 원 정도였다. 돈을 추렴할 때, 워낙 가난해서 모금에 응할 처지 가 아니었던 르누아르까지 50파운드를 낼 정도였다고 하니, 인상파 화 가들이 마네를 어느 정도 존경했는지 미루어 짐작할 수 있다.

No. 4 에두아르 마네,
〈풀밭 위의 점심(Le Déjeuner sur L'herbe)〉, 1863년
〈풀밭 위의 점심〉은 마네가 서른한 살에 그린 작품으로, 그를 단박에 유명하게 만든 작품이다. 장안에 큰 화제를 불러일으킨 〈올랭피아〉보 다 2년 전에 공개된 작품이다.
마네는 이 그림을 프랑스 정부 주관의 국전인 살롱전에 출품하기 위

해 1863년에 그렸다. 하지만 심사위원들은 보기 좋게 이 그림을 낙선시켜 버렸다. 당시 심사위원들은 대부분 정통 아카데미 미술만 인정했으며, 새로운 시도를 모색하는 작품들에 대해서는 좋은 점수를 주지 않았다. 따라서 살롱전 입상작은 대부분 우아하면서도 섬세하게 묘사된 아름다운 여신이나 님프의 누드화였다. 현실이 이러했으니 〈풀밭 위의 점심〉처럼 파격적인 작품이 떨어지는 건 당연한 일이었다.

그림 속 젊은 여인은 나체로 풀밭 위에 앉아 두 남자와 담소를 나누고 있다. 뒤편에 상체를 구부리고 한 손으로 치마 끝자락을 씻고 있는 여인이 삼각형 구도의 꼭짓점을 담당하며 화면 전체에 안정감을 부여한다.

나체 여인은 실존 인물 뫼랑으로 1862년부터 마네의 작품에 빈번히

등장한다. 직업 모델이란 설도 있고 매춘부란 설도 있다. 현재 전해지는 마네의 작품 중에서만 여덟 작품 속에서 그녀의 모습이 보인다. 사실 마네는 피카소, 구스타프 클림트(Gustav Klimt, 1862~1918)와 더불어 서양 미술계에서는 손꼽히는 바람둥이다. 세 사람 모두 연인을 바꾸는 데 선수였다.

1863년 살롱전에 낙선한 작가들의 원성이 자자하다는 소식을 전해 들은 당시의 황제 나폴레옹 3세는 낙선작들을 한자리에 모아 전시하게 했다. 이른바 '살롱전 낙선작 전시회'였다. 마네의 〈풀밭 위의 점심〉도 이 전시장에서 대중과 만났다. 개관 첫날만 7천여 명의 관람객이 전시장을 찾아왔다. 유독 마네 작품만 문전성시를 이루었다. 관람객 중 일부는 우산대로 그림을 콕콕 찌르며 "이게 작품이냐?"고 역정을 내기까지 했다. 이 때문에 사람 손이 닿지 않은 높은 곳에 그림을 다시 걸어야 했다고 한다. 전시회 최고의 히트작이었지만 그림 평은 비난 일색이었다. 마네는 후에 이 전시회를 회상하며 "미술비평가들로부터 평생들을 비난을 전시회 첫날에 다 들었다"고 말할 정도였다.

왜 비평가들은 이 그림을 평가절하했을까? 대중들은 왜 이 그림에 그토록 분노했을까? 이유는 분명히 있다. 첫째, 이 시절만 하더라도 누드화에는 주로 여신이나 천사 들이 등장했다. 그런데 마네는 실제 인물을, 그것도 아주 노골적으로 그려서 공개했다. 요즘으로 치면 '19금 음란물'을 작품이랍시고 전시장에 후안무치하게 내건 꼴이었다. 당연히 난리가 날 수밖에 없었다. 둘째, 원근감과 공간감이 무시된 그림이었다. 일례로 삼각점 꼭대기에 있는 여인은 동일 선상에 놓여 있는 배보다 더 크게 그려졌다. 평론가들은 어떻게 사람을 배보다 크게 그릴 수 있느냐며 마네를 초보 그림쟁이로 몰아갔다. 셋째, 중간 색조의 과다 사용으로 명암의 효과를 극소화해 버렸다. 밝은 곳과 어두운 곳의 확실한 대비를 통해 그림을 돋보이게 하는 것이 당시 일반적인 표현법이었는데, 마네는 이 관습을 무시하고 중간 색조로 그림 전체의 깊이감을 최소화해 버렸다.

이런 이유로 평론가들은 마네를 가리켜 실력이라고는 눈꼽만큼도 없는, 화제성만으로 명성을 얻으려 하는 치기 어린 젊은 화가라고 평가했던 것이다. 하지만 이 그림으로 인해 낙선전은 살롱전보다 더 흥행에 성공했다. 또한 함께 그림을 전시한 몇몇 화가들은 마네의 그림에 매료되어 이때부터 마네를 교조처럼 추종하기 시작했다. 이들 무리를 나중에 '인상파'라고 한다. 그들은 야외에서의 밝고 화사한 풍경, 대담한 붓 터치, 원근감을 단순화시킨 독창적인 공간 처리 기법 등을 바탕으로 제도권 화풍과는 다른 길을 걷는 마네를 앞장세워 본인들의 그림 경향을 정립시켜 나갔다. 한 가지 아이러니한 것은 정작 마네 본인은 인상파 화가들과 일정한 거리를 두며 작품을 제작했으며, 인상파 화가들의 적극적 권유에도 불구하고 여러 번 열린 인상파의 공동 전람회에 단 한 점의 작품도 출품하지 않았다는 점이다.

〈풀밭 위의 점심〉을 마네는 실제로 점심 먹는 시간대에만 그렸다고 한다. 식사하는 장면에 비추는 빛을 담아내기 위해서였다. 한편 마네의 이 그림에는 모티프가 되는 그림이 있다. 마네는 르네상스를 대표하는 화가 라파엘로 산치오(Raffaello Sanzio, 1483~1520)의 〈파리스의 심판(Le

Jugement de Pâris)〉에서 인물의 구도를 따왔다. 두 그림을 대조해 보면 고개를 끄덕일 수밖에 없다. 또한 이 그림을 본 모네는 그림이 마음에 들었던지 이와 비슷한 형태의 그림을 바르비종 마을이 자리 잡은 퐁텐블로 숲속을 배경으로 그렸다. 하지만 완성시키지는 못했고, 미완성작으로 현재 오르세 미술관에 보관되어 있다.

실제로 본 〈풀밭 위의 점심〉은 생각보다 감동이 덜했다. 아마 중간 색조를 과감히 생략하다 보니 공간감이 사라진 데다, 촌스럽다는 느낌이 들 정도로 색감이 너무 산뜻해서 감상하는 눈이 불편했기 때문이 아니었나 싶다.

No. 5 에드가 드가, 〈14세의 어린 무용수(Petite Danseuse de 14 ans ou Grande Danseuse Habillée)〉, 20세기

드가를 인상파에 넣긴 하지만, 엄밀히 따지면 드가는 인상주의라고 하기 어렵다. 모네, 르누아르를 비롯한 인상파 화가들은 자연과 햇빛이 있는 야외에서 작업을 했다. 인상파 화가들에게 야외 작업은 선택이 아닌 필수였기 때문이다. 인상파의 모토는 '빛에 의해 시시각각 변화하는 사물의 인상을 화폭에 표현하는 것'이다. 이런 연유로 모네는 빛의 변화에 따른 찰나의 이미지를 중시하여 비슷비슷한 수련을 계속 그려 무려 250여 점의 작품을 남겼고, 〈루앙 대성당〉 연작의 경우 성당 앞에 있는 상점 2층에 아틀리에를 마련해 놓고 아침 빛, 낮 빛, 저녁 빛이 보여 주는 루앙 성당을 다채롭게 그려 냈다.

인상파의 특징을 핵심만 짚어 요약하자면 다음과 같다.

첫째, 인상파는 그리고자 하는 사물이 가지고 있는 고유색보다 빛에 의해 변하는 색을 표현하는 데 주력했다. 사과를 예로 들어보자. 일반적이라면 그림을 그릴 때 사람들은 사과를 빨간색으로 표현한다. 하지만 모네 같은 인상파 화가들은 사과 본연의 색인 빨강보다는 사과에 비친 빛의 색에 주목한다. 창문 바로 아래의 책상 위에 사과가 놓여 있다고 가정하자. 햇볕이 쨍쨍한 날에는 그 빛을 받은 사과도 반짝반짝 환하게 빛날 것이다. 반면에 먹구름 낀 날에는 사과에도 짙은 어둠이 깔려 있을 것이다. 당연히 밝은 날의 사과와 흐린 날의 사과는 다르게 칠해져야 한다. 인상파의 주장이다.

둘째, 물체의 윤곽을 선명하게 그리지 않고 간단한 명암과 짧고 강하게 스타카토처럼 끊어서 터치한 붓 자국으로 색채감만 두드러지게 나타냈다. '인상파의 시조'로 추켜세워지는 마네가 〈올랭피아〉를 선보였을 때, 비평가들은 흑인 하녀가 들고 있는 뭉그러진 꽃을 보고 마네를 질타했다. 꽃 하나도 제대로 그리지 못한다는 비판이었다. 하지만 마네의 이러한 붓질은 나중에 인상파의 대표적 특징으로 승계되었다.

셋째, 인상파 화가들은 실내보다 야외를 선호했다. 당시 그림들은 대부분 역사화, 종교화, 인물화여서 군이 밖으로 나가 그림을 그릴 필요가 없었다. 머릿속에 구상한 내용을 실내에서 적절한 구도 속에 표현하면 그만이었다. 이에 반해 인상파 화가들은 이젤과 캔버스를 들고 소풍 가듯이 밖으로 나가 자연과 조우하며 그림을 그렸다. 그런 측면에서 인상파의 등장에는 튜브 물감의 탄생이 한몫 단단히 했다.

물감이 튜브에 담겨 상용화되기 전에는 돼지 오줌보에 물감을 넣어서 사용했다. 1970년대 우리나라 시골 아이들이 축구공 대신 돼지 오줌보를 공처럼 차며 골목골목을 누비고 다닐 정도로 돼지 오줌보는 꽤 질기다. 그럼에도 그 안에 물감을 넣어 야외로 가지고 다니기에는 부피가 너무 크고 잘 터졌다. 그러니 야외에서 그림을 그리기가 말처럼 쉬운 일은 아니었다. 19세기 중반 드디어 해결책이 나왔다. 미국 화가 존 랜드(John G. Rand, 1801~1873)가 튜브 물감을 발명하여 화가들이 야외에서 마음껏 그림을 그릴 수 있게 만들어 주었다. 튜브 물감의 발명과 상용화는 야외 작업을 선호하는 인상파 화가들의 등장에 지대한 영향을 미친 일대 사건이었다.

하지만 드가는 예외였다. 그는 햇빛에 열광했던 다른 인상파 화가들과는 달리 카페와 극장을 자주 찾아 실내 작업을 주로 했다. 특히 인공조명 아래에서 땀 흘리며 연습하는 어린 발레리나의 훈련 장면을 주로 그렸다. 물론 그가 인상파 화풍에 동조하면서도 동료들과는 달리 실내에서 그림을 그린 데는 충분한 이유가 있었다. 그는 어릴 적부터 시력이 약했다. 특히 30대 후반에 시력이 급격히 약화되어 야외의 강한 빛 속에서 작업하기가 난망했다. 처한 현실이 이러다 보니 실내 작업을 주로 했고, 말년에는 그림보다 촉각에 의지하여 소조 작업을 많이 했다.

아버지가 돈 많은 은행가여서 드가는 먹고사는 데 불편함이 없었다. 하지만, 신체 결함이 그렇게 만들었는지는 몰라도, 사교성이 부족하여 평생을 홀로 고독하게 지냈으며, 성격 또한 무척 괴팍했다. 화가인데도 자신이 그린 작품을 공개하기 싫어해서 전시회에도 거의 출품하지 않

왔다니 더 이상 무슨 말이 필요하겠는가.

〈14세의 어린 무용수〉는 청동 조상으로 드가가 시력을 잃어 가던 생의 말년에 제작한 작품이다. 조상에 옷을 입히고 리본까지 달아 논란이 컸던 작품이다. 1881년의 여섯 번째 인상주의 전시에서 공개된 원본은 왁스로 제작되었으나 소실되었고, 우리가 오르세에서 볼 수 있는 작품은 1922년 이후 주물되어 총 29개로 알려진 청동 에디션들 가운데 하나다.

드가가 죽고 난 뒤 그의 작업실에는 무려 150개가 넘는 발레리나 조상들이 있었다고 한다. 그러나 실제 그가 생전에 공개한 작품은 이 작품 단 한 점이었다.

르누아르는 "생생한 움직임을 표현하는 데는 로댕보다 드가가 더 뛰어나다"고 평했다.

No. 6 에드가 드가, 〈발레 수업(La Classe de Danse)〉, 1876년

드가는 오페라 가르니에(Opéra Garnier)를 자주 찾았다. 이 극장은 원래 오페라 상연장으로 만들어졌지만 웅장한 외관과는 달리 음향의 질이 떨어져서 발레 공연장으로 더 자주 활용되었다. 〈발레 수업〉은 오페라 가르니에 발레 연습장의 모습을 그린 작품이다. 드가는 오페라 극

장의 정기관람권을 구입해 무용수들의 발레 장면을 자주 스케치했는데, 무대 뒤나 연습실까지 드나들며 화폭에 담았다.

〈발레 수업〉은 백발의 선생이 어깨까지 오는 긴 지팡이를 짚고 어린 초보 발레리나의 동작을 수정해 주고 있는 장면을 그렸다. 유명한 안무가 쥘 페로(Jules Perrot, 1810~1892)라고 한다. 어찌 된 영문인지 나는

이 선생을 볼 때마다 영화 〈스타워즈(Star Wars)〉의 현인 요다가 떠오른다. 서 있는 모습이 어린 제다이를 훈련시키는 요다와 비슷하다. 선생이 바라보는 중앙부의 학생은 자세에 집중하고 있다. 멀리 뒤쪽에는 어린 무용수가 차례를 기다리며 옆 친구와 잡담을 나누고 있다. 자녀를 수업에 데리고 온 귀부인들도 몇몇 보인다. 지금이나 예전이나 어머니들의 교육열은 실로 대단하다.

No. 7 피에르 오귀스트 르누아르, 〈물랭 드 라 갈레트의 무도회(Bal du Moulin de la Galette, Montmartre)〉, 1876년

르누아르는 평생을 곤궁에서 벗어나지 못한 가난뱅이 화가였다. 하지만 인상파의 여러 화가들 중에서 가장 낙천주의자였다. 그래서 그런지 그는 자연 풍경을 주로 그린 모네와는 달리 생기 넘치는 파리지앵들을 부드러운 붓질로 자주 그려 냈다. 센 강에서 뱃놀이 하는 사람들, 풍차가 있는 카바레 '물랭 드 라 갈레트'에서 춤추는 사람들 등 그에게 파리 한량들은 그림 그리기에 적절한 안성맞춤 소재들이었다.

파리지앵들은 일요일이면 춤을 추기 위해 몽마르트르 언덕에 있는 무도회장을 찾았다. '물랭 드 라 갈레트'였다. 르누아르는 이곳 풍광을 사실적으로 잘 잡아내 화면에 담았다. 인상파 화가답게 나뭇잎 사이로 쏟아지는 빛이 신사 숙녀의 옷자락에 얼룩처럼 표현되어 있다. 부드러운 붓 터치 속에 무도장의 생동감과 흥겨움도 잘 나타나 있다. 어쩌면 르누아르의 이런 표현법이 인상파를 대변하는 스타일인지도 모른다.

르누아르는 팔레트 위에서 물감을 개지 않고 캔버스에서 곧장 섞어

사용했다고 한다. 그래서 인물들의 윤곽선이 모호하고 색이 번지는 것처럼 보인다. 그의 대부분의 그림에서 보이는 그만의 고유한 특징이다. 그에게 그림자란 주변의 다양한 색들이 반사되면서 생긴 색이었다.

밀레보다 더 가난했던 르누아르였지만, 사후에 그의 작품 또한 천정부지의 가격대를 형성하고 있다. 1990년 경매에서 이 작품은 7,810만 달러에 팔렸다. 당시에는 역대 최고가 그림 4위에 해당하는 액수였다. 하늘에 있는 르누아르가 이 소식을 들었다면 입이 쩍 벌어져 닫히지 않았을 것이다. 본인은 살아생전 큰돈 한번 만져 보지 못하고 죽을 때까지 곤궁함과 싸워야 했으니 말이다.

모네는 인상파를 대표하는 화가다. 인상파로 불리는 모든 화가들 중
누구보다도 인상주의 이론을 화폭에 그대로 담기 위해 진력했다. 따라
서 모네는 그 자체만으로 인상파를 대변한다. 사실 '인상파'란 이름도
모네 때문이 붙여졌다. 그는 1874년 '화가 조각가 판화가 무명예술가
협회전'에 〈인상, 해돋이(Impression, Soleil Levant)〉를 내걸었다. 모네가
주도하여 30여 명의 예술가들이 치른 전시회였다. 작품은 영국의 풍경
화가 윌리엄 터너(J. M. William Turner, 1775~1851)의 영향이 엿보이는 그
림으로, 그가 어릴 적부터 살았던 노르망디 르 아브르 항구의 일출 장
면을 그린 작품이었다. 새벽 물안개 속에서 떠오르는 태양빛을 순간적

으로 포착한 그림이다. 하지만 비평가들은 이 작품을 미완성작이라며 비아냥댔다. 특히 루이 르루아(Louis Leroy, 1812~1885)라는 평론가는 신문에 비평을 실으며 "아름다움은 찾아볼 수 없고 단지 인상만 남아 있을 뿐"이라고 폄하했다.

> 이 작품은 무엇을 그린 것일까? 인상? 정말이다. 나도 그렇게 생각했다. 나도 인상을 받았으니까. 이 안에는 분명 인상이 있다. 이 얼마나 자유로운가! 하지만 이러한 바다 풍경보다는 차라리 미완성의 벽지가 낫겠다.

심해도 너무 심하게 조롱했다. 그러자 전시회에 작품을 출품한 모네와 그의 친구들은 "그래, 우리는 인상주의자들이다"라고 시니컬하게 받아들이며 스스로를 인상파라 칭했다. 그러고는 3회 전람회부터는 아예 전시회 이름을 '인상주의전'으로 내걸었다. '인상주의'의 탄생이었다. 모네가 그린 〈인상, 해돋이〉는 현재 파리 서쪽 외곽 지역에 있는 마르모탕 미술관(Musée Marmottan)에 걸려 있다.

모네는 1892~1893년 두 차례에 걸쳐 2월부터 4월에 이르는 기간 동안 루앙에 머물면서 〈루앙 대성당〉을 동시에 붓질해 가며 무려 50여 점을 그려 냈다. 오래전부터 대성당 앞 광장에는 상점들이 줄지어 서 있었는데, 모네는 성당 건너편에 있는 상점 2층을 빌려 아틀리에로 사용했다고 한다. 현재 오르세 미술관은 〈루앙 대성당〉 여섯 점을 소장하고 있다.

No. 9 피에르 오귀스트 르누아르,

〈피아노 치는 소녀들(Jeunes Filles au Piano)〉, 1892년

유화지만 파스텔로 그린 것만큼 부드럽고 환상적이다. 선천적 긍정 주의자 르누아르의 성품까지 엿보이는 수작이다. 르누아르는 이 작품을 파스텔화 한 점, 유화 다섯 점으로 그렸다. 이런 연유로 루브르 박물관에도, 오랑주리 미술관에도 동일한 제목의 비슷한 작품이 걸려 있다. 이들 작품들 중 오르세에 전시되어 있는 그림이 가장 섬세하게 잘 그려진 작품이라고 한다.

No. 10 폴 고갱,

〈타히티의 여인들(Femmes de Tahiti ou sur la Plage)〉, 1891년

고갱은 세잔, 고흐와 더불어 후기 인상주의를 대표하는 화가다. 이들은 인상주의를 더욱 개성 있게 발전시킨 화가로, 세잔은 색채와 붓 터치로 입체감과 원근법을 나타내는 새로운 기법을 개발해 야수파와 입

체파 등장에 영향을 주었다. 고흐는 내부에 잠재된 강렬한 감정을 작품에 담아 표현주의의 선구자가 되었다. 반면 고갱은 밝고 강렬한 원색을 사용해 원시 사회의 생명력과 순수함을 그려 냈다.

고갱은 늦둥이 화가였다. 주식중매인 생활을 하다가 서른다섯 살에 직장을 그만두고 전업 화가로 전향했다. 한때 고흐의 초청으로 프랑스 남부의 휴양 도시 아를에서 함께 지내기도 했지만, 고흐의 난폭성에 놀라 결별한 뒤 남태평양 타히티로 들어가 토속 여인들을 화폭에 즐겨 담았다. 타히티는 오랜 기간 영국의 식민 지배를 받다가 고갱이 그곳으로 거처를 옮길 무렵에는 프랑스 지배하에 있었다. 왼쪽 여인은 타히티 고유의 전통 복장을 입고 있고, 오른쪽 여인은 유럽에서 전파된 원피스를 걸치고 있다. 딱히 이 작품을 좋아하지는 않지만 고갱 작품 하나 정도는 오르세에서 봐야 할 것 같아 선정했다.

No. 11 빈센트 반 고흐,
〈별이 빛나는 밤에(La Nuit Étoilée, Arles)〉, 1888년

"그래 내 그림들, 이를 위해 난 내 생명을 걸었다. 그로 말미암아 내 이성은 반쯤 망가져 버렸지."

1890년, 고흐가 권총으로 자살하던 날 품속에서 나온 편지의 일단락이다. 평생 동안 유일하게 자신을 알아주고 후원해 주었던 동생 테오에게 보내려고 써 둔 편지였다고 한다. 고흐는 스무 살 후반부터 자살하기 직전까지 10여 년을 줄곧 그림에 전념했지만, 평생 팔린 작품은 단 한 점에 불과했다. 하지만 지금은 그의 그림이 경매대에 올라오

는 순간, 피카소와 더불어 최고가를 경신하고는 한다.

　그는 1888년부터 프랑스 남부 지방 아를에서 그림을 그렸다. 따스한 햇살이 워낙 좋아서 이곳에 화가 공동체 마을을 조성하고 싶어 몇몇 화가에게 초대장을 보내기도 했다. 하지만 응한 작가는 고갱뿐이었다. 두 사람의 동거는 오래가지 못했다. 고흐의 광기는 이미 이 시절에 시시때때로 표출되고 있었다. 밤 산책을 하고 있던 고갱의 뒤를 쫓아가 면도칼로 위협하는 바람에 둘은 영영 헤어졌다. 이날 밤 고흐는 광기를 참지 못하고 자기 귀를 귓불만 남긴 채 전부 도려내 버렸다.

　고흐는 밤하늘을 즐겨 그렸다. 그중에서 유명한 작품이 〈별이 빛나는 밤에, 아를〉이다. 오르세에 전시된 이 작품은 아를 시절에 그린 그림으로, 론 강에 비친 불빛들과 밤하늘의 별들이 조화를 이루고 있다. 고흐는 1년 뒤에 생레미 요양원에서 생활하며 이 작품과 비슷한 형태의 그림을 한 점 더 그렸다. 두 그림을 비교해 보면 아를 때 그린 그림의 하늘 분위기가 훨씬 더 안온하게 느껴진다. 요양원 시절에 그린 〈별이 빛나는 밤〉에는 광풍이 휘몰아치는, 혹은 센 물살이 소용돌이치는 분위기를 연출해 그의 정신분열증이 점차 심해지고 있음을 감지할 수 있다.

No. 12 빈센트 반 고흐, 〈자화상(Portrait de l'artiste)〉, 1889년

　고흐는 자화상을 많이 그렸다. 40여 점이나 된다. 오르세에 있는 〈자화상〉은 거울에 비친 얼굴을 직접 보며 그렸다고 한다. 그가 생을 마감한 오베르 쉬르 우아즈(Auvers Sur Oise)에서 죽기 3개월 전에 그린 마지막 자화상이다. 그림 속 고흐의 눈빛만으로도 그의 심리 상태가 불안정함을

짐작할 수 있다. 그는 동생 테오에게 보낸 편지에 "사람의 영혼은 눈을 통해 나타난다. 그 사람이 어떤 사람이든 영혼에 관심이 있다"라고 썼다.

고흐는 아를에서 귀를 자른 사건을 저지른 뒤 약 1년을 생레미 요양 원에서 치료받다가, 1890년 5월 파리 위쪽에 있는 오베르 쉬르 우아즈

에서 의사 폴페르디낭 가셰(Paul-Ferdinand Gachet, 1828~1909) 박사의 진료를 받았다. 하지만 그해 7월 최후의 작품인 〈까마귀가 나는 밀밭(Whear Field With Crows)〉을 완성하고, 3일 뒤에 오베르 성이 있는 언덕에서 가슴에 총을 쏘아 자살을 시도했다. 바로 죽지는 않고 며칠을 버티다가 본인을 유일하게 이해하고 후원해 준 동생 테오가 지켜보는 가운데 짧은 생을 마감했다.

No. 13 앙리 팡탱 라투르,

〈바티뇰의 아틀리에(Un Atelier aux Batignolles)〉, 1870년

딱히 그림이 좋아서 선정한 작품은 아니다. 아마 앙리 팡탱 라투르

(Henri Fantin Latour, 1836~1904)라는 화가를 아는 한국인은 드물 것이다. 그럼에도 이 화가의 〈바티뇰의 아틀리에〉를 선정한 이유는 그림 속 주인공들이 전부 실존 인물들, 그것도 인상파를 이끌었던 대표 화가들이기 때문이다. 캔버스 앞에 앉아 있는 사람이 마네, 그의 등 뒤에서 두 손을 앞으로 모으고 있는 이가 르누아르, 오른쪽 화면 끝에 보이는 사람이 모네다. 그리고 푸른색 의자 옆, 주머니에 손을 넣고 서 있는 남자가 졸라다.

No. 14 조르주 쇠라, 〈서커스(Le Cirque)〉, 1891년

색채를 미세한 색점들로 분리하여 그림을 그린 점묘법의 대가 조르주 쇠라(Georges Pierre Seurat, 1859~1891)는 신인상주의의 대표 화가다. 이 유파는 물감을 팔레트 위에서 혼합하지 않고 원색을 캔버스 위에 직접 점으로 찍어 가며 형상을 만들어 갔다. 이러한 점묘 그림이 인상파 그림들과는 전혀 상관없을 것 같지만, 이 유파의 그림을 '신인상파'라고 하는 이유는, 유화 물감을 섞어 쓸 때 나타나는 특유의 칙칙함과 어둠에서 벗어나려 한 인상파의 특징을 점묘를 통해 극단까지 밀고 나갔기 때문이다.

쇠라는 색채 이론에 해박하여 점묘와 보색 효과를 충분히 활용해 독특한 화면을 만들어 냈다. 그의 그림은 가까이에서 보면 수천, 수만 개의 점들로 이루어져 눈이 어지럽다. 마치 색맹 검사지를 보는 것 같다. 하지만 멀리 떨어져서 관망하면 대상이 온전히 눈에 들어온다. 노란색과 파란색, 주황색 점들을 섞어 찍어서 서커스장 전체를 연출해 냈다.

서른두 살에 죽은 화가의 마지막 작품이다.

쇠라의 그림 역시 당대에는 인기가 없었다. 그가 죽은 뒤 쇠라의 어머니는 대표작이라 할 수 있는 〈그랑드 자트 섬의 일요일 오후(Sunday Afrernoon on the Island of La Cirande Jatte)〉를 프랑스 정부에 기증하려 했

다. 그러나 정부 관계자는 무상으로 기증 의사를 밝혔음에도 작품을 거부했다. 그림은 미국 수집가의 손에 넘어가 현재 시카코 아트 인스티튜트(Art Institute of Chicago)의 대표작으로 인기를 누리고 있다. 미술관에서는 1924년 이후 지금까지 단 한 차례도 이 그림을 다른 미술관에 대여하지 않았다고 한다. 미술관이 이 작품을 얼마나 애지중지하는지 알 수 있다.

No. 15 오귀스트 로댕, 〈사색(La Pensée)〉, 1886~1889년

로댕의 제자이자 연인이었던 클로델을 주인공으로 한 작품으로, 로댕과 클로델의 사이가 좋았던 시절에 만들어졌다. 미술사가 레옹스 베네디트(Léonce Bénédite, 1859~1925)에 의하면, 로댕은 처음에는 전신을 조각하려 했다고 한다. 하지만 진행 과정에서 얼굴 부위만 조각하고 아래쪽은 거친 원석 그대로 놔두었다. 전신을 조각하는 것보다는 지금 상태가 훨씬 나은 것 같다. 지그시 응시하는 모습이 참으로 좋다. 무슨 생각에 빠져 있을까, 클로델은……

이 작품은 1902년 뤽상부르 미술관에 기증되었으나 미술관이 폐관되어 지금은 오르세 미술관에 전시되고 있다.

▲ 오르세 미술관 | 철도역을 미술관으로 변신시켜, 19세기 중반부터 1914년까지 제작된 작품들을 보관, 전시하고 있다.

◀ 아베스 지하철역 | 아르누보 형식으로 지어진 입구가 인상적이다. 프랑스 건축가 엑토르 기마르의 작품이다.

◀ 사크레쾨르 대성당 | 프로이센과의 전쟁에서 패하고 파리코뮌까지 겪으며 사기가 꺾인 파리 시민들을 위해 사회 통합을 목적으로 세운 성당이다.

▲ 빈센트 반 고흐의 집 | 고흐가 1886년부터 2년간 살았다. 지금은 일반인이 살고 있어서 출입문 옆에 명패만 부착해 놓았다.

▲ 몽마르트르 언덕에서 바라본 파리 시내의 전경 | 몽마르트르 언덕에서는 유서 깊은 카페와 거리의 화가들을 구경하는 것도 재미가 쏠쏠하다.

▲ 물랭 루주 | 19세기 말에 개장한 카바레로 몽마르트르 언덕의 대표적인 유흥장이었다. 툴루즈 로트레크가 자주 들렀던 곳으로 유명하다.

▼ 갈레트 풍차 | 19세기 전반에 무도회장 겸 술집으로 성행했던
이곳은 르누아르의 그림에도 등장할 정도로 유명한 장소였다.

▲ 세탁선이 있던 곳 | 예술에 대한 꿈을 펼치기 위해 파리에 모여
든 젊은 예술가들의 거처였던 세탁선은 피카소가 〈아비뇽의 처녀
들〉을 그린 곳으로도 유명하다.

▲ 오 라팽 아질 | 가난한 예술가들이 모여 문학과 예술을 논하던 술집. 지금도 영업 중이다.

Part 5

플랑테 산책로에서
생자크 탑까지

5day

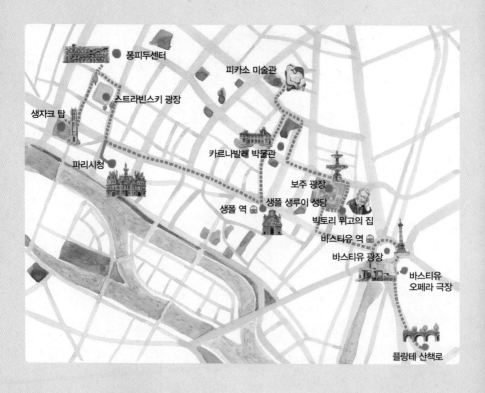

파리지앵을 위한 철길 산책로
플랑테 산책로^{Promenade Plantée}

파리에서 닷새를 머물렀더니 이제 파리지앵이 다 된 것 같다. 닷새째는 파리지앵들이 느긋하게 거니는 산책로에서 시작하자. 바스티유 오페라 극장 옆에 있는 플랑테 산책로가 출발점이다. 본래 이 산책로는 고가 철길이었다. 바스티유 오페라 극장 자리에 있던 바스티유 역에서 파리 동남쪽의 생모르(Saint-Maur)를 잇는 철길이 폐쇄되자 상부 철길은 산책로로, 고가 다리 아래 공간은 리모델링을 통해 파리 수공업자들의 공방들로 재구성했다. 산책로의 총길이는 4.5킬로미터 정도. 바스티유 광장에서 시작해 뱅센 숲까지 이어진다.

도심을 관통하는 철길이 폐쇄되며 그 공간을 산책로로 조성하는 경우는 세계적으로 종종 있다. 미국 뉴욕의 하이라인(High Line)은 뉴욕시 맨해튼의 로어 웨스트 사이드에서 운행했던 2.33킬로미터의 고가 도심 철도에 꽃과 나무를 심고 의자를 설치해 공원으로 재탄생시켰다. 심지어 뉴욕은 세계 첫 지하공원도 만들고 있다. 로어 이스트 사이드 지하에 방치돼 있던 트롤리 터미널을 공원으로 조성하고 있는 것이다. 2018년에 완공된다고 한다. 우리나라에도 광주 광역시에 도심을 지나가는 철로 부지를 활용한 산책로가 조성되어 있어 산책하는 시민들을 자주 볼 수 있는 곳이 있다. '푸른길 공원'이다. 서울에도 이런 길이 있다. 철길은 아니지만 서울역 앞 노후된 고가도로를 보수하여 보행자들을 위한 산책로를 조성했다. '서울로 7017'이다. 구태여 숫자로 길 이름을 정한 이유는 1970년에 만들어진 도로를 2017년에 17미터 높이의 17개 사람길로 재탄생시켰기 때문이다.

파리의 플랑테 산책로는 아침 일찍 가면 안 된다. 고가도로 위에 인공적으로 만든 산책로이다 보니, 오전 9시에 개장하여 저녁 10시경에 폐쇄한다.

정명훈이 음악감독으로 있었던
바스티유 오페라 극장Bastille Opera

잠깐이나마 산책로에서 여유를 즐겼다면 이제 바스티유 오페라 극장으로 가 보자. 플랑테 산책로에서 바스티유 광장 쪽으로 방향을 잡아 조금만 걸으면 된다.

극장이 있는 자리에는 18세기 후반까지만 하더라도 프랑스혁명의 시발점이 된 바스티유 감옥이 있었다. 쟁발리드에서 탈취한 총으로 무장한 파리 시민들이 이 감옥을 습격하면서 시작된 혁명이었다.

감옥 이전에는 파리 외곽 지대에 설치된 요새이자, 지방에서 파리로 들어오는 사람들을 수색하는 검문소였다. 백년전쟁 당시 푸아티에(Poitiers)에서 영국군에게 대패하자, 프랑스 왕은 파리 방어에 위기의식을 느끼고 황망히 파리 수성용 관문으로 바스티유 감옥 자리에 요새를 세웠다. 이 요새가 감옥으로 변모한 것은 루이 13세 시절이었다. 17세기 전반에 프랑스 정치를 쥐고 흔들었던 재상 리슐리외(Richelieu, 1585~1642)가 새 관문을 만들면서 감옥으로 변모시켰다. 처음에는 왕정에 비판적인 정치범을 주로 수용했다. 보통 50여 명이 수감되었는데 파리 감옥들 중 가장 불결했다고 한다.

프랑스혁명 당시 파리 시민들이 감옥을 점거했을 때, 옥사에는 총 일곱 명의 죄수가 있었다. 이들 모두는 구제해서는 안 될 중범죄자들이었다. 하지만 노도와 같이 일어난 파리 시민들은 이런 것 저런 것 가리지 않고 그저 억울한 사람들이 갇혀 있을 것이란 심증 하나로 옥문의 파괴하여 죄수들을 석방시켰다. 감옥 건물은 이후 흔적도 없이 해체되었다. 무너진 성돌들은 혁명 정신 구현에 재활용되었다. 대표적인 사례가 콩코르드 다리를 건설할 때 구체제를 짓밟자는 의미에서 이 돌들로 다리를 축조한 것이다.

프랑스혁명 200주년이 되던 해인 1989년에 혁명 정신을 기리며 바스티유 오페라 극장을 개관했다. 캐나다 건축가 카를로스 오트(Carlos Ott, 1946~)의 설계로 유럽에서 가장 현대적인 오페라 극장으로 지어, 감옥이 시민들에게 점거된 7월 14일에 맞춰 개관식을 거행했다.

극장 운영에는 프랑스혁명의 이상인 평등 정신이 반영되었다. 기존 오페라 극장인 '오페라 가르니에' 입장료의 반값으로 많은 대중들이 오페라를 감상할 수 있도록 한 것이다. 딱히 복장 제한도 두지 않았다. 또한 전통 있는 오페라 극장에는 반드시 있는 특권층을 위한 로열박스도 없애 버렸다. 이 모두가 프랑스혁명의 정신이 극장 운영에 반영된 결과다.

이 극장은 개관 초창기에 우리나라에서도 화제가 되었다. 정명훈이 개관 후 첫 음악총감독 겸 상임지휘자로 임명되었기 때문이다. 1990년

3월 17일 정식으로 열린 개관 첫 공연 〈트로이 사람들(Les Troyens)〉은 정명훈이 음악총감독을 맡아 오케스트라를 지휘했다.

7월 기념비가 서 있는
바스티유 광장 Place de la Bastille

바스티유 오페라 극장 앞 광장은 바스티유 광장이다. 광장 한가운데 우뚝 선 기념탑은 1830년에 발발한 7월 혁명을 추모하는 '7월 기념비 (Colonne de Juillet)'다.

7월 혁명은 지나치게 왕권을 강화하려 한 샤를 10세에 반발하여 신흥 유산자 계층인 부르주아 세력이 주도한 혁명이다. 샤를 10세는 프랑스 혁명으로 단두대에서 처형된 루이 16세의 동생으로, 형인 루이 18세가 자식 없이 죽자 1824년 왕위에 올랐다. 그런데 그는 입헌정치를 인정하지 않고, 구체제로의 복귀를 시도하면서 극단적인 왕권 강화 정책을 추진했다. 경제가 위태로웠음에도 출판의 자유를 정지시키고 하원을 해산하는 등 정권을 강화하는 데만 온 힘을 쏟았다. 이에 반발한 시민들은 혁명을 통해 샤를 10세를 하야시키고 입헌왕정파 루이 필리프를 왕으로 추대하여 입헌군주제인 '7월 왕정'을 수립했다.

광장 한가운데 서 있는 대형 오벨리스크는 바로 이 혁명을 기념하는 탑으로 1840년에 세워졌으며 높이는 51.5미터다. 꼭대기에 뒤몽이 조각한 자유의 수호신을 세우고, 기둥면에는 7월 혁명 당시 희생당한 사람들의 이름을 새겨 놓았다. 또한 1848년에 발발한 2월 혁명의 희생자 이름도 덧붙여 새겨 놓았다. 기둥 아래에는 7월 혁명과 2월 혁명 당시 사망한 희생자 유골이 안치되어 있다. 특이한 것은 지금도 파리에서 시위가 발생하면 주로 이곳에서 시작해 콩코르드 광장 쪽으로 움직인다는 점이다. 위고가 쓴 『레 미제라블』의 주 무대가 7월 혁명이며, 위고는 소설 속에서 이 광장에 있던 코끼리 분수대를 언급했으나 지금은 없다.

파리 근대 도시 설립의 기점이 된
보주 광장 Place des Voges

17세기 전반에 앙리 4세는 도시 계획을 시작하면서 본인이 성장한 왕궁이 있던 곳을 광장으로 조성했다. 파리가 근대 도시로 변모하는 기점이 된 광장이다. 처음 이름은 '왕실 광장'이었으나, 프랑스혁명 기간 동안 보주 지역에서 최초로 혁명정부에 세금을 납부한 일을 기념하여 보주 광장이라는 이름을 붙였다.

광장은 4면 모두 4층 건물로 건축되어 있다. 집들이 모두 비슷비슷하지만 자세히 보면 벽돌 색이 약간씩 차이가 난다. 이걸 기준으로 건축 시기가 다름을 알 수 있다. 각 면에 9채씩 총 36채가 광장을 성벽처럼 에워싸고 있다.

4개의 분수가 있는 광장 중앙에 루이 13세의 기마상이 서 있다. 프랑스혁명 당시에 파괴되었던 것을 1818년에 복원한 것이라고 한다. 왕실 전용 광장이었던 이곳을 루이 13세가 재정비하여 산책로와 경기장으로 단장했기에 이를 기념하기 위해 세워 놓은 것이다.

남쪽 건물 중앙에 왕의 집무실이 있었으며 왕비는 북쪽 건물에 기거했다. 광장이 조성되기 전에 앙리 2세는 스페인과의 화친 조약을 기념하며 이곳에서 신하인 스코틀랜드 사람 몽고메리 백작과 마상 시합을 하다가 사고로 죽었다.

루이 13세 시절 모든 권력을 손에 거머쥐었던 리슐리외 추기경과 극작가 몰리에르(Molière, 1622~1673), 위고, 알퐁스 도데 등은 보주 광장의 아름다움에 반해 이곳 건물에 거주했었다고 한다.

위대한 소설가의 거처
빅토르 위고의 집 Maison de Victor Hugo

위고는 보주 광장 4면 건물의 남쪽 집 2층에서 1832년부터 16년 동안 거주했다. 20대 초반에 소설가로 필명을 날리기 시작한 그는 이미 30대 초반에 『노트르담 드 파리』의 대성공으로 명성과 함께 돈도 많이 벌었다. 그리고 그 돈으로 보주 광장의 80평대 초호화 주택에 입주했다.

이렇게 보면 위고의 삶이 순탄했을 것 같지만 그렇지는 않았다. 그는 본래 왕정주의자였으나, 1830년에 발생한 7월 혁명 무렵부터는 인도주의와 자유주의로 기울었다. 그에게 부와 함께 명성을 가져다 준 1831년작 『노트르담 드 파리』도 정치와 사회를 보는 눈이 달라졌기에 태어난 작품이다.

이런 그에게 1851년 대통령이었던 루이 나폴레옹의 자작 쿠데타는 용납할 수 없는 일이었다. 나폴레옹 1세의 동생이자 홀란드 왕이었던 루이 보나파르트의 아들 루이 나폴레옹은 1848년 2월 혁명으로 제2공화정이 들어섰을 때 대통령으로 선출되었다. 그런데 그는 대통령으로 재직 중이던 1852년 12월에 친위 쿠데타를 일으켜 공화정 체제를 붕괴시키고 나폴레옹 3세로 등극하며 제2제정을 선포했다. 입법의원으로 있던 위고는 이를 격렬하게 비판하며 루이 나폴레옹의 황제 등극을 저지하려 했다. 하지만 실패하여 벨기에 브뤼셀로 망명을 떠나야 했다. 루이 황제는 1859년에 사면령을 내렸지만 위고는 이를 거부하고, 제2제정이 붕괴되던 1870년까지 18여 년을 영국 해협에 있는 영국령 채널 제도의 저지 섬과 건지 섬*에서 살며 파리를 멀리했다. 위고의 회고에 의하면 섬에서의 망명 기간은 본인 인생에서 가장

---

* 두 섬 모두 영국령이지만 실제로는 프랑스 노르망디 해안에서 가깝다.

충실한 시기였으며 파리에 돌아온 이후 발표한 대부분의 작품이 이 시기에 집필된 것이라고 한다. 명작『레 미제라블』도 시작은 망명 전의 파리, 곧 보주 광장 자택에서였지만 근 16년 만인 1861년 건지 섬에서 탈고하여 세상에 내보냈다.

"1861년 6월 30일 아침 8시 30분, 창문 너머로 비쳐 드는 아침 햇살을 받으며 나는『레 미제라블』을 끝냈다네. …… 이제는 죽어도 좋아."

젊은 시절부터 사회 고발 소설을 구상했던 위고가『레 미제라블』을 종결지으며 했다는 말이다. 집필 당시 제목은 비참함을 뜻하는 '레 미제르'였지만 책을 출판하며『레 미제라블』로 바꿨다고 한다.

당대를 함께 살았던 주변 사람들의 증언에 따르면, 위고는 강력한 휴머니스트이자 심할 정도의 에고이스트였다고 한다. 그런 그였기에『레 미제라블』같은 소설이 나올 수 있었을지도 모른다.

지금은 스타로 추앙받는 예술가들도 당대에는 빛을 보지 못하다가 죽은 이후에 명성을 얻어 주변 사람들만 혜택을 보는 일이 비일비재하다. 하지만 위고는 특이했다. 이미 당대에 쓴 소설과 연극 대본만으로도 돈 걱정 없이 살았으며, 필명 또한 높고 넓게 휘날렸다. 여든 살 생일인 1881년 2월 26일을 정부가 임시 공휴일로 지정해서 행사를 성대하게 치러 줄 정도였으니 더 이상 무슨 말이 필요하겠는가. 죽은 자의 탄생일이나 임종일을 국경일로 제정하는 경우는 흔히 있지만, 살아 있는 사람의 생일을 공휴일로 기념하는 경우는 세계적으로 드문 일이다.

위고는 죽기 직전에 유언장을 남겼다. 그중 일부 내용이다.

가난한 사람들에게 5만 프랑을 전한다. 그들의 관 만드는 값으로 사용
되길 바란다. 교회의 추도식은 거부한다. 영혼으로부터의 기도를 요구
한다. 신을 믿는다.

　1885년 5월 22일에 위고는 파리에서 폐렴으로 사망했다. "검은 빛
이 보인다." 그가 했다는 마지막 말이다. 6월 1일 프랑스 정부 주도의
국장으로 장례식이 치러졌고, 200만 명의 인파가 뒤따르는 가운데 그
의 유해는 국립묘지 팡테옹에 안장되었다. 프랑스의 또 다른 자부심
졸라는 죽은 지 10년 만에, 앙드레 말로(Andre Malraux, 1901~1976)는
20년 만에 팡테옹에 들어갔다. 철학자이자 문학가로 한 시대를 풍미
한 사르트르는 아직도 파리 시내 몽파르나스 공원묘지에 잠들어 있다.
위고가 죽은 직후 팡테옹에 즉각 안치된 것만 보아도 프랑스에서 그의
위상과 그를 향한 국민들의 사랑을 짐작할 수 있다.
　보주 광장에 있는 위고의 집은 1902년에 극작가 폴 뫼리스(Paul
Meurisse, 1912~1979)의 주도 아래 위고의 유품들을 전시하는 기념관으
로 꾸며졌다. 『노트르담 드 파리』 2쇄본과 자필 원고, 편지 등이 전시
되어 있으며, 임종 모습을 재현해 놓은 방도 있다. 집 안에 있는 위고의
청동상은 로댕의 작품이다. 로댕은 위고 살아생전에 조상을 제작하고
싶다고 요청했으나 거절당했다. 그는 연구하는 조각가답게 위고가 죽
은 후에 그를 스케치한 그림들을 오랜 기간 살펴서 1902년에 석고상
을 제작했다. 이 형틀을 바탕으로 청동상을 주조한 것이다. 위고 기념
관은 현재 특별전 때만 제외하고 무료로 개방하고 있다.

보주 광장에서 북쪽으로
카르나발레 박물관^{Musée Carnavalet}과 피카소 미술관^{Musée Picasso de Paris}

보주 광장에서 북쪽으로 걸으면 카르나발레 박물관과 피카소 미술관이 있다. 카르나발레는 로마 시대부터 지금에 이르기까지 파리 변천사를 한눈에 살필 수 있는 박물관이다. 16세기 후반에 만들어진 카르나발레 저택과 17세기에 조성된 펠레티에 저택을 연결하여 박물관으로 사용하고 있다.

피카소 미술관은 카르나발레 박물관 부근에 있다. 그가 사망한 뒤 프랑스 정부는 유족으로부터 막대한 상속세 대신 작품을 기증받았다. 그 그림들을 전시하는 공간이다. 17세기에 지어진 살레 저택을 리모델링하여 1985년에 개장했다. 피카소가 그린 회화 작품 300여 점과 조각, 도자기, 판화 등까지 합치면 총 5천여 점의 작품을 소장하고 있으며, 그중 일부를 정기적으로 교체하며 전시하고 있다. 동선에 따라 연대순으로 전시하고 있으니, 피카소의 작품 경향을 알고 싶다면 방문할 만하다. 전 세계적으로 피카소 작품만 전시하는 미술관이 다수 있으나 이곳 미술관이 가장 알찬 작품을 전시하고 있다고 알려져 있다.

피카소의 고전주의 시대를 대표하는 〈팬파이프(La Flute de Pan)〉, 가난과 외로움의 기운이 지배하는 청색시대의 작품 〈자화상(Autoportrait)〉, 자클린 로크(Jacqueline Roque, 1927~1986)와 결혼했을 당시에 그린 〈키스(The Kiss)〉는 이 미술관이 내세우는 대표작들이다.

여담이지만, 피카소는 나쁜 남자의 전형이었다. 그와 사랑을 나누었던 여인들은 한결같이 불행했다. 피카소와 열렬히 연애했던 에바 구엘(Eva Gouel, 1885~1915)은 그와 결별하고 서른 살의 나이에 요절했다. 첫 부인 올가 코클로바(Olga Koklova, 1891~1955)는 정신이상에 반신불수가 되어 거동이 편치 못했으며, 마리테레즈 발테르(Marie-Thérèse Walter, 1909~1977)는 피카소와 결별한 뒤 목을 매어 자살했다. 도라 마르(Dora Maar, 1936~1943)는 정신병원을 들락거렸고, 자클린 로크는 권총으로 자살했다. 물론 피카소가 한때나마 지극히 사랑했던 여인들의 불행을 신께 빌진 않았을 것이다. 그러나 결과로만 보면 그는 나쁜 남자임에 틀림없다.

마레 지구 대표 예배당
생폴 생루이 성당 Église Saint-Paul Saint-Louis

보주 광장 일대는 마레 지구의 핵심 지역이다. 중세 시대부터 귀족과 신흥 부자 들이 거주하던 곳으로 지금도 고급 주택이 많이 남아 있다. 이런 지구를 대표하는 성당이 생폴 생루이 성당이다. 16세기 후반에 수도원의 부속 성당으로 세워졌으며 18세기 말에 지금과 비슷한 형태로 재건축되었다. 성당 안의 출입문 쪽에 부착된 조개껍데기 모양의 성수통은 위고가 기증한 것이라고 한다.

네오르네상스 양식으로 지은
파리 시청Hôtel de Ville

생폴 생루이 성당을 살폈으면 이제는 지하철로 이동하여 파리 시청사를 보러 가자. 성당 바로 옆에 지하철 1호선이 다니는 생폴 역이 있다. 이 역에서 전철을 타고 한 정거장을 가서 오텔드 빌 역에서 내리자. 지상으로 오르면 고풍스런 시청사가 보인다. 물론 걸어가도 좋다. 하지만 20~30분 정도 걸어야 한다. 그러니 생폴 생루이 성당에서 파리 시청까지는 시간 절약을 위해서라도 지하철로 이동하자.

연륜 깊은 유럽의 도시들이 대부분 그런 것처럼 파리 시도 공공건물 대다수가 오래전에 지어진 대형 건물을 외부는 살린 상태에서 내부만 리모델링했다. 파리 시청도 예외는 아니다. 14세기 파리 시의회 건물로 사용되던 건물을 16세기에 네오르네상스 양식으로 대폭 확장하여 파리 시청으로 변모시켰다. 19세기 후반 파리코뮌 시절에 크게 파손되었지만 이후 지금의 모습으로 재건축하여 파리 행정을 관장하는 청사 건물로 계속 사용하고 있다. 정면에 있는 대형 시계 밑에 프랑스혁명 이념인 '자유, 평등, 우애'가 새겨져 있으며, 건물 주변 곳곳에 파리를 빛낸 유명 인사의 조각상이 서 있다.

파리 시청사가 역사적으로 유명한 이유는 2차 세계대전이 끝난 이후 파리에 입성한 드 골이 이곳 광장에서 파리 해방을 자축하는 사자후를 토해 냈으며, 사진가 로베르 드와노(Robert Doisneau, 1912~1994)는 1950년 〈시청 앞에서의 키스(The Kiss of the Hôtel de ville)〉라는 불후의

명작을 탄생시켰기 때문이다.

사진 속 연인들이 매우 자연스럽게 애정 깊은 키스를 나누고 있다. 하지만 이 사진은 연출된 장면이라고 한다. 작가는 미국의 사진 잡지 『라이프(Life)』로부터 파리 연인들을 주제로 한 사진을 의뢰받고 고민했다. 무엇을 찍을까 시내 이곳저곳을 살피며 시청 앞 광장에서 커피를 마시는데, 사진을 잘 받을 것 같은 젊은 연인을 발견했다. 이들에게 양해를 구하고 키스하는 포즈를 취하게 하여 사진을 찍었다. 배우 지망생이었던 프랑수아즈 보르네(Françoise Bornet)와 연인 자크 카르토(Jacques Carteaud)가 그 주인공이었는데, 이들은 사진까지는 다정하게 잘 찍었으나 촬영에 응하고 얼마 뒤 헤어졌다.

오랜 시간이 지난 뒤 원본 사진을 작가로부터 넘겨받아 보관하고 있
던 보르네는 이 사진을 경매에 내놓았고, 이름을 숨긴 스위스 갑부가
18만 4,960유로에 낙찰받았다고 한다. 1950년대에 찍은 사진 한 장 값
이 우리 돈으로 2억 5천만 원 정도라니, 이 또한 놀라운 일이다.

청사 내부는 사전 예약자에 한하여 무료로 가이드 투어를 할 수 있
다. 겨울철에는 청사 앞 광장이 스케이트장으로 바뀌어 파리지앵들의
놀이터가 된다.

퐁피두 전 대통령과 인인이 깊은
퐁피두센터 Centre Pompidou

파리 시청사에서 북쪽으로 방향을 잡아 세 블록 정도 올라가면 건물
의 내장이라 할 수 있는 전기 배선, 상하수도 등이 건물 밖에 고스란히
모습을 드러내고 있는 특이한 건물이 보인다. 첨단을 지향하는 파리에
서도 가장 현대적이고 독특한 양식으로 지어진 미술관 겸 도서관 퐁피
두센터다.

이탈리아 건축가 렌조 피아노(Renzo Piano, 1937~)와 영국의 리처드
로저스(Richard Rogers, 1933~)가 설계하여 1977년에 완공한 건물이다.
건물 이름은 이 건물을 짓는 데 크게 기여한 당시 대통령 조르주 퐁피
두(Georges Pompidou, 1911~1974)의 이름에서 따왔다.

외관에 드러나 있는 색색의 파이프들은 미적 배려이기도 하지만, 기
능적으로도 구분이 가능하도록 색을 칠했다. 녹색은 수도관, 노란색은

316

전선, 파란색은 환기구, 빨간색은 에스컬레이터를 나타낸다. 건물 내부에는 국립현대미술관, 대중정보도서관, 영화관, 공연장이 카페, 식당 같은 각종 편의시설과 함께 들어서 있다. 이 건물 역시 에펠탑처럼 개관 초기에는 흉측하다고 많은 비난을 받았다.

하지만 지금은 매년 800만 명 이상이 찾는 복합문화센터로 완전히 자리 잡았으며, 프랑스 문화의 상징으로 사랑받고 있다.

국립현대미술관은 외부에 설치된 에스컬레이터를 타면 직통으로 입장할 수 있다. 다만 배낭은 크기가 아무리 작아도 반입할 수 없으니 0층에 있는 물품보관소에 맡기고 들어가야 한다. 비싸긴 하지만 옥상에 있는 레스토랑 '조르주' 음식이 맛난 편이다. 퓨전식으로 이탈리아, 중국, 일본 음식을 내놓는다. 레스토랑 전용 엘리베이터를 타면 곧장 입장할 수 있다.

퐁피두센터의 국립현대미술관은 이름에서 풍기듯, 20세기 이후 현대미술품을 전시하는 공간이다. 6만 점 이상의 작품을 소장한 프랑스 현대미술의 심장이라고 할 수 있다. 마르크 샤갈(Marc Chagall. 1887~1985),

마티스, 피카소, 바실리 칸딘스키(Wassily Kandinsky, 1866~1944) 등과 같은 모더니즘 작가들부터 포스트모더니즘, 초현실주의, 다다이즘, 팝아트 작품들을 일목요연하게 감상할 수 있다. 4층에서 6층까지를 미술관 건물로 사용하고 있으나 주요 작품을 전시하는 상설 전시관은 5층에 있다. 파리 뮤지엄 카드로는 상설전시만 살필 수 있다. 특별전은 별도로 티켓을 끊어야 한다. 소장 작품이 워낙 많아 수시로 전시 작품이 교체되고 있으며 전 세계 미술관이나 박물관과도 교류전을 많이 갖다 보니 주요 작품이 대여되어 장기간 자리를 비우는 경우도 허다하다.

현대미술은 감상하기 난해해서 딱히 어느 작품을 살피라고 권할 수 없다. 다만 이 작품만은 감상하고 나오자. 1917년에 제작된 마르셀 뒤샹(Marcel Duchamp, 1887~1968)의 〈샘(Fontaine)〉이다. 20세기 초 남자 화장실에 걸려 있을 법한 소변기가 작품의 전부다. 작가는 1917년 미국독립예술가협회에서 주관한 '앵데팡당(Indépendant)'전에 소변기를 전시해 놓고 작품명을 〈샘〉이라 붙였다. "아니, 변기가 무슨 샘이야!" 하고 의문을 품으면 할 말이 없다. 하지만 뒤샹은 남성용 소변기, 그것도 제품을 만든 사람이 직접 서명한 공장 제품을 자기가 만든 것인 양 떡하니 예술 작품으로 탈바꿈시켜 전시회에 출품했다. 관람자는 물론 비평가와 화가 들도 경악했다.

물론 뒤샹에게는 의도가 있었다. 그는 미술계 전체에 묻고 싶었다. '화가의 손을 거치지 않은 대량 생산 제품에 제목만 그럴싸하게 붙여도 작품이 될 수 있는가?' 당연히 논란의 대상이 되었지만, 이 작품을 계기로 이후 예술의 본질에 대한 논쟁이 다양해지며 비디오아트, 팝아트 등으로 미술의 영역이 확대되었다.

현재 퐁피두센터가 소장하고 있는 〈샘〉은 진본이 아니다. 진본은 연기처럼 사라져 버렸고, 현재 전시하고 있는 작품은 1964년 이탈리아 밀라노의 슈바르츠 갤러리(Galleria Schwarz)에 의뢰하여 복제한 8개의 작품 중 하나다.

예술을 사랑하는 나라답게, 프랑스 대통령들은 재임 기간 중에 역사에 남을 만한 건축물들을 하나 이상 지었다. 퐁피두센터는 퐁피두 대통령 재임 시절에 지었으며, 역 자체가 없어질 뻔했던 오르세 미술관은 발레리 지스카르 데스탱(Valery Giscard d'Estaing, 1926~) 대통령의 단안으로 기차역에서 대형 미술관으로 변신했다. 자크 시라크(Jacques Chirac, 1932~) 전 대통령은 케 브랑리 국립박물관(Le Musée de Quai Branly) 개관에 도움을 주었으며, 1980년대 대통령을 지낸 프랑수아 미테랑(François Mitterrand, 1916~1996)은 1989년 프랑스혁명 200주년을 맞이하여 그랑 프로제(Grands Projets)를 진행시켜 파리에 대규모 문화 시설을 여럿 등장시켰다. 루브르 박물관의 유리 피라미드, 신개선문 등이 미테랑 시절의 그랑 프로제로 만들어진 대형 건축물들이다.

기기묘묘한 조각 작품이 서 있는
스트라빈스키 광장 Place Igor Stravinsky

퐁피두센터 옆에 딸린 광장이다. 건물에 걸맞게 광장 또한 특이하다. 여류 조각가 니키 드 생팔(Niki de Saint-Phalle, 1930~2002)이 장 팅

겔리(Jean Tinguely, 1925~1991)와 협력하여 만든 창의성이 돋보이는 조각 작품들이 곳곳에서 물을 뿜어 내고 있다. 러시아의 현대 작곡가 이고르 스트라빈스키(Igor Stravinsky, 1882~1971)의 〈봄의 제전(Le Sacre du Printemps)〉 선율을 머릿속에 떠올리며 분수대를 설계했다고 한다. 신선한 느낌이 물씬 풍기는 분수대이다.

철학자 파스칼 동상이 서 있는
생자크 탑 Tour Saint-Jacques

퐁피두센터 앞마당에서 방향을 센 강 쪽으로 잡아 내려가 보자. 세 블록을 지나가면 홀로 우뚝 선 탑이 보인다. 샤틀레 레알 지구 푸줏간 주인들이 돈을 추렴하여 세운 성당 생자크 드 라 부슈리(Saint-Janques de la Boucherie) 성당의 흔적이다. 제주 올레길의 모태가 된 길이자, 세계에서 알아주는 스페인 산티아고 순례길이 지금은 프랑스와 스페인의 국경 지대에 있는 생장피에드포르(Saint-Jean-Pied-de-Port)에서 시작되지만 본래는 이 교회 앞에서 출발했다고 한다.

성당 건물 대부분은 프랑스혁명 과정에서 파괴되고 지금은 탑만 외로이 서 있다. 탑 중앙에 17세기 프랑스를 대표하는 수학자이자 철학가인 블레즈 파스칼(Blaise Pascal, 1623~1662) 상이 서 있다. 그가 이곳에서 연구한 것을 기념하기 위해 세운 조상이라고 한다.

▲ 생자크 탑 | 생자크 드 라 부슈리 성당 건물 대부분은 프랑스혁명 당시 파괴되고 지금은 탑만 쓸쓸하게 서 있다.

▲ 플랑테 산책로 | 폐선된 고가 철도를 재단장하여 인공적으로 만든 산책로. 파리지앵들의 여유로운 산책로로 사랑받고 있다.

▲ 바스티유 오페라 극장 | 프랑스혁명 200주년을 기념해 혁명 정신을 기리기 위해 개관한 극장. 초대 음악감독으로 우리나라 지휘자 정명훈이 활약했다.

▲ 바스티유 광장 | 7월 혁명을 추모하는 7월 기념비가 우뚝 서 있다. 기둥면에는 7월 혁명과 2월 혁명 희생자의 이름을 새겨 놓았다.

▲ 카르나발레 박물관 | 로마 시대부터 지금에 이르기까지 파리의 변천사를 살필 수 있는 박물관이다.

▲ 빅토르 위고의 집 | 프랑스인들이 존경하고 사랑하는 작가 빅토르 위고가 16년 동안 거주한 집. 위고의 유품들을 전시하고 있다.

▲ 보주 광장 | 루이 13세의 기마상이 당당하게 서 있다.

▶ 생폴 생루이 성당 | 마레 지구를 대표하는 성당. 16세기 후반에 수도원의 부속 성당으로 세워졌다.

▲ 피카소 박물관 | 파블로 피카소의 작품 경향을 알고 싶다면 파리의 피카소 박물관이 최적의 장소다.

▲ 파리 시청 | 14세기 파리 시의회 건물로 사용되던 건물을 16세기에 네오르네상스 양식으로 확장하여 시청으로 변모시켰다. 고풍스러운 모습이 인상적이다.

▲ 퐁피두센터 | 전기 배선, 상하수도 등이 건물 밖으로 고스란히 드러난 현대적인 건물. 처음에는 흉물스럽다며 많은 비난을 받았으나 지금은 파리의 대표적 관광지가 되었다.

▲ 스트라빈스키 광장 | 창의성이 돋보이는 조각 작품들로 장식이 매우 흥미롭다.

Part 6

오페라 가르니에에서
마들렌 성당, 몽파르나스 묘지까지

6day

〈오페라의 유령〉으로 유명한
오페라 가르니에 Opéra Garnier

엿새째다. 오늘 여정은 '오페라 가르니에'에서 시작하자.

19세기 후반 나폴레옹 3세 시절에 오스만 남작이 파리의 도시 환경을 정비하기 시작했다. 오페라 공연을 전문적으로 하는 대공연장을 짓기로 하고 설계안을 공모했는데, 이 공모전에 선정된 건축가가 장루이 샤를 가르니에(Jean-Louis Charles Garnier, 1825~1898)였다.

그가 짓고자 한 건축물은 지붕 위 정중앙에 아폴로 동상이, 좌우에 각각 '시'와 '조화'를 상징하는 금빛 조각상이 인상적인 매우 화려한 건물이었다. 가르니에는 당시 유행하던 고전주의 건축 양식을 넘어서는 새로운 양식의 건물을 세상에 선보이려 했다. 그 결과 1875년에 고전에서 바로크까지 다양한 건축 양식이 혼합된 지금의 건물을 완성했다. 나폴레옹 3세의 부인이 "이것은 도대체 무슨 양식입니까?"라고 물었을 때 가르니에는 망설임 없이 "나폴레옹 3세 양식입니다"라고 답했다고 한다. 아부를 하려면 이 정도는 해야 성공적인 인생을 살 수 있다.

입구에 있는 금빛으로 장식된 흉상이 가르니에다. 본래 극장 이름은 1978년까지 오페라 극장이었으나 국립 오페라 극장으로 변경되었다가 바스티유 오페라 극장이 개관되면서 건축가의 이름을 따 '오페라 가르니에'라고 부르게 되었다.

1910년에 가스통 르루(Gaston Leroux, 1868~1927)가 쓴 소설 『오페라의 유령(Le Fantôme de l'Opéra)』은 이 극장의 샹들리에가 떨어져 사람

들이 죽은 사고에서 영감을 얻어 쓴 작품이다. 소설도 유명하지만 뮤지컬로 제작되어 현재까지 30년 넘게 세계 각지에서 공연되며 사랑받고 있다.

건물 외관의 화려함과는 달리 음향 시설이 취약해 오페라보다는 발레 공연이 더 많이 열렸고 드가도 이 극장을 들락거리며 발레하는 장면들을 스케치했다. 샹들리에가 걸린 공연장 천장의 장식화는 샤갈이 1964년에 완성했다. 지금은 원본 보존을 위해 복사본 그림을 덧붙여 놓았다고 한다. 관객을 2,200명 정도 수용할 수 있으며, 무대는 한꺼번에 450명 정도가 춤출 수 있을 정도로 크다.

주의사항이다. 빨강 펜으로 밑줄 쫙 그어 놓길. 오페라 가르니에 주변은 소매치기가 심하다. 3, 7, 8호선이 교차하는 오페라 지하철역에서 소매치기를 주의하라는 안내방송을 내보낼 정도이니 이곳에 가면 몸단속, 가방 단속을 잘 해야 한다. 긴장하자.

이쯤에서 혹시 아메리카노가 한잔 마시고 싶다면 루브르 박물관에서 가르니에로 오르는 큰길 중간쯤에 있는 스타벅스 파리 1호 매장에 들러 보자. 세계에서 가장 아름다운 스타벅스 매장으로 소문난 곳이다.

실내 장식이 베르사유 궁전 저리 가라다.

참고로 프랑스에 커피를 유행시킨 최대 공로자는 루이 14세라고 한다. 그는 터키 대사로부터 커피를 소개받은 이후, 귀족들과 커피 타임을 즐겨 가졌으며, 네덜란드로부터 커피나무를 선사받기까지 했다.

앙리 4세의 서자 이름을 딴
방돔 광장Place Vendôme

17세기 방돔 광장 지역에 투기 바람이 불었다. 지금으로부터 300여 년 전에 부동산 투기가 있었다는 말이 의아하긴 하지만, 아무튼 광장 일대 지역이 개발되면서 고급 주택가들이 들어섰다. 방돔 광장은 이 시기에 조성된 광장으로 본래 이름은 '루이 대왕'이라는 뜻의 '루이 르 그랑(Louis le Grand)'이었다. 나중에 이 지역을 관장했던 영주이자 땅 주인이었던 앙리 4세의 서자 방돔의 이름을 따서 '방돔 광장'이라 부르게 되었다.

방돔은 앙리 4세와 그의 연인 데스트레 사이에서 태어난 아들이다. 데스트레? 어디서 들어 본 이름 같지 않은가? 루브르 박물관에 걸린 그림 중에 데스트레 자매의 상반신 나체상이 있었다. 동생이 언니의 젖꼭지를 두 손가락으로 앵두 한 알 집듯이 살그머니 잡고 있는 그림이 생각날 것이다.

현재 광장의 중앙에는 나폴레옹이 치른 여러 전투 중 가장 잘 알려진 1805년 아우스터리츠 전투 승리를 기념한 44미터 높이의 기념탑이 서 있다. 본래는 루이 14세 청동 기마상이 서 있었는데, 프랑스혁명 과정에서 이 상이 철거되고 나폴레옹 집권 시기인 1810년에 지금의 원형 기둥 탑을 세웠다. 전쟁에서 포획한 대포를 녹여 로마의 트라야누스 기념비(Colonna Traiana)를 본떠 세운 탑이라고 한다. 기둥에는 조각가 피에르 베르즈레(Pierre Nolasque Bergeret, 1782~1863)가 나폴레옹 전투 장면을 양각해 놓았다. 탑의 꼭대기에는 나폴레옹 동상이 세워져 있었는데, 1871년 파리코뮌 당시 화가 쿠르베가 주도하여 떼어 버렸다. 하지만 이 사건은 급진적 사고를 가진 이 화가를 불행하게 만들었다. 파리코뮌이 실패로 돌아간 이후 쿠르베는 동상 철거의 주동자로 몰려 재판을 받아야 했으며, 스위스로 망명을 떠나 그곳에서 생을 마쳐야 했다. 아무튼 이때 철거된 동상은 퐁 뇌프에 서 있는 앙리 4세 기마상을 만드는 데 활용되었다고 하며, 현재 서 있는 동상은 제3제정 시대인 1874년에 다시 주조된 것이다.

그런데 유럽 각 도시에는 왜 광장이 많을까? 사람 다섯 명이 서서 운동하면 딱 좋을 협소한 공간도 때에 따라 광장이라고 부른다. 몽마르트르 언덕에 있는 달리다 광장이 딱 그 모양새다. 이집트 미인대회에서 1등상을 수상하고 파리에 살면서 샹송을 부른 달리다(Dalida, 1953~1987) 동상이 소공원에 서 있다. 도대체 어느 정도 규모를 '넓을 광(廣)'에 '마당 장(場)'을 쓰는 '광장'이라 해야 할지 헷갈린다.

오늘날 우리가 생각하는 의미의 광장은 역사적으로 한정지어 살피면 고대 그리스의 유산이라고 할 수 있다. 고대 그리스 도시국가에서는 시민들의 일상생활이 이루어지는 공공장소 '아고라(Agora)'가 있었고, 유럽 도시들의 광장 문화는 이 아고라에서 출발한다. 하지만 도시 공간 내에서 지금과 같은 광장 문화의 형성은 성곽도시가 발전되었던 중세 시대의 창조물이자 유산이라고 할 수 있다. 성곽을 만들고 도시 계획을 하면서 중세 사람들은 주택 단지 곳곳에 시민들이 모여 함께 활동할 수 있는 마당을 만들었다. 이것이 각 도시마다 곳곳에 크고 작은 광장이 생기게 된 배경이다. 그 전통이 지금까지 이어져 중세 유럽 도시들은 물론이려니와 근대에 와서 만들어진 도시들도 규모가 크건 작건 사람이 함께 모여 활동하는 장소를 '광장'이라 부르고 있다.

막달라 마리아를 기리는 예배당
마들렌 성당 Church of St. Mary Magdalene

마들렌 성당은 본래 성당 건물로 지어지지 않았다. 부르봉 왕조 말기인 루이 15세 시절에 그리스 신전을 연상케 하는 독특한 건물로 지어지기 시작했으나, 프랑스혁명으로 곧 중단되어 버렸다. 이 건물을 되살린 사람은 나폴레옹이었다. 1806년 전쟁에서의 승리를 기념하는 신전으로 방향을 전환하여 재건축하도록 명한 것이다. 하지만 개선문이 세워지면서 이 의도는 빛을 바랬고, 나폴레옹 또한 실각하여 재차 중단되었다. 이후 건물은 루이 18세가 막달라 마리아(Maria Magdalena)를 기리는 성당으로 축성하도록 지시하여 지금과 같은 예배당 건물로 19세기 중반에 완성되었다.

예수의 어머니와 이름은 같지만 막달라 마리아는 예수의 제자다. 망

상증이 심하여 일곱 악령에 시달리다가 예수에게 구원받고 제자가 되었다. 갈보리 언덕에서 예수가 십자가에 못 박혀 죽을 때 끝까지 지켜봤으며, 부활한 예수도 직접 만난 독실한 제자다.

마들렌 성당의 건물 외관은 고대 그리스와 로마의 신전을 본뜬 신고전주의 양식으로, 높이 30미터의 기둥 52개를 일렬로 세워 놓았다. 정면 입구의 페디먼트(Pediment)*에는 최후의 심판이 부조되어 있다. 거대한 청동 문에는 모세의 십계명이 새겨져 있다. 제단 뒤에 있는 대형 조각상은 〈막달라 마리아의 승천〉이다. 에투알 개선문의 즈마프 전투 장면을 조각한 카를로 마로케티(Carlo Marochetti, 1805~1867)의 작품이다. 성당 입구 안쪽에 여러 나라 말로 안내된 리플릿이 꽂혀 있다. 한글 안내서도 있으니 내부를 둘러보기 전에 관람 편의를 위해서 먼저 챙기자.

성당 옆쪽에 프렌치식 디저트를 파는 '포숑(FAUCHON)'이 있다. 19세기 후반에 개장하여 지금까지 영업하고 있는 100년 넘는 유서 깊은 점포다. 우리나라에도 체인점이 있을 정도로 유명하니 들어가지는 못할망정 쇼윈도에 눈길 정도는 주자.

한편 방돔 광장과 마들렌 성당 주변은 패션의 거리다. 루이 뷔통 매장이 있고, 샤넬 본점, 랑콤, 에르메스, 카르티에 등 이름만 대면 알 만한 패션 가게들이 거리 곳곳에서 손짓을 한다. 아이쇼핑만으로도 재미진 곳이다. 향수에 관심이 있다면 향수 가게 앞에서도 발길을 멈추

---

* 그리스·로마 신전의 정면 상단에 나타나는 긴 삼각형 박공

자. 파리에 처음 향수점이 들어선 것은 16세기 전반이라고 한다. 앙리 2세와 결혼한 카트린 드 메디치가 조향사 레나토 비앙코(Renato Bianco, 1500~?)를 데리고 왔는데, 그가 처음으로 파리에 향수점을 열었다. 1533년의 일이다.

아마 향수 세계에서 가장 유명한 제품은 '샤넬 No. 5'일 것이다. 딱히 이 향수의 향이 다른 향수보다 더 좋아서라기보다는 마릴린 먼로(Marilyn Monroe, 1926~1962)의 한마디 때문이 아닐까 싶다. 먼로가 섹시 스타로 최절정기에 있을 당시, 샤넬 No. 5만 입고 잔다는 그녀의 인터뷰는 많은 사람들을 열광시켰다.

샤넬 No. 5의 개발 이야기도 재미있다. 여성복 디자이너 가브리엘 샤넬(Gabrielle Chanel, 1883~1971)은 1차 세계대전이 끝나고 유럽 경제가 다시 살아나던 1921년에 상류층 여성들의 시선을 끌 만한 최고급 향수를 개발하려 했다. 샤넬은 조향사였던 향수 전문가 에르네스트 보(Ernest Beaux, 1881~1961)에게 "여자의 향기가 나는 향수"를 만들어 달라고 말했다. 조향사 에르네스트 보가 여러 샘플을 만들어 차례대로 번호를 붙여 샤넬에게 향을 맡게 했다. 샤넬은 이 향수들 중 5번이 마음에 들었다. 지금도 향수 매장에서 그 위용을 자랑하는 샤넬 회사의 대표작 '샤넬 NO. 5'가 탄생하는 순간이었다.

단언컨대, 다른 번호의 향수들도 향이 기가 막혔을 것이다. 최소한 5번과 비슷비슷했을 것이다. 그럼에도 나머지는 폐기처분되고 5번만 살아남아 무려 100년 넘게 향수계의 대표 주자로 자리매김하고 있다.

어린 시절에 군인들이 즐겨 찾는 지방의 카바레에서 무명 가수로 노래를 불렀던 샤넬은 '군인 장교가 잃어버린 개를 찾는다'는 가사의 노래 〈코코를 본 사람이 있나요?〉를 부르며 군인들의 사랑을 받았다. 그래서 이름도 코코 샤넬로 바꿨다. 디자이너로 성공한 이후에도 본명보다 코코 샤넬로 유명세를 떨쳤다.

그녀의 어린 시절은 매우 불행했다. 책임감이라고는 하나도 없는 장돌뱅이 아버지는 샤넬이 열두 살 되던 해에 아내가 죽자 그녀와 동생들을 모두 수녀원에 맡겨 버렸다. 하지만 샤넬에게 수녀원 생활은 또 다른 인생의 출발점이 된다. 이곳에서 배운 바느질 솜씨와 후원자를 잘 만난 덕분에 20세기를 대표하는 디자이너로 성장할 수 있었던 것이다.

디자인계에서 샤넬은 왜 유명할까? 분명한 이유가 있다. 긴 치마만 입었던 당시 여성들에게 '리틀 블랙 드레스'를 선사해 주었기 때문이다. 코코 샤넬 하면 바로 떠오르는 검은색 치마가 그것이다. 그런데 아이러니하게도 샤넬 말년에 디자인 업계에 미니스커트 열풍이 불어닥쳤다. 이때 샤넬은 치마 길이가 무릎 위까지 올라온 미니스커트를 질색하며 비난했다. 본인은 발목에서 찰랑댔던 치마 길이를 무릎 바로 아래까지 대폭 올리며 성공의 길로 들어섰지만 더 짧은 미니스커트는 봐주지 못했다. 아무튼 여성계에 샤넬이 끼친 공적은 매우 크다. 간단하고 입기 편하며 활동적인, 그러면서도 단아한 여성미가 살아나는 옷을 만들어, 장식성 강하고 몸매를 꽉 조여 활동이 불편했던 옷으로부터 여성들을 해방시켰으니 말이다.

그녀의 전성기는 1920년대부터 1940년대였다. 2차 세계대전 당시에 그녀는 독일군 장교를 열렬히 사랑하여 독일군을 위한 스파이 활동을 했다. 이 전력이 문제가 되어 파리 해방 이후에 그녀는 나치 협력 죄명으로 체포되었고, 한동안 스위스에서 망명 생활을 해야 했다. 파리에 다시 패션 매장을 연 것은 1950년대 중반, 그녀의 나이 일흔한 살 때였다. 샤넬은 1971년 1월 여든여덟 살에 세상을 떠났다. 오랫동안 살았던 방돔 광장의 리츠 호텔 스위트룸에서였다. 그녀는 떠났지만 클래식한 샤넬 스타일은 지금도 많은 여성들에게 사랑받고 있다.

그런데 실제로 다양한 향수를 갖춘 가게는 샹젤리제 거리에 있다. 이곳에서 향수 이야기를 한 이유는 샤넬 본점이 방돔 광장과 마들렌 성당 사이에 있어서다. 샹젤리제 한복판에 있는 화장품 전문 백화점 세포라(Sephora)가 세계에서 가장 큰 향수 전문점이니 다양한 향수를 눈요기라도 하려면 샹젤리제를 걸을 때 이 백화점을 찾아가자.

파리에서 두 번째 높이를 자랑하는
몽파르나스 타워 Tour Montparnasse

오전을 오페라 지역에서 보냈다면 오후는 몽파르나스 지역에서 산책을 하며 여유를 즐기자. 마들렌 성당 옆에 있는 마들렌 역에서 지하철 14호선을 타고 샤틀레(Châtelet) 역에서 하차하자. 이곳에서 환승하여 4호선을 타고 몽파르나스 뷔앵브뉘(Montparnasse Bienvenue) 역에서 내리자. 지상으로 올라가면 기차역인 몽파르나스 역이 보이고 옆으로 파리에서 가장 높은 빌딩인 몽파르나스 타워가 우뚝 서 있다. 210미터의 큰 키를 자랑하는 59층짜리 건물로 1970년대 전반에 지어졌다. 파리 시내에서 에펠탑 다음으로 높다. 대부분 기업들의 사무실로 사용되고 있는데, 우리나라 몇몇 기업들도 이곳에 세 들어 있다.

56층과 옥상 두 군데에 전망대가 있다. 56층은 실내, 옥상은 실외 전망대다. 1층에서 엘리베이터를 타면 실내 전망대까지 38초 만에 오를 수 있고, 이곳에서 옥상 전망대까지는 계단으로 오른다. 56층 전망대에는 기념품점을 비롯한 편의시설과 더불어 '르 시엘 드 파리(Le Ciel de Paris)'라는 레스토랑이 있다. 전망 좋은 곳에 앉아 파리 야경을 감상하며 음식을 먹는 기분이 매우 좋다. 다만 맛에 비해 음식 값이 너무 비싸고 어느 정도 격식을 차린 옷을 입고 들어가야 한다. 그렇다고 정장만 고집하는 식당은 아니고 눈에 거슬리는 반바지를 입거나 슬리퍼만 신지 않으면 입장이 가능하다. 분위기에 취하고 싶으면 들어가고, 실속 있게 식사를 하고 싶으면 눈길만 주고 내려오자.

기차역 안의 정원
아틀랑티크 정원 Jardin Atlantique

몽파르나스 지역을 온 김에 기차역에도 들어가 보자. 몽파르나스 기차역은 19세기 중반에 문을 연 역사로 투르, 보르도, 낭트 등과 같은 프랑스 서쪽과 남서쪽 지방을 오가는 기차들이 서는 곳이다. 또한 TGV 아틀랜틱선의 발착역이기도 하다.

역사 위 옥상에 정원이 만들어져 있다. 대서양선의 발착역답게 공원 이름도 아틀랑티크다. 1994년에 개장했다. 내부가 상당히 큰데, 콩코르드 광장 정도의 넓이라고 한다. 외부에서는 입장이 불가하고, 역사 안으로 들어가 TGV 플랫폼 계단을 통해야 올라갈 수 있다. 쉴 수 있는 휴게 공간은 물론 탁구대와 테니스 코트, 심지어는 어린아이들을 위한 놀이터도 있다. 가족 여행으로 파리에 가서 몽파르나스 지역을 돌고 있다면 올라가봄 직하다. 잠시 쉬어 가기에 좋다.

파리의 두 번째 공원묘지
몽파르나스 묘지 Cimetière du Montparnasse

몽파르나스 지역은 묘지로 유명해진 지역이다. 파리의 3대 묘지 중 두 번째로 개설된 몽파르나스 묘지가 이곳에 있다. 몽파르나스의 '몽(Mont)'은 우리말로 '산', 영어로 '마운틴(Mountain)'이라는 뜻이다. 따라서 우리말로 바꾸면 '파르나스 산이 있는 지역'이다. 산이 정말 있냐고? 그렇지는 않다. 파리의 다른 지역에 비해 약간 높은 구릉 지대일 뿐이다.

이 지역이 파리지앵에게 의미 있는 이유는 20세기 초반에 세계 각국에서 몰려든 문학가와 예술가 들이 주로 이곳에 둥지를 틀고 살았기 때문이다. 몽마르트르 언덕이 유명세를 치르며 집값이 비싸지자, 호주머니 사정이 부실한 예술가들은 방 값이 싼 곳을 찾아 이쪽 지역으로 몰려들었다. 명성깨나 떨친 사람들이 이곳 공원묘지에 묻혀 있는 것도 이 지역이 유명해진 이유다. 실존주의 철학자 샤르트르와 그의 영원한 연인이자 『제2의 성(Le Deuxième Sexe)』을 쓴 작가 보부아르, 『여자의 일생』한 작품만으로도 세계 문학사에서 이름을 언급하지 않으면 결례가 될 모파상, 〈동물의 사육제(Le Carnaval des Animaux)〉로 일가를 이룬 음악가 카미유 생상스(Camille Saint Saëns, 1835~1921), 『악의 꽃』의 시인 보들레르, 내 인생에서 단 한 권의 책을 선택하라면 주저 없이 고를 『고도를 기다리며(En Attendant Godot)』를 쓴 부조리극의 대가 사무엘 베케트(Samuel Beckett, 1906~1989) 등 각 분야에서 둘째가라면 서러워할 유명 인사들이 이곳에서 영원히 잠자고 있다.

묘역은 18세기 후반 프랑스혁명 발생 전까지는 성당 소유의 땅이었다. 이 땅을 파리 시가 매입하여 19세기 전반에 공원묘지로 조성했고, 19세기 후반에 지금과 같은 경계 구역을 가진 묘지로 확장했다.

묘지 가운데로 대로가 뚫려 있어 차들이 수시로 쌩쌩 지나가고 있으며, 주변에 고층빌딩과 주택 들이 있어서 이게 과연 공원인지 묘역인지 헷갈린다. 유교식 문화에 젖어 있는 우리 관념으로는 도저히 이해하기 힘든 일이지만 파리지앵들은 묘역 자체를 공원처럼 생각하고 이곳에 와서 휴식도 취하고 도시락도 먹는다.

▲ 방돔 광장 | 아우스터리츠 전투에서의 승리를 기념하는 44미터 높이의 기념탑이 제일 먼저 눈에 들어온다.

▲ 오페라 가르니에 | 오페라 공연을 위해 세워진 대공연장. 건물 외관이 화려하기 그지 없다.

▲ 마들렌 성당 | 예수의 제자 막달라 마리아를 기리는 예배당으로, 고대 그리스와 로마 신전을 본뜬 신고전주의 양식으로 지어졌다.

Part 7

페르 라셰즈 묘지에서
마르모탕 미술관까지

7day

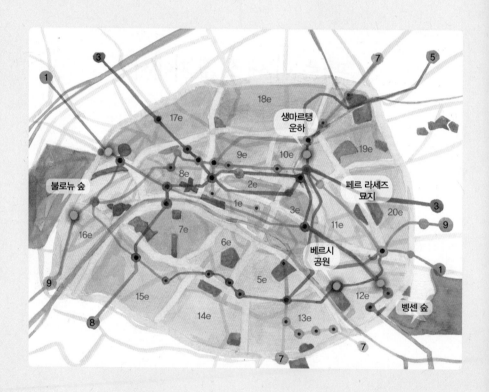

파리에서
지하철 타기

이레째, 마지막 날이다. 파리를 6일 동안 살폈으면 우리나라 서울보다 파리 지리가 더 익숙해졌을지도 모른다. 도보 여행 마지막 날 이레째에는 걷기 동선이 여의치 않아 못 가 본 관광지 몇 곳을 지하철을 타고 찾아가 보자.

파리의 지하철은 만국박람회가 열린 1900년부터 파리 지하를 헤집고 다니기 시작했다. 따라서 파리 지하철은 100년이 넘는 역사를 자랑한다. 그러다 보니 역사와 차량이 노후되어 여름이면 지나칠 정도로 불결한 냄새가 난다. 비위 약한 사람은 토악질이 나올지도 모른다.

하지만 현재 총 14호 노선의 지하철이 파리 지하에 놓여 있고, 근교 전차라 할 수 있는 도시 고속철도 RER도 A~E선까지 모두 5개 노선이 지하철과 함께 움직이고 있으니, 지하철 노선표만 있으면 파리 시내와 근교 지역을 쉽게 찾아다닐 수 있다.

우리나라 대도시에 있는 지하철에 익숙하다면 파리 지하철도 걱정할 필요가 전혀 없다. 티켓 끊는 것부터 타는 방법까지 파리지앵의 모습을 옆에 서서 몇 번만 지켜봐도 바로 따라 할 수 있다. 서울 지하철을 만들 때 가장 많이 벤치마킹한 곳이 파리 지하철이기 때문이다. 당연히 운영 체제가 우리나라 지하철과 비슷하다.

티켓은 창구에서 사기보다는 자동판매기로 사야 편하다. 파리 지하철도 인건비 절감 차원에서 사람이 많이 몰리는 큰 역을 제외하고는

티켓 파는 창구를 거의 없애 버렸다. 언어를 영어로 설정해 놓고 몇 번 시행착오를 거치다 보면, 심한 기계치가 아닌 이상 혼자서도 충분히 티켓을 구매할 수 있다. 기계치라 혼자 하기 힘들면 안내소 직원에게 부탁하자. 몸짓 손짓으로 의사소통을 하더라도 절박하면 통한다.

티켓은 여러 종류가 있다. 1회권 't+', 1회권이 10장 나오는 '카르네', 하루 종일 탈 수 있는 1일권 '모빌리스', 충전식 카드 '나비고', 일주일권, 한달권, 파리 비지트 등 다양하다. 사전에 인터넷 검색을 통해 정보를 숙지한 뒤 유리한 티켓을 사서 활용하면 된다.

절대 해서는 안 될 일 하나! 무임승차는 하지 말자. 티켓 검사를 거의 하지 않기 때문에 '괜찮겠지' 하고 무임승차를 했다가 단속반에 걸리면 배보다 배꼽이 더 커진다. 벌금이 티켓 값의 10배다. 또한 권역에 맞는 표를 구매하자. 파리 지하철은 거의 1~2존만 운행한다. 반면 RER은 1~5존까지 다양하게 운행한다. 따라서 내가 갈 목적지의 존을 확인한 뒤 그에 맞는 티켓을 끊어야 한다. 1~2존 내에서는 1회권으로 모든

역을 이용할 수 있으나, 3존 이상으로 이동할 경우에는 역마다 가격이 다르니 꼭 확인하고 티켓을 구매해야 한다.

도대체 RER이 뭐냐고? 파리 시내와 교외, 일 드 프랑스의 가까운 도시를 연결하는 고속전철로 파리 시내에서는 지하철역과 연계되어 선로가 깔려 있다. 지하철보다 더 깊은 땅속을 달리므로 속도가 빠르고 정차하는 역이 많지 않다. 각 존마다 요금이 다르며 종착역이 중간에 나눠지기도 하니, 가는 방향이나 다음 열차가 어느 종점으로 가는 열차인지 안내전광판을 열심히 들여다보며 사전에 파악해야 한다. 이렇게 설명하면 전차 한번 타기 힘들다고 여기겠지만, 막상 부대껴 보면 별거 아니다. 사람 사는 세상에서 언어 안 통한다고 못할 일은 단 하나도 없다. 단지 시행착오만 겪을 뿐이다. 실수나 시행착오도 경험이니 일단 몸으로 버텨 내자. 부대껴서 성공하면 그게 곧 내 삶의 원동력이자 경험 확장이 된다.

프랑스어라고는 입도 벙긋하지 못하는 내가 지하철로 혼자 파리 곳곳을 찾아다니다가 저질렀던 실수 하나를 공개한다. 얼굴 빨개지는 일이지만 이런 경우가 누구에게나 발생할 수 있기 때문에 주의하라고 공개한다. 에투알 개선문을 살피고 지하철을 타고 신개선문으로 갈 때였다. 지하철 노선표를 보니 에투알 광장 지하에 있는 샤를 드 골 에투알 역에서 RER-A선을 타서 라 데팡스(La Défense) 역에서 내리면 될 것 같았다. 아침에 숙소에서 나오며 시간을 절약하려고 카르네로 무려 30장의 1회용 티켓을 사 둔 상태였다. 아무 생각 없이 이 표를 RER선 개찰구에 넣고 무사통과하여 전철을 타고 라 데팡스 역에 갔다. 개찰

된 티켓을 넣고 출구를 통과하려고 하니 빨간불이 반짝이며 삐~ 소리만 신나게 울렸다. 문은 밀쳐도 열리지 않았다. 몇 번을 시도해 봐도 문은 나를 통과시켜 주지 않았다. 눈앞이 캄캄했다. 순간 1회용 티켓으로 오면 안 될 구간이란 생각이 머리를 스쳤다. 그러나 어쩔 것인가? 이미 물은 엎질러진 것을. 방법을 찾기 위해 가만히 서서 파리지앵들의 모습을 잠시 살폈다. 노숙자처럼 허름한 옷을 입은 두 사람이 오더니 옆에 있는 비상문을 어깨로 힘껏 밀치고 밖으로 빠져나갔다. 무임승차였다. 나도 얼른 그 문을 밀치고 밖으로 나와 누가 붙잡을세라 쌩 하니 지상으로 올라갔다. 다시 생각해도 아찔한 순간이었다. 이런 일이 발생하기 때문에 RER선을 타야 할 때는 꼭 존을 확인하고 가고자 하는 역에 적절한 티켓을 끊어야 한다.

　또 다른 교통 정보 하나. 파리는 자전거로 여행하기에도 적격인 도시다. 유럽 각 도시가 자전거길이 발달되어 있지만 파리는 평야 지대에 만들어진 도시답게 자전거길이 거의 완벽하게 갖추어져 있다. 시내 대부분이 평지라 다른 도시에 비해 자전거 타기가 더 좋기도 하다. 2007년에 도입된 파리 시 자전거 시스템인 벨리브(Vélib)에서 정해 둔 일정 요금만 내면 어디서나 공용 자전거인 벨리브를 탈 수 있다. 벨리브 주차장에서 자동요금기에 동전을 넣고 자전거를 꺼내서 시원한 센강 바람을 맞으며 자전거를 탄 뒤 목적지 근처의 주차장에 반납하면 된다. 유의할 점은 단기 이용할 경우 1일권과 7일권이 있는데, 티켓은 자동요금기에 부착된 신용카드 리더기를 이용해 구입해야 한다. 기간 내에 반납하지 않으면 결제한 신용카드에서 무조건 150유로가 빠져나가니 매우 조심해야 한다. 타는 도중에 자전거 간수도 잘 해야 한다. 파리 시내에는 자전거 도둑이 상당히 많다.

파리에서 가장 넓은 공원 묘지
페르 라셰즈 묘지 Cimetière du Père Lachaise

파리의 3대 묘지 중 가장 넓은 영역을 자랑하는 공원묘지다. 파리 제 20구에 있으며, 지하철 2, 3호선이 교차하여 지나는 페르 라셰즈 역에서 가까운 곳에 위치해 있다.

세계에서 가장 먼저 개장한 근대식 공공묘지로 영국식 정원으로 묘역을 꾸몄다. 프랑스 건축가 알렉상드르 테오도르 부롱냐르(Alexandre Théodore Brongniart, 1739~1813)가 설계했으며, 이후 이 묘역을 본뜬 묘지들이 유럽 각국과 미국에 등장했다. 따라서 페르 라셰즈 묘지는 '근대식 공원묘지의 시조'라고 할 수 있다. 현재 3만 3천 개의 묘와 묘석, 기념물이 역사와 예술적 가치를 인정받아 역사 유물로 등재되어 있다.

지금은 인근 주민들에게 항상 무료로 개방되어 사시사철 산책하는 파리지앵들이 눈에 띄지만 처음부터 그렇지는 않았다. 1804년 묘지를 개장했을 때 파리 사람들은 이 묘지에 자기 가족을 안치하지 않으려 했다. 10여 년이 지난 1815년에도 2천여 기의 무덤밖에 없었다고 하니 초기에는 인기가 전혀 없는 공동묘지였다. 하지만 1820년대로 접어들며 사용이 급격하게 늘어 지금은 파리 묘역 중 가장 넓은 영역을 차지하고 있다. 동쪽 지역에 있어서 파리지앵이 '동묘지'라고 부르는 이 묘역에는 화장장과 납골당도 있다. 파리 시 조례에는 "파리 시민들은 동묘지에 있는 화장장에서 화장해야 한다"라는 규정이 있다.

화장장은 19세기 후반에 장카미유 포르미제(Jean-Camille Formigé, 1845~1926)의 설계에 의해 비잔틴 양식으로 축조되었다. 지하에 회랑식 납골당이 함께 있다. 화장한 뼛가루를 뿌리는 산골처도 묘역 안에 있다. 1986년에 묘지의 후문 쪽에 관목으로 둘러쌓은 잔디 정원을 '추억의 정원'이란 이름으로 만들어, 지하 납골당에 안치하지 못하거나 인척 없이 홀로 죽은 유해들을 화장하여 재로 만든 뒤 이곳에 뿌리고 있다. 우리로서는 도저히 이해 안 되는 점은 담장 하나 사이로 주택들이 들어서 있지만 지금까지 주민들의 민원이 전혀 없다는 사실이다. 삶과 죽음에 대한 철학이 확실히 우리와 다른 것 같다.

한편 역사적으로 이 공원묘지는 파리코뮌과 깊은 연관이 있다. 1870년 7월 스페인 왕위 계승 문제를 놓고 프랑스와 프로이센 사이에 전쟁이 벌어졌다. 프랑스 황제 나폴레옹 3세가 프로이센의 계략에 넘어가 먼저 선전포고를 한 전쟁이었다. 개전 두 달 만에 승패가 결정 났다. 당시 유럽에서 최강 군대를 가지고 있다고 소문난 나라는 프랑스였다. 프로이센은 국가도 아닌 영주국으로 이제 겨우 산업혁명을 진전시키며 나라 발전에 온 정성을 쏟고 있을 때였다. 두 나라 중 어느 쪽이 이겼을 것 같은가? 소총은 프랑스가 우위였지만, 프로이센은 포병 위주로 전투를 전개하여 전쟁 개시 2개월 만인 9월에 나폴레옹 3세까지 붙잡아 버렸다.

나폴레옹 3세가 누구인가? 한때 프랑스의 영광을 성취시키며 자국민의 위상을 크게 높인 나폴레옹 1세의 조카다. 보나파르트 나폴레옹의 동생인 루이와 보나파르트 나폴레옹의 부인 조제핀이 전남편과의 사이에서 출산한 의붓딸 오르탕스 드 보아르네(Hortense de Beauharnais, 1783~1837) 사이에서 태어났다. 이 아이가 성장하여 큰아버지인 나폴레옹 1세의 후광을 등에 업고 황제 자리까지 올랐다. 그러면 무엇하겠는가. 자국의 승리를 의심치 않았던 프랑스 사람들은 황제가 전쟁터에서 포로로 붙잡혔다는 소식에 혼비백산하며 급히 황제를 폐위시키고 임시정부를 구성하여 프로이센군에 항전을 계속했다. 하지만 중과부적이었다. 이듬해인 1871년 1월 28일 프로이센군은 파리까지 점령하며 프랑스의 항복을 이끌어 냈다. 임시정부는 프로이센과 굴욕적인 강화조약을 맺고 정부를 베르사유로 옮겼다. 이때 정부의 무능에 반발하며 사회주의자들과 노동자들이 파리에 새 정부를 구성하여 결사 항전을 시도했다. 그들은 자기들이 만든 정부를 '파리코뮌'이라 했다. 1871년 3월 18일의 사건으로, 세계 역사는 이 정부를 '세계 최초의 노동자 자치 정부'로 기록하고 있다.

코뮌이 뭘까? 코뮌은 중세 프랑스 시대의 주민자치제도에서 유래된 것이다. 혁명 주도 세력은 주민자치제를 염두에 두고 정부 명칭을 '파리코뮌'이라 칭한 것이다. 이전 정부와는 완전히 차별된 노동자 위주의 정부다 보니, 코뮌 시절에 단행한 개혁들은 프랑스혁명 당시에 추진했던 개혁만큼이나 혁신적이고 다양했다. 보통선거를 통해 의원들을 선출했으며 여성 참정권 실현, 아동의 야간노동 금지, 징병제와 상비군 폐지, 종교 재산의 국유화, 이자 폐기, 노동자 최저생활보장 등 지금 봐도 매우 저돌적인 정책들이다.

하지만 정권은 오래가지 못했다. 베르사유에 정부를 꾸리고 있던 기존의 임시정부가 프로이센군의 지원을 받아 5월 21일에 파리로 진입해 온 것이다. 일주일 동안 파리 시내에서는 코뮌군과 임시정부군 간에 치열한 시가전이 벌어졌다. 이때를 프랑스 역사에서는 '피의 일주일'이라 기술하고 있다. 약 3만 명의 시민들이 전투 중에 사망했다. 5월 28일, 코뮌군은 밀리고 밀려 페르 라셰즈 묘지에 최종 방어선을 마련했다. 화력과 병력에서 열세였던 코뮌군은 비석을 방패 삼아 최후의 항전을 전개했다. 살아남아 정부군에 붙잡힌 코뮌군은 147명이었다. 정부군은 이들을 묘지 동쪽 벽에 세운 채 전원 총살시켜 버렸다.

묘역 북동쪽에 '국민군의 벽(Murs des Fédérés)'이 있다. 코뮌군 147명이 즉결 처형된 장소로 '통곡의 벽'이라 부르기도 한다. 정부군은 파리를 완전 장악한 이후에 코뮌에 가담한 시민들을 색출해 모두 처형시켜 이곳에 매장했다. 이런 연유로 이곳 동벽 아래에는 1천 구가 넘는 유해가 한꺼번에 묻혀 있다고 한다. 박정희 정권 말기에 발생한 남민전 사건에 연루되어 프랑스 파리에서 장기간 망명 생활을 했던 홍세화는 우리말로 관용이라 번역되는 '톨레랑스(tolérance)'를 강조한 저서 『나는 빠리의 택시 운전사』에서 파리코뮌의 마지막을 이렇게 그렸다.

나는 5월의 햇살을 받으며, 그리고 말없는 묘석들을 바라보며 묘지의 담길을 따라 '코뮌 전사들의 벽' 앞에 닿았다. 허름한 벽에 '코뮌의 죽은 이들에게'라고 써 있는 비석이 붙어 있었다. 아무런 장식도 없는 초라한 비석이었다. 벽 앞에는 순례자가 없었다. 그래도 벽 밑에는 빨간 장미꽃 다발이 많이 쌓여 있었고, 벽 틈에도 장미꽃이 꽂혀 있었다.
…… 지금으로부터 백 년도 더 전인 1871년 5월 28일 페르 라셰즈에
서 최후까지 항전을 했던 147명의 '코뮌 전사'들이 바로 그 벽 앞에서
총살당했다. 베르사유 정부군에게 밀려 파리의 동쪽 끝인 이곳까지 왔
고 끝내 완전 포위당했던 그들은 묘석들을 엄호물 삼아 밤새워 항전했
으나 실탄이 떨어져 사로잡혔던 것이다. 그날로 총살당한 그들의 주검
은 벽 밑에 판 구덩이에 묻혔다. 이로써 '역사적 대희망'이었다고들 하
는 '파리코뮌'은 막을 내렸다.

페르 라셰즈 묘지는 사실주의 문학의 선구자 발자크의 『인간 희극』
에도 등장하는 묘지이며, 작가 자신도 이 묘지에 잠들어 있다. 『인간 희
극』 연작 중 가장 잘 알려진 소설 『고리오 영감』의 마지막 장면에 이
묘지가 등장한다. 두 딸로부터 버림받은 채 숨을 거둔 고리오 영감을
페르 라셰즈 묘지에 묻은 라스티냐크는 파리를 향해 소리친다.
"파리야, 이제 우리 둘이서 붙어 보자!"
파리 시에서 가장 규모가 큰 묘역답게 우리가 잘 아는 유명인들도
다수 이 묘역에 잠들어 있다. 작곡가 프레데릭 쇼팽(Frédéric François
Chopin, 1810~1849), 아일랜드 출신의 시인 겸 극작가 오스카 와일드
(Oscar Wilde, 1854~1900). 오스카 와일드라고? 왜 아일랜드 사람이 여
기에 묻혀 있을까? 영국 런던에서 극작가로 활동하며 필명을 드높이
던 와일드는 자식이 둘이나 있었음에도 동성애자였다. 지금은 인권 의
식이 높아져 동성애자에 대한 인식도 예전보다는 나아졌지만 그가 살

왔던 19세기에는 동성애자를 정신병자 취급하며 중죄로 엄단할 때였다. 와일드는 동성애자임이 밝혀져 법정에서 중노동 2년의 언도를 받고 형을 살았다. 이후 사람들의 눈을 피해 파리로 와서 술에 빠져 살다가 알코올성 질환으로 병사하여 이곳 묘지에 묻혔다. 제이콥 엡스타인(Jacob Epstein, 1880~1959)이 그의 기념비에 날개 달린 천사를 조각해 놓았다. 오스카 와일드의 인생 여정과 관련 지어 나온 농담이지만, 엡스타인은 천사에게 성기를 달아 놓았다고 한다. 하지만 너무 사실적이어서 관리인이 잘라 냈다고 한다. 물론 사실이라고 믿어서는 안 된다. 와일드의 슬픈 운명에 대한 여인들의 안타까움 때문인지 무덤 앞 그의 비석에는 지금도 뭇 여성들이 찍어 놓은 키스 마크가 무성하다.

와일드만큼이나 여성들의 키스 세례를 많이 받는 사람의 무덤이 또 하나 있다. 미국 록 그룹 도어스의 리드싱어이자 작곡가 짐 모리슨(Jim Morrison, 1943~1971)이 주인공이다. 그를 보기 위해 수많은 여성들이 이 묘지를 찾아온다. 스물여덟 살의 나이에 파리 아파트에서 요절한 그의 공식 사인은 심장마비였다. 하지만 죽음의 배후에는 마약이 있었다. 이 외에도 마리아 칼라스(Maria Callas, 1923~1977), 이사도라 덩컨, 조르주 비제(Georges Bizet, 1838~1875), 조아키노 안토니오 로시니(Gioacchino Antonio Rossini, 1792~1868), 쇼팽, 들라크루아, 모딜리아니, 이브 몽탕(Yves Montand, 1921~1991), 그리고 내가 좋아하는 샹송 가수 에디트 피아프 등 이들 모두가 묘역 곳곳에 자리 잡고 있다. 특이하게도 몽탕은 이혼한 전처인 여배우 시몬 시뇨레(Simone Signoret, 1921~1985)와 함께 무덤 안에 살림을 차렸으니 이 또한 우리 상식으로는 이해하기 어려운 일이다.

몽탕의 성공 뒤에는 명가수 에디트 피아프가 있다. 1944년 물랭 루주에서 공연하던 도중, 이탈리아 이민자 출신인 여섯 살 연하의 무명 가수 몽탕을 만난 피아프는 곧 사랑에 빠져 연인인 몽탕이 가수와 배우로 성공하도록 전력으로 지원해 주었다. 이 시절 그와의 아름다운 사랑에 행복해하며 직접 가사를 써서 부른 노래가 〈장밋빛 인생(La Vie En Rose)〉이다.

피아프는 1915년 파리의 빈민가에서 태어났다. 피아프라는 이름은 훗날 가수 생활을 하며 붙여진 예명이고, 본명은 에디트 지오바나 가시옹(Édith Giovanna Gassion)이다. 거리에서 노래하던 20대 초반의 그녀를 나이트클럽 사장이 알아보고 자기 클럽에서 노래 부르게 하면서 붙여준 이름이 작은 참새를 뜻하는 '라 몸므 피아프(La Môme Piaf)'였다. 키가 150센티미터가 채 되지 않는 그녀의 별명으로는 적격이었다. 이때부터 그녀는 사장의 권유로 작은 몸매를 돋보이게 하는 단아한 검은색 무대의상을 입고 노래를 불렀는데, 이 의상은 피아프가 죽을 때까지 그녀의 트레이드마크가 되었다. 이후 작사가 레몽 아소(Raymond Asso, 1901~1968)가 이미지를 낭만적으로 바꾸기 위해, 발음하기 힘든 '라 몸므' 대신 '에디트'를 붙여 '에디트 피아프'란 예명으로 활동하며 명성을 휘날렸다.

피아프는 1940년대 프랑스에서 가수로서 이룰 수 있는 모든 것을 이루었다. 수많은 작곡가들이 그녀에게 노래를 주고 싶어 했고, 대중들로부터는 열렬히 숭배받았다. 하지만 그러면 무엇하겠는가. 그녀의 몸과 마음은 여러 번 반복된 사랑의 배신으로 점차 시들어 간 것을. 특히 스트레스 속에 과음을 자주 하며 그녀는 점차 죽음과 가까워졌다. 죽음의 신이 문을 두드리고 있을 때 작곡가 샤를 뒤몽(Charles Dumont, 1923~)이 미셸 보케르(Michel Vaucaire, 1929~) 작사의 〈아니요, 나는 아무것도 후회하지 않아요(Non, je ne regrette rien)〉'를 가지고 왔다. 가사가 마음에 든 그녀는 이 노래를 1960년 송년 공연 무대에서 발표했다. 본인의 극적인 삶과 딱 맞는 노래였다.

> 아니요, 나는 아무것도 후회하지 않아요.
>
> 남들이 내게 한 일은 좋건 나쁘건 나에게는 같은 거예요.
>
> 그것은 이미 끝이 났지요.
>
> 깨끗이 끝났어요. 잊어버렸어요.
>
> 나는 과거를 저주하지 않아요.
>
> 추억과 함께 슬픔과 기쁨에 불을 붙였어요.
>
> 그런 것은 이제 필요 없어요.
>
> 사랑도 설렘도 모조리 떨쳐 버리고,
>
> 처음부터 다시 시작하는 거예요.
>
> 나의 인생도 나의 기쁨도 지금 당신과 함께 시작되는 거니까요.

피아프는 1963년 10월 간암으로 사망했다. 겨우 마흔여덟 살이었다. 가톨릭 신자였던 그녀는 가톨릭 의례로 장례식이 진행되기를 원했다. 하지만 당시 보수적이던 프랑스 가톨릭 교단은 그녀의 평소 행실이 신자답지 못했다며 미사를 집전해 주지 않았다. 대신 그녀의 장례식은 그녀의 죽음을 애도하는 수만 명의 대중이 운집한 가운데 성대하게 치러졌다.

유람선이 오가는
생마르탱 운하 Canal Saint-Martin

프랑스판 〈엽기적인 그녀〉라고 할 수 있는 영화 〈아멜리에〉에서 깜찍한 오드리 토투(Audrey Tautou, 1978~)는 강폭이 좁은 잔잔한 운하에서 물수제비를 뜬다. 이 운하가 레퓌블리크 광장에서 스탈린그라드 전투 광장까지 이어진 2.5킬로미터의 생마르탱 운하다. 광장 지하로 흐르는 물줄기까지 합하면 총연장 길이 5킬로미터 정도이며, 25미터 정도의 높낮이 차이가 나서 9개의 갑문으로 물의 양을 조절하며 유람선을 운항하고 있다. 본래는 1802년 나폴레옹이 파리 시내에 깨끗한 물을 공급하기 위해 만들었다고 하나, 지금은 시민들의 휴식처 및 관광용으로 활용되고 있다.

가로수길과 함께 어우러진 운하가 앙증맞고 예쁘다. 소형 유람선도 탈 수 있다. 바스티유 광장 아래쪽과 지하철 2호선과 5호선, 7bis선이 멈추는 조레스(Jaurès) 역 근처의 라 빌레트 공원에 유람선 선착장이 있다. 한 번 타면 최소 2시간 이상 운하 구경을 해야 하니 여유 시간이 있다면 타고 그렇지 않으면 지나가는 유람선에 손만 흔들어 줄 일이다.

운하를 찾아가기 좋은 역은 레퓌블리크(République) 역(3, 5, 8, 9, 11호선), 루이 블랑(Louis Blanc) 역(7, 7bis선), 조레스 역(2, 5, 7bis선)이다.

와인 저장소에서 시민 휴식처가 된
베르시 공원Parc de Bercy

베르시 공원이 들어선 지역은 루이 14세 시절부터 파리로 들어오는 와인을 보관하는 창고들이 있던 곳이다. 19세기에는 와인의 명산지 부르고뉴 지방에서 들어오는 포도주를 저장하기 위해 커다란 저장 창고가 세워지며 크게 번성하여 2차 세계대전 전까지 호황을 누렸다고 한다. 한때 연간 3천 척 정도의 배와 기차가 이곳으로 와인을 실어 날랐다.

이곳이 와인 저장 창고로 번성하게 된 배경은 면세 지역이었기 때문이다. 프랑스혁명 전까지는 파리 성곽 외곽 지역이어서 베르시로 들어오는 와인에는 세금이 붙지 않았다. 하지만 2차 세계대전 이후 와인 저장 기술이 발달하며 산지에서 바로 병에 담아 와인을 판매하기 시작하

면서 자연스럽게 이 지역 창고들은 쓰임새가 줄어들어 1970년대에 접어들어서는 완전 폐촌이 되어 버렸다. 이런 곳을 1990년대에 공원 단지로 조성했다.

공원 외곽에 있는 '시네마테크 프랑세즈(Cinémathèque Française)'는 1936년에 세워진 고전 영화 전문 상영관으로 2005년 베르시 공원으로 이전하여 계속 운영하고 있다. 내부에 영화 박물관도 있다.

운치 있는 보행자 다리인 시몬 드 보부아르 다리를 통해 센 강을 건너면 우리가 세계에 자랑하는 세계 최초 금속활자본 〈직지심체요절〉을 소장하고 있는 프랑스국립도서관이 보인다. 하지만 프랑스국립도서관 분원이 파리 시내 곳곳에 있기에 직지 원본이 이곳에 있지는 않다.

베르시 공원은 쿠르 생테밀리옹(Cour Saint-Emilion) 역(14호선)이나 베르시 역(6, 14호선)에서 내리면 쉽게 찾아갈 수 있다.

왕실의 사냥터

뱅센 숲Bois de Vincennes

면적만 300만 평에 이를 정도로 규모가 큰 숲이자 정원이다. 중세 시대에 왕실의 사냥터여서 왕족이나 귀족 이외에 출입이 금지된 숲이었다. 허락 없이 들어갔다가 발견되면 사형에 처해졌다고 한다. 하지만 프랑스혁명 이후에 군사 훈련장이 되어 신분에 관계없이 누구나 드나들게 되었으며, 나폴레옹 3세 시절인 19세기 중반에 시민들을 위한 영국식 정원으로 단장되었다.

숲 안에 4개의 호수와 놀이공원이 있으며, 경마장, 경륜장, 동물원도 있다. 북쪽에 있는 뱅센 성은 13세기에 만들어진 중세의 성채로 남성미가 물씬 풍긴다.

포르트 도레(Porte Dorée) 역(8호선), 포르트 드 샤랑통(Porte de Charenton) 역(8호선), 샤토 드 뱅센(Château de Vincennes) 역(1호선), 뱅센(Vincennes) 역(RER-A선)에서 갈 수 있다.

프랑스 오픈이 열리는
불로뉴 숲 Bois de Boulogne

파리 서쪽의 외곽 지대에 있는 이 숲은 면적이 약 250만 평으로 여의도 면적의 3배 정도 되는 규모다. 19세기 중반 나폴레옹 3세가 파리 시가지 정비 사업에 열중하던 오스만 남작에게 런던의 하이드 파크(Hyde Park)에 버금가는 공원을 만들라고 명령해서 조성된 숲이다. 르누아르, 마네, 반 고흐 등 인상파 화가들이 이 숲을 소재로 그림을 자주 그려 회화 작품에도 많이 등장한다.

숲 안에는 국립민족민속박물관, 놀이 시설, 셰익스피어 정원이 있으며, 우리나라 정원도 작지만 알차게 꾸며져 있다. 세계 4대 프로테니스 대회 중 하나인 프랑스 오픈이 열리는 경기장도 이곳 숲속에 있다. 매년 6월 21일에는 장미 정원에서 장미 축제가 열린다. 숲의 북쪽에는 루이 뷔통 재단에서 운영하는 전시·공연장이 있다.

포르트 도테이유(Porte d'Auteuil) 역(10호선), 포르트 마요(Porte Maillot)

역(1호선), 뇌이 포르트 마요(Neuilly Porte Maillot) 역(RER C선)에서 쉽게 갈 수 있다.

모네의 〈인상, 해돋이〉를 볼 수 있는
마르모탕 미술관 Musée Marmottan

'인상주의'라는 용어를 탄생시킨 모네의 〈인상, 해돋이〉를 볼 수 있는 작은 미술관이다. 쥘 마르모탕(Jules Marmottan, 1829~1883)과 그의 아들이 수집한 예술품과 인상주의 화가들의 열렬한 후원자였던 의사 조르주 드 벨리오(Georges de Bellio, 1828~1867)의 딸과 모네의 아들이 유산으로 받은 그림의 대부분을 기증해 탄생한 미술관이다. 마르모탕의 저택을 기증받아 미술관으로 꾸몄다. 모네와 고갱, 르누아르, 카미유 피사로(Camille Pissaro, 1828~1894) 등 인상파 화가의 그림들을 대거 볼 수 있다. 불로뉴 숲의 남쪽 자락에서 미술관 건물이 보인다. 숲을 감상하며 천천히 걸어서 가면 된다.

▲ 페르 라셰즈 묘지 | 1804년에 개장한 파리에서 가장 넓고 유명한 공원 묘지. 많은 관광객과 시민 들이 드나드는 관광지로 거듭났다.

▲ 국민군의 벽 | 코뮌군이 마지막까지 저항했던 페르 라셰즈 묘지 내에 있다. 통곡의 벽이라고도 불린다. 마지막 저항군 147명이 총살되어 매장된 회한의 장소다.

▲ 생마르텡 운하 | 나폴레옹이 파리 시내에 깨끗한 물을 공급하기 위해 만들었지만, 지금은 시민들의 휴식처로 활용되고 있다.

▲ 프랑스 국립도서관 | 네 권의 책을 직각으로 펼쳐 반듯하게 세워 놓은 형상으로 현대적 감각이 돋보이는 건물이다.

장콩과 함께한 파리 여행, 어떠셨나요? 느릿느릿 이곳저곳 눈길 주며 간세다리로 걷다 보면 파리가 더 사랑스럽게 눈에 들어옵니다. 굳이 책 속에 소개한 파리 관광지들을 다 갈 필요는 없습니다. 유럽까지 가서 7일씩 파리에만 있을 여행자는 별로 없을 겁니다. 하루나 이틀만 지낸다면 그에 맞는 관람지만 찾아다니며 꼭 가고 싶고, 꼭 보고 싶은 곳만 선별해서 살피세요. 다만 파리는 단언컨대, 발품을 팔아 이곳저곳에 애정을 주는 게 좋습니다. 차를 타고 휙휙 지날 때보다 더 많은 것을 보고 느낄 수 있을 겁니다.

관광지를 즐기다가 목이 마르면 노천카페에 앉아 지나가는 사람들을 구경하며 혹은 멍 때리며 여유를 찾으세요. 배고프면 아무 식당이나 들어가 메뉴판의 사진을 보며 주문을 하세요. 말이 통하지 않아도 손가락으로 짚어 가며 주문하면 충분히 만족스러운 식사를 할 수 있습니다. 굳이 파리 정보를 듬뿍 담은 책에 나온 맛집을 찾아다닐 필요는 없습니다. 파리지앵들이 평소에 먹는 음식을 먹는다 생각하면 샌드위치 하나도 맛나게 먹을 수 있답니다.

해외여행을 갈 때 가장 답답했던 것이 돈 값어치를 하려면 최소한 20권의 현지 관련 서적을 읽고 가야 한다는 점이었습니다. 2015년 겨울, 처음 파리에 갈 때도 그랬습니다. 두툼한 여행 관련 서적은 물론이고 프랑스 역사책과 문화 관련 서적을 여러 권 봤습니다. 그러나 허전했습니다. 고딕 건축과 관련된 서적을 더 봐야 했고, 종교 관련 서적도 별도로 찾아봐야 했습니다. 정원은 정원대로, 미술사는 미술사대로 꼼꼼히 찾아서 살피다 보니 가기 전에 50권 정도, 다녀와서 50권 정도의 책을 보게 되더군요.

제가 파리를 가기 전과 다녀와서 본 책들이 전부 이 책 속에 녹아들어 있습니다. 글 쓰면서 '참조한 책들'을 책 말미에 일부 소개해 놓았습니다. 한 분야를 전문적으로 살피고 싶으면 책 목록을 참조하여 열독하기 바랍니다. 아무튼 여러 권의 책을 보면서 번뜩 든 생각이 '한 권의 책 속에 파리의 역사와 문화, 예술을 함께 녹여 낸 책은 없을까?'였습니다. 직접 쓰면 될 것 같았습니다. 이런 생각 속에 탄생한 책이 바로 이 책입니다.

우리가 태어나고 자란 한국의 역사도 전공자가 아니면 어렵습니다. 하물며 서양 역사야, 저 같은 전공자도 이해하기 힘들고 접근이 어렵습니다. 하지만 역사 배경을 모르면 실제 대면하는 유적과 유물을 맛나게 볼 수 없습니다. 다행히 역사 전공자여서 비전공자보다는 프랑스 역사에 쉽게 접근할 수 있었습니다. 프랑스 역사, 특히 인물사를 큰 줄기로 놓고 문화와 예술을 가지 쳐서 촘촘하게 엮어 보았습니다.

이 책과 함께 파리가 아름다운 도시로 영원히 기억되길 바랍니다.

우산서실(愚山書室)에서 장콩선생 장용준

참조한 책들

『ENJOY 파리』, 넥서스BOOKS
『가고 싶은 유럽의 현대미술관』, 이운화, 아트북스
『가우디도 풀지 못한 건축의 수수께끼』, 롬 인터내셔널, 웅진윙스
『고딕 불멸의 아름다움』, 사카이 다케시, 다른세상
『광장』, 프랑크 만쿠조 외, 생각의나무
『그곳에선 누구나 사랑에 빠진다』, 옥토퍼스 퍼블리싱 그룹, 쌤앤파커스
『그들을 만나러 간다 파리』, 마리나 볼만멜렐스존, 터치아트
『그림 값의 비밀』, 양정무, 매일경제신문사
『그림으로 본 음식의 문화사』, 케네스 벤디너, 위즈덤하우스
『그림을 보는 법』, 야자키 요시모리 외, 아트북스
『기독교의 교파』, 남병두, 살림
『나는 빠리의 택시운전사』, 홍세화, 창작과비평사
『나는 와인의 눈물에 탐닉한다』, 김혜선, 갤리온
『나만의 파리』, 이동섭, 시공사
『나폴레옹 위대한 프랑스를 향한 열정』, 서정복, 살림
『딸과 함께 유럽을 걷다』, 김연, 한겨레출판사
『로댕 어록』, 최기원, 정음사
『루브르박물관 가이드북(한글판)』, 루브르박물관
『마르탱 게르의 귀향』, 나탈리 제먼 데이비스, 지식의풍경
『만화로 교양하라』, 이원복·박세현, 알마
『맥주의 세계』, 원융희, 살림
『명화로 배우는 서양역사이야기』, 최경석, 살림Friends
『모네의 그림 속 풍경기행』, 사사키 미쓰오, 예담
『문명과 야만의 블록버스터』, 김창진, 자리
『뮤지엄 건축』, 서상우, 살림
『미리 가 본 루브르 박물관』, 마리 셸리에 외, 한림출판사
『바로크』, 신정아, 살림
『박물관의 탄생』, 전진성, 살림
『비밀의 미술관』, 최연욱, 생각정거장
『사진과 함께하는 세계의 토목유산(유럽 편)』, 건설컨설턴츠협회, 시그마북스
『상식과 교양으로 읽는 유럽의 역사』, 만프레트 마이, 웅진지식하우스
『서양 무기의 역사』, 이내주, 살림
『서양 미술사를 보다 1, 2』, 양민영, 리베르스쿨
『서양화 읽는 법』, 조용진, 사계절
『서양화 자신있게 보기 1』, 이주헌, 학고재
『세계 명화의 비밀』, 모니카 봄 두첸, 생각의나무
『세계묘지문화기행』, 박태호, 서해
『세계문화기행(유럽 편)』, 임정의, 창해
『세계서점기행』, 김언호, 한길사
『세계의 불가사의한 건축 이야기』, 스즈키 히로유키 외, 까치
『소르본 대학』, 서정복, 살림